国学新探

第一辑

张玉金　陈少华　主编

暨南大学出版社
JINAN UNIVERSITY PRESS
中国·广州

图书在版编目（CIP）数据

国学新探. 第一辑 / 张玉金，陈少华主编. —广州：暨南大学出版社，2012. 4

ISBN 978 - 7 - 5668 - 0080 - 0

Ⅰ. ①国… Ⅱ. ①张… ②陈… Ⅲ. ①国学—文集 Ⅳ. ①Z126. 27 - 53

中国版本图书馆 CIP 数据核字（2011）第 268269 号

………………………………………………………………………………………

国学新探（第一辑）
主　　编　张玉金　陈少华

出 版 人　徐义雄
策划编辑　杜小陆
责任编辑　杜小陆　廖　原
责任校对　黄　斯　卜　颖
出版发行　暨南大学出版社（广州暨南大学　邮编：510630）
网　　址　http：//www. jnupress. com　http：//press. jnu. edu. cn
电　　话　总编室（8620）85221601
　　　　　营销部（8620）85225284　85228291　85228292（邮购）
排　　版　灵动轩工作室
印　　刷　佛山市浩文彩色印刷有限公司
开　　本　787mm × 960mm　1/16
印　　张　17. 5
字　　数　303 千
版　　次　2012 年 4 月第 1 版　2012 年 4 月第 1 次印刷
定　　价　39. 80 元

序

国学指的是什么？权威的《现代汉语词典》（2002 年增补本）所下的定义是：我国传统的学术文化，包括哲学、历史学、考古学、文学、语言学等。北京大学国学研究院主办的《国学研究》，其研究的内容涉及以下学科：古代文学、近代文学、古代文论、文字学、音韵学、训诂学、目录学、版本学、校勘学、古代史、近代史、史学史、敦煌吐鲁番学、思想史、哲学史、宗教史、法律思想史、文化史、考古学、中外文化比较研究、中外文化交流史等。前一种定义简单概括些，后一种定义繁复具体些，但所指基本上是相同的。

目前，国学热方兴未艾，这是有多方面原因的。随着中国国力的增强、中华民族的逐步复兴，汉字汉语开始走向世界。与中国创办的孔子学院增多相伴随，国外已掀起学习中国语言文字的热潮。汉语热必然带来国学热，因为两者有着密切的联系。而在国内，人们认识到，任何现代化都必须建立在传统的基础上；中国学术、中国文化的现代化也必须基于对中国传统学术、中国传统文化的深刻探究和正确扬弃。在民间，人们重新发现了国学的现代价值，自觉自愿地去学习国学，接受国学的精华。目前在全国范围内掀起的读经热，就是最好的证明。

传统国学必须走向现代化。我们要深入研究传统国学，对其进行现代阐释，从中吸收我国古代学术、文化的精华，同时学习世界其他民族学术、文化的长处，把旧国学发展为新国学，构建具有中国特色的学术殿堂。我们研究国学，同时也关注国外，特别是西方相关学术的发展。我们不但要懂国学，也要懂西学，要在中西学的对比中获得灵感，创新国学，发展国学。

除了倡导学者们从事国学研究之外，我们还应注重人才的培养。要培养一批具有健全的人格和扎实的传统语言文字学功底、兼通中西学并在国学的某些方面有研究专长的学术人才，让他们承担起继承创新国学、弘扬传播新国学的重任。正是出于这样的目的，华南师范大学创立了国学勤勤创新班，每期招收20多名学生，以培养国学研究方面的专门人才。

为了给从事国学研究的高校教师和研究人员开办一个集中发表国学研究成果的园地，也为了给国学班的同学提供一个展示优秀研究成果的平台，我们与暨南大学出版社合作出版《国学新探》，每年一辑，连续出版。在此，我们对暨南大学出版社表示衷心的感谢！

第一辑《国学新探》收集的都是国学班学生导师的论文。这些作者都是教授，其中不少人同时还是博士生导师。他们多年从事国学研究，取得了不少相关成果。本辑论文涉及的学科有中国语言学、中国文字学、中国文学、中国文化史、中国哲学、中国历史等，都属于国学研究范畴。出于中西学兼通、中西学对比的宗旨，我们也收录了少量的研究西学的论文。读者们在阅读了国学研究的论文之后，再看看研究西学的论文，自然会进行对比，从而受到启发。

以后陆续出版的《国学新探》除了收录国学班学生导师的论文之外，还将收录国学班学生的优秀论文。同时，我们也接收国内外国学研究方面的专家学者的优秀研究成果。欢迎从事国学各学科专题研究的论文，更欢迎从事跨学科综合研究国学的论作。我们从事国学研究看重的是创新，即选题的创新、研究方法的创新、研究材料的创新，特别是思想观念的创新，企盼为我国新国学的创立尽一份绵薄之力。

新国学大厦，需要许多人甚至几代人才能筑成。我们出版的《国学新探》，如果能够成为建立这座大厦的一块砖、一片瓦，于愿足矣。古人云："百川俱会，大海所以深；群材既聚，故能成邓林。"只要大家努力，积少成多，集腋成裘，我们的目标是一定能够实现的。

张玉金

2011年10月12日

目录 CONTENTS

序 …………………………………………………………………………………… (1)

文学研究

宋词名篇三论 ………………………………………………… 戴伟华 (2)

钱钟书的黄遵宪论及其方法论意义 ………………………… 左鹏军 (12)

论宋元戏曲的“演述时空” ………………………………… 陈建森 (33)

历史地理解散文的“真情实感” …………………………… 陈剑晖 (72)

奥尼尔与斯特林堡 …………………………………………… 杨　挺 (88)

胡先骕佚文《蜀雅序》考释

——兼论胡先骕词学观念的文化守成主义倾向 …… 闵定庆 (100)

中国古典诗歌风神论 ……………………………………… 马茂军 (115)

雅俗制衡与文学的价值重建

——以中国近现代四组历史个案为例 ……………… 姚玳玫 (127)

语言学研究

出土战国文献中的助词“所” …………………………… 张玉金 (140)

“词类活用”现象的理解机制 …………………………… 周国光 (174)

清代古音学述评 …………………………………………… 沈建民 (185)

汉语“持拿”义语义场的历史演变 ……………………… 钟明立 (201)

论粤方言 i、u 介音韵母——由粤西方言说起 …………… 邵慧君 (214)

使用简体字排印本古籍要注意的问题

——以《陶汝鼐集》为例 ………………………………… 田范芬 (226)

历史研究

六朝贵族与九品官人法 …………………………………… 陈长琦 (234)

平城时代北魏、北燕、高句丽三国关系述略 …………… 李　凭 (243)

哲学研究

中国文化与生态文明

——接应冯友兰“中国为什么没有科学”的话题 … 陈晓平 (258)

文学研究

宋词名篇三论

戴伟华

［摘　要］苏轼《水龙吟·次韵章质夫杨花词》从虚处落笔，以虚取胜，表现其写作智慧和策略。周邦彦《兰陵王·柳》主题是自伤别离，而非“送别”或“客中送客”，沉重之处正在于客中无人送别。李清照《凤凰台上忆吹萧》版本之异，是原词和改词之异，对比二者可以看出，改词应有赵明诚的参与而更符合情理。

［关键词］水龙吟；兰陵王；凤凰台上忆吹萧；新探

一、苏轼《水龙吟·次韵章质夫杨花词》的写作策略

苏轼才华横溢，自诩其作文“如万斛泉源，不择地皆可出。在平地，滔滔汩汩，虽一日千里无难”。苏轼的文学创作无体不佳，确有天赋之才，但他也偶有力不从心之时。章定《名贤氏族言行类稿》卷二十六载有苏轼《与章质夫》书：“慎静以处忧患，非心爱我之深，何以及此，谨置之座右也。《柳花》词妙绝，使来者何以措词。本不敢继作，又思公正柳花飞时出巡按，坐想四子，闭门愁断，故写其意，次韵一首寄去，亦告不以示人也。”信中提到的柳花词和次韵词，就是指章质夫《水龙吟》和苏轼同词牌的《水龙吟·次韵章质夫杨花词》。从这一段话中，至少可以体会到两层意思：一是苏轼敬重章质夫。章质夫教导苏轼“慎静以处忧患”，苏轼感佩之深且书之座右。若不是关系密切或特殊，章质夫也不会讲如此深刻且对苏轼有针对性的话语。二是苏轼和作应经过一段时间酝酿。初读章质夫词，苏轼不敢和。因章词妙绝，使和者无从下笔。大概过了一段时间，苏轼才寄去和作。从第一层意思看，苏轼必以认真严肃的态度和章词，而且要顺从章词的意思措词；从第二层意思看，初不敢和，终又和之，则必有和之理由，就是需要避开章词的路数而有创新。即从章词入，又必须从章词出。何其难哉！

事实上，苏轼在初读章词时，心服章词之妙绝，自愧不如，“不敢继作”、“何以措词”。从苏轼读章词到写成和作可以看出苏轼的创作心理，他在章词面前只有两种选择：一是失败的放弃；一是知难而进，争取胜

利。从写作过程看，苏轼是在反复思考，希望找到突破点，如同布鲁姆《影响的焦虑》所描述的那样，诗人在“焦虑”中，企图经过种种尝试去摆脱他人影响而胜过他人。诗人创作的“焦虑”很少得到文献的支持，而人们在品评作品高下时会感受和印证这种“焦虑”。《词苑丛谈》载：“资政殿学士章楶，字质夫，以功名显，诗词尤见称于世，尝作《水龙吟》咏杨花。东坡与之帖云：‘《柳花》词妙绝，使来者何以措词。’《曲洧纪闻》云，章质夫作《水龙吟》咏杨花，其用事命意，清丽可喜，东坡和之，若豪放不入律吕，徐而观之，声韵谐婉，便觉质夫词有织绣工夫。晁叔用云，东坡如毛嫱、西施净洗却面，与天下妇人斗巧；质夫未免膏泽。”章质夫“诗词尤见称于世”，苏轼很难胜过他。前人在比较两篇作品时，未能搔到痒处。那么，苏轼的和作是如何转败为胜的呢？他是如何找到制胜武器的呢？其核心在哪里？先看作品：

原作章质夫《水龙吟》：

燕忙莺懒花残，正堤上柳花飘坠。轻飞点画，青林谁道，全无才思。闲趁游丝，静临深院，日长门闭。傍珠帘散漫，垂垂欲下，依前被、风扶起。　　兰帐玉人睡觉，怪春衣、雪沾琼缀。绣床旋满，香球无数，才圆却碎。时见蜂儿，仰粘轻粉，鱼吹池水。望章台路杳，金鞍游荡，有盈盈泪。

苏轼《水龙吟·次韵章质夫杨花词》：

似花还似非花，也无人惜从教坠。抛家傍路，思量却是，无情有思。萦损柔肠，困酣娇眼，欲开还闭。梦随风万里，寻郎去处，又还被、莺呼起。　　不恨此花飞尽，恨西园、落红难缀。晓来雨过，遗踪何在，一池萍碎。春色三分，二分尘土，一分流水。细看来不是，杨花点点，是离人泪。

章质夫《水龙吟》咏杨花词工细委婉，却有他人不能到之处。要写出杨花柳絮飘扬无形并不容易，章词中“傍珠帘散漫，垂垂欲下，依前被、风扶起”，杨花飘落过程中又被风吹起，作者描写得柔美动人；“时见蜂儿，仰粘轻粉，鱼吹池水”的情景，一经道出，生动传神。黄升《唐宋诸贤绝妙词选》卷五评曰：“‘傍珠帘散漫’数语，形容尽矣。”魏庆之《诗人玉屑》卷二十一云：“所谓‘傍珠帘散漫，垂垂欲下，依前被、风扶起’，亦可谓曲尽杨花妙处。东坡所和虽高，恐未能及。”尽管如此，二词还是有高下之分的，章词中写柳絮在风中飘落的状态以及蜂、鱼的表现不仅生动而且贴切，但全篇还是有松散处，没有紧密扣住咏絮。许昂霄《词综偶评》坚持认为：“（东坡）《水龙吟》与原作均是绝唱，不容妄为轩轾。”而王国维《人间词话》云：“东坡《水龙吟》咏杨花，和韵而似原唱；章质夫词，原唱而似和韵。才之不可强也如是。”王国维的话已隐含高下之分。

苏轼是和章词的，章词在前已使苏轼难以下笔。第一，既要合原唱之意，又不可全依原唱。章词写杨花，大致在赋物，苏词借杨花以言情。章词实处大于虚处，苏词虚处大于实处。换句话说，苏词在虚处用力以避开章词的实处之长。如章词写杨花在空中飘转之状，其传神、其韵致，东坡自知不能超过，便在虚处做文章。“似花还似非花”起句避开章词，已将杨花虚化，正如刘熙载《艺概》卷四所言：“东坡《水龙吟》起云‘似花还似非花’，此句可作全词评语，盖不即不离也。”杨花在似花和非花之间，这一不确定性的两可判断，造成“模糊性”的效果，给全词带来虚空朦胧之美，故其笔下的美人也是具有朦胧美的：“萦损柔肠，困酣娇眼，欲开还闭。”进一步往虚处写，以梦境入词：“梦随风万里，寻郎去处，又还被、莺呼起。”词的意思跳跃性很大，因梦寻郎，本有希望，可是梦被啼莺唤醒，好梦难成。梦中寻郎，已是虚幻的美丽，可是连这虚幻的满足也不能让女主人享有，真是幽怨凄凉。下片仍在虚处用力，“愈出愈奇”（张炎语，见《词源》卷下）。苏词同章词都写到水和萍的关系，章词实写“鱼吹池水”，在飘满杨花的水面，见到鱼不时用嘴来拨弄水。平时水面清净，鱼也有类似动作，因平常并不引人注意，而当水面浮满杨花时，鱼用嘴拨弄水面的动作非常明显，人易察觉到。苏轼则要避开这种实物，他写“一池萍碎”，用“柳花入水，经宿化萍”，其中就隐含此物变化为彼物的神秘，因神秘呈现遗貌取神之妙。“春色三分，二分尘土，一分流水。细看来不是，杨花点点，是离人泪。”前者是杨花之“遗踪”，“春色三分”者，言春色大势已去，更遗憾的是残存的“春色三分”，两分已沾泥，一分已落水。章词和苏词都写到泪，因“泪”是韵字，无法回避。章词的“泪”是实写，是真实的女子“盈盈泪”，苏词的“泪”是虚写，以杨花喻泪，再由泪去说人；章词写泪是直接的，苏词写泪层次丰富，以虚入实，粗看杨花自是杨花，细看杨花是“离人泪”；苏词“点点”二字回应章词的“盈盈”，章词的“盈盈泪”是挂在美人的脸上，而苏词的“杨花点点，是离人泪”，那是散落在满世界的。

第二，要在前人韵中翻腾，用其韵而不可全同其意。如上阕结句，章词为“傍珠帘散漫，垂垂欲下，依前被、风扶起”，苏词为“梦随风万里，寻郎去处，又还被、莺呼起”。同用“起”韵字，而章在本题，言花飘落之状，苏与本题若即若离，以梦宕开，写人思念之苦。一在物，一在人，各逞其能，各得心机。《词洁》卷五挑出苏词的毛病：“‘抛家傍路’四字欠雅。‘缀’字趁韵不稳。”这里提到用韵，章词“雪沾琼缀”，说杨花飘落在兰帐玉人的春衣上，如雪如玉一样粘在衣服上。章词的“缀”是已然之事，而苏词的“缀”是预设而难以实现之事，这是两者的区别。说苏词“趁韵不稳”不知是何道理。

苏轼初见章词，自惭未能续和，那是没有信心与之抗衡或求超越，处于劣势，自甘失败；而后找到切入点，找到战胜章词的写作策略，从虚处落笔，以虚取胜。故读苏轼词，必须结合章词来分析，参透“虚”、“实”二字方能深入领会章、苏二词差异以及苏词的高妙：“情景交融，笔墨入化，有神无迹矣”（黄苏《蓼园词选》），从中亦可领悟苏轼转败为胜的写作智慧。只要能和章词平分秋色，苏轼在此次创作角逐中便是获胜。如后人认为苏词韵胜，高出章词，那更是苏轼作词时所期待的结果。

二、被误读的周邦彦《兰陵王·柳》主题

《兰陵王·柳》是周邦彦的代表作，因其结构细密、风格典雅而为人所称道。

> 柳阴直，烟里丝丝弄碧。隋堤上、曾见几番，拂水飘绵送行色。登临望故国，谁识，京华倦客？长亭路，年去岁来，应折柔条过千尺。　闲寻旧踪迹，又酒趁哀弦，灯照离席。梨花榆火催寒食。愁一箭风快，半篙波暖，回头迢递便数驿。望人在天北。　凄恻，恨堆积。渐别浦萦回，津堠岑寂，斜阳冉冉春无极。念月榭携手，露桥闻笛。沉思前事，似梦里，泪暗滴。

题目是《柳》，故人们有时也将此词归入咏物一类，其实此词是以柳为起兴，柳者，留也，以柳写离情也就成了题中应有之意。

关于这首词的主题，向无争议，根据词中“拂水飘绵送行色”句确定“送行”是此词的主题所在，故陈匪石《宋词举》云：“至‘送行色’三字，亦一篇之眼，下二叠即由此生也。”周济在《宋四家词选》中说：“客

中送客，一‘愁’字代行者设想。以下不辨是情是景，但觉烟霭苍茫。‘望’字、‘念’字尤幻。”周济以为这首词不是一般的送行，而是客中送客。陈匪石基本同意周济的说法，他说：“此第二段，说送别时之感想，而不说别后情悰，留下段地步。”意谓第二段不写“别后情悰”，是要留给第三段去写，但词的主题是送别。唐圭璋《唐宋词简释》意同陈匪石，云：“第二段写送别时情景。”包括文学史在内对此词的阐释基本上没有例外，皆言此词是“送别”或“客中送客”。

这首词是否在写“送别”或“客中送客”，一要据写作背景来考察，二要就词自身提供的信息来分析。这首词的写作背景见于南宋张端义《贵耳集》卷下：“道君（宋徽宗）幸李师师家，偶周邦彦先在焉，知道君至，遂匿于床下。道君自携新橙一颗，云‘江南初进来’，遂与师师谑语，邦彦悉闻之，檃栝成《少年游》云：‘并刀如水，吴盐胜雪，纤手破新橙。’……道君大怒，坐朝宣谕蔡京……得旨：‘周邦彦职事废弛，可日下押出国门。’隔一二日，道君复幸李师师家，不见李师师，问其家，知送周监税。道君方以邦彦出国门为喜，既至，不遇，坐久至更初，李始归，愁眉泪睫，憔悴可掬。道君大怒云：‘尔往那里去?’李奏：‘臣妾万死，知周邦彦得罪，押出国门，略致一杯相别。不知官家来。’道君问：‘曾有词否?’李奏云：‘有《兰陵王》词。’今《柳阴直》者是也。道君云：‘唱一遍看。’李奏云：‘容臣妾奉一杯，歌此词为官家寿。’曲终，道君大喜，复召为大晟乐正，后官至大晟乐府待制。”这一件事似有传奇色彩，不足为凭。但从此处记载看，此词和《少年游》即事成篇不同，显然不是为李师师而作，但李师师“愁眉泪睫，憔悴可掬”，确实是为此词所感动的。

既然这件事无助我们理清此词的主题，那就从作品出发来分析。第一片“柳阴直……应折柔条过千尺”，“送行”不是理解词旨的关键，因为送行是他人的行为，“谁识”才是理解词旨的关键。“谁识”，认识谁呢，即无人相识。“柳阴直，烟里丝丝弄碧。隋堤上、曾见几番，拂水飘绵送行色。”由“柳”起，而写自己在旅途中所见，“几番”犹多次，意谓在隋堤上多次见到别人送行。“登临望故国，谁识，京华倦客?”这里才开始写自己的身份：京华倦客。倦客，客居他乡而厌倦旅途生活者。此刻他因见他人送行，而登楼望故乡，内心痛苦，十分寂寞：“谁识，京华倦客?”他人将行尚有人送行，自己却无人送行，能不悲伤? “长亭路，年去岁来，应折柔条过千尺。”“年去岁来”和“曾见几番”相应，皆言他人，折柔条而作别者并非是自己，故“应折柔条过千尺”只是设想而已。第一片处处扣“柳”，又处处写羁旅离情。“柳阴直，烟里丝丝弄碧”只是写景，以作铺垫，不过“烟里丝丝弄碧”，已含有依依惜别之意，“送行”虽非言己，但已将题意抛出，引出倦客登临。作者慨叹无人相识而独自登临。“谁识”二字已见其孤独，是了解整篇情绪的关键，因孤独而登临，因孤独而关注“拂水飘绵送行色”，而悬想“应折柔条过千尺”。

第二片“闲寻旧踪迹……望人在天北”，写人在途中离别。因上片写自己是无人相识的京华倦客，以至于登临望故乡，这里以“闲寻”承“登临”，闲寻者何?“旧踪迹”，指人在途中的过往之事。寻找的结果是一无所获。“又”指人在途中的不断重复的动作和事情，那就是“酒趁哀弦，灯照离席”，即又是一场离别，而且是孤独地离去。“离席”者，只是离别之宴席，不必有熟人送行。如某人经过某地，在长亭别馆，饮宴作别此地而又另赴他处，或有人相送，谓之送别；或无人相送，谓之离别。周邦彦属于后者。“梨花榆火催寒食”，不仅仅是写时令，还在感叹季节的变换、时光的流逝。但人在路上，身不由己，瞬间又过了数驿，和思念的人距离更远了，怎不生“愁”？“望人在天北”和第一段“登临望故国”相应，言所想望见之人离自己太远了，故云“在天北”。

第三片“凄恻……泪暗滴”，“凄恻”承“愁”而来，“恨堆积”以足其意。“渐别浦”句云斜阳中之景物。“念”和“沉思”都是心理描写，程度不断深化。所念和所思之人就是“在天北”之人，也是当年“月榭携手”之人。

全词意脉清晰，因见他人送行，自觉孤独（“谁识”）而登高，此一层；又要再行，愁与“望”之“人”更远，此又一层；最后，思念“携手”之人，如同梦中，悲伤不已，只能“泪暗滴”。抓住“谁识”、“又”、“念”即可理清全词思路，“谁识”是关键语，因为孤独一人，“又”一场离别，而无人送别，故思念当初别情。

这首词是自伤别离，而非“送别”或“客中送客”，沉痛之处正在于客中无人送别。只有这样才能理解此词的结构和词中人物关系，也才能体会王国维评周词如“词中老杜”，而“沉郁”之思、“顿挫”之变正是这首词的艺术特色。

三、李清照《凤凰台上忆吹箫》版本之异的价值

李清照在婚后是幸福的，从《金石录·后序》的记载中可以看出这对知识型夫妻的平等和谐、志同道合的快乐。这一时期她的作品已卸去少女的轻盈，而表现出沉稳和深情，那些思念丈夫赵明诚的词篇，婉转曲折，

真切动人。《凤凰台上忆吹箫》就是其中一首。这首词有两个版本，《全宋词》所收从宋曾慥《乐府雅词》：

香冷金猊，被翻红浪，起来人未梳头。任宝奁闲掩，日上帘钩。生怕闲愁暗恨，多少事、欲说还休。今年瘦，非干病酒，不是悲秋。　明朝，这回去也，千万遍阳关，也即难留。念武陵春晚，云锁重楼。记取楼前绿水，应念我、终日凝眸。凝眸处，从今更数，几段新愁。

而通常被人所引用的为《漱玉词》本：

香冷金猊，被翻红浪，起来慵自梳头。任宝奁尘满，日上帘钩。生怕离怀别苦，多少事、欲说还休。新来瘦，非干病酒，不是悲秋。　休休，这回去也，千万遍阳关，也则难留。念武陵人远，烟锁秦楼。惟有楼前流水，应念我、终日凝眸。凝眸处，从今又添，一段新愁。

这两个不同版本的词应当都出于李清照之手，至于二者有不少相异之处，可能是由两个原因造成的，第一个原因容易想到，即一首原词，一首经过修改；第二个原因可能是记写之差异，即一个版本是原作，另一版本则是在暂时找不到原作的情况下回忆出来的，后找到原作，因而两本并存了。比较两首词，首先要肯定的是二词均佳，其次可以从中体会其遣词造句的技巧。将《乐府雅词》本和《漱玉词》本进行比较，大致可以看出，前者为最后定本，而后者为原作。两本并存于世，而且李清照创作此词是送丈夫赵明诚的，词作有了修改一定发生在李、赵二人之间。

因此，这两首词并存就有了如下意义：第一点，在李清照之前，男女两性之间的诗歌写作有多种情况，一种是夫妇之间的唱和或酬赠之作，各自表达自己的情感，如秦嘉夫妇的赠答诗。秦嘉《留郡赠妇诗》五言三篇，以五言述伉俪情好，这里抄录一首："人生譬朝露。居世多屯蹇。忧艰常早至。欢会常苦晚。念当奉时役。去尔日遥远。遣车迎子还。空往复空返。省书情凄怆。临食不能饭。独坐空房中。谁与相劝勉。长夜不能眠。伏枕独展转。忧来如循环。匪席不可卷。"其妻徐淑有《答秦嘉诗》："妾身兮不令。婴疾兮来归。沉滞兮家门。历时兮不差。旷废兮侍觐。情敬兮有违。君今兮奉命。远适兮京师。悠悠兮离别。无因兮叙怀。瞻望兮踊跃。伫立兮徘徊。思君兮感结。梦想兮容晖。君发兮引迈。去我兮日乖。恨无兮羽翼。高飞兮相追。长吟兮永叹。泪下兮沾衣。”徐淑并没有用秦嘉诗之五言诗体式以相呼应，而是用句句带“兮”的歌诗体。

还有一种是寄内诗，那是丈夫写给妻子的。据说李商隐的《夜雨寄北》即是，诗云：“君问归期未有期，巴山夜雨涨秋池。何当共剪西窗烛，却话巴山夜雨时。”

更多的是男性写给非夫妻关系的异性，这在唐诗和宋词中有很多，如柳永《河传》：“翠深红浅。愁蛾黛蹙，娇波刀翦。奇容妙妓，争逞舞裀歌扇。妆光生粉面。　坐中醉客风流惯。尊前见。特地惊狂眼。不似少年时节，千金争选。相逢何太晚。”

以上这些词的作者是男性或以男性为主体，而李清照这首词和他们的不同，作者是女性，是夫妇中的女性。这就具有特殊的认识价值。

第二点更为重要，两首词分别代表了两个不同的认识角度，即原词是李清照个人对夫妻离别的感受和情感判断；而改作则主要代表了赵明诚的体验和认识，也就是说赵明诚是此词的第一个读者，也是向李清照提出修改意见的指导者或建议者，重要的改动部分应是充分吸收了赵明诚的意见。从词作修改中可以了解赵明诚初读此词的感受，同样也可以让我们想象李、赵二人在切磋词作时的认真和找到最恰当的表达情感的词句时彼此欣赏的情景，那种快乐甚至可以代替离别的烦恼。这种快乐在《金石录·后序》中也能找到印证：“后屏居乡里十年，仰取俯拾，衣食有余。连守两郡，竭其俸入，以事铅椠。每获一书，即同共勘校，整集签题。得书、画、彝、鼎，亦摩玩舒卷，指摘疵病，夜尽一烛为率。故能纸札精致，字画完整，冠诸收书家。余性偶强记，每饭罢，坐归来堂烹茶，指堆积书史，言某事在某书某卷第几叶第几行，以中否角胜负，为饮茶先后。中，即举杯大笑，至茶倾覆怀中，反不得饮而起。甘心老是乡矣！故虽处忧患困穷，而志不屈。”这对知识型的夫妻在智慧比拼中获得了特殊的享受和欢乐。当然两人性格都有些急躁，《金石录·后序》中提到“侯性素急”和“余性不耐”语，在平常生活中有些摩擦或斗气也是正常的，但因此而附会出他们的婚姻曾有过危机则不可信，从《金石录·后序》的叙述中可知两人的幸福时光，李清照不会为难自己说虚假的话，这是由她的性格决定的。

为什么视《漱玉词》本为原作呢？这是在比较二词在写事抒情上谁更为合情合理的分析中得出的，当然我们仍然认为两首词在抽象的语境中都是优秀之作。原作有“任宝奁尘满”，联系上下文和当时情景，甚为不妥。赵明诚要离家，从另一版本获知，离家约一年（“今年瘦”），离别是在

“明朝”。在离别之前一日，李清照预想明日和丈夫的分别，无论如何也不会让宝奁尘满。而改作用“闲掩”二字，就非常恰当，既然不梳头，也就不要开奁照镜了，贺铸《菩萨蛮》有“开奁拂镜严妆早”，可见宋代女子梳妆的镜子，有一种是置于奁中，照镜时需打开奁匣。这里“任宝奁闲掩”的意思是，任凭镜奁闲置而关着。原词下片“休休”承“新来瘦，非干病酒，不是悲秋”，夫妻之间的离愁既然写得如此含蓄，上面为什么还要说得很清楚，说什么“离怀别苦”呢？不如改作“闲愁暗恨”说得模糊，而且宽泛。原作“休休”二字关联不紧，不如改作“明朝”二字点明分别的具体时间，少了这两个字，不但具体时间无着落，而且全词的脉络也不够明晰。“阳关”，古曲《阳关三叠》的省称，泛指离别时唱的歌曲，“这回去也”句，即这次离别，就是十分挽留，唱千遍《阳关三叠》也是留不住的。原作“念武陵人远”，不如改作“念武陵春晚”含蓄婉转。原作“烟锁秦楼”意思虽好，并不完全适合李清照夫妻，他们并非神仙之侣，也不想做神仙之侣，改作“云锁重楼”就灵活许多，且“重楼”与“春晚”相应。武陵，当喻丈夫此行之地，改作“武陵春晚，云锁重楼”隐含对丈夫此行的担忧。原作“惟有楼前流水”，不说人，只说水，把丈夫说得有点无情，这不是李清照的本意，再说赵明诚也不能接受这样的表述，改作“记取楼前绿水”则语意不同，是希冀的口吻、商量的语气，希望丈夫不要忘了楼前水边有一个人在终日思念。原作“凝眸处，从今又添，一段新愁。”意谓本有“愁”，料将又添“新愁”，赵明诚可不这样看，他认为在长别之前夫妻二人是快乐的，并无“愁”，故“从今又添，一段新愁”不太符合实情，而“凝眸处，从今更数，几段新愁”就符合他们夫妇的实际情况，即不一定本来有“愁”，从现在起就要添上“新愁”，而且是几段“新愁”。

题伊世珍《琅嬛记》卷中引《外传》云：“易安以重阳《醉花阴》词函致明诚。明诚叹赏，自愧弗逮，务欲胜之。一切谢客，忘食忘寝者三日夜，得五十阕，杂易安作，以示友人陆德夫。德夫玩之再三，曰：‘只三句绝佳。’明诚诘之。曰：‘莫道不销魂，帘卷西风，人似黄花瘦。’政易安作也。”《琅嬛记》系伪书，其所述未必是事实，但它启发人们去思考另外一个问题，从《金石录·后序》记载中，可以看出李清照和赵明诚两人都有对享受知识带来快乐的高雅意趣，而赵明诚却没有文学创作留存。为什么会这样呢？不得而知，而《琅嬛记》的叙述似乎给出一个答案，即赵明诚不是没有创作，而是创作才情不及李清照，故自弃其短。从李清照原词和改词来看，赵明诚是有艺术感悟的，只是不像李清照那样，能用文学语言表现内在情感，这也可能和赵明诚醉心收藏、精研金石有关。原词和改词都是写同一件事，都在抒写离愁，但又不同于一般写离愁的作品，其妙处是在离别之前预想离别时和离别后的情景。还有一点是认识价值，设想原作为李清照自作，修改稿是吸收了赵明诚意见而成的，则两稿对照又能体察到李、赵夫妇二人对离别的不同感受。

参考文献：

[1] 吴熊和：《唐宋词汇评·两宋卷》，浙江教育出版社2006年版。

作者简介：戴伟华，江苏泰州人，文学博士。现为华南师范大学文学院教授，博士生导师，中国文学与文化研究所所长，广东省重点学科中国古代文学专业学科带头人，中国语言文学博士学位授权一级学科带头人。兼任中国唐代文学学会副会长。享受国务院特殊津贴专家。出版专著《唐方镇文职僚佐考》、《地域文化与唐代诗歌》等8部。在《中国社会科学》等刊物发表学术论文近百篇。先后主持国家教委“八五”社科项目1项，国家社科规划项目3项以及中国高校古委会项目等其他项目多项。获中国高校人文社科优秀成果三等奖1项，广东省政府哲学社会科学优秀成果一等奖3项以及江苏省政府社科优秀成果三等奖2项等多项奖励。

钱钟书的黄遵宪论及其方法论意义①

左鹏军

［摘　要］钱钟书虽不是黄遵宪与近代诗歌研究的名家，但这自是他博学的范围。钱钟书以其独特的文学史观念和思想方法，对黄遵宪的诗歌创作及其研究中的重要问题进行了相当全面的论述，提出了足堪重视的具有独特见识的观点，表现出开阔通达与深邃精微相结合的学术观念和思想方法。钱钟书的黄遵宪论具有重要的文学史意义和学术史意义，也具有独特而长久的方法论意义。

［关键词］钱钟书；黄遵宪；诗歌创作；近代诗坛；方法论；学术史

黄遵宪作为近代诗坛大家，作为在中国古典诗歌古今转换、迅速变革之际特色鲜明、成就卓著的诗人，自是钱钟书始终保持关注的人物之一，他在《谈艺录》、《管锥编》和《七缀集》中多次论及黄遵宪其人其诗。钱钟书对人境庐主人及其诗歌的评论，以其特有的思接千载、横览中外的理论视野及细如毫发、洞悉深微的艺术眼光，多发前人未发之覆，留下了足令来者再三思之、深入探讨的文字。

然而，钱钟书对黄遵宪的评论迄今尚未引起学界应有的重视，这种状况不仅阻碍了黄遵宪研究及黄遵宪研究学术史的进展，而且于中国近代诗歌乃至整个中国近代文学研究有害而无益。笔者不揣谫陋，将钱钟书论黄遵宪的主要观点介绍评述如次，从研究方法与学术史角度对此进行一番考察反思，以期利于黄遵宪研究及相关研究领域的学术进展。笔者深知对钱钟书的学术思想尚缺少完整深入的把握，也就难以道出钱氏论人境庐的精髓与微妙之处，权抛砖引玉，时贤方家倘能由此多加研讨钱钟书的有关论述，匡正笔者之不逮，则善莫大焉。

钱钟书论黄遵宪的文字，以《谈艺录》表现得最为集中充分（凡八

---

① 本文原题《钱钟书论黄遵宪述说》，载《华南师范大学学报》（社会科学版）1999 年第 3 期；中国人民大学书报资料中心复印报刊资料《中国古代近代文学研究》1999 年第 12 期复印转载；后辑入《黄遵宪与岭南近代文学丛论》一书，中山大学出版社 2007 年版；此次辑入本书改作今题，并对全文作了重要的修改增补。

处），《管锥编》、《七缀集》二书中亦有多处论及（前书十五处，后书两处）。约略言之，这些论述涉及黄遵宪诗歌创作的多个重要问题，也指出了时人在黄遵宪研究中的某些疏失或可商讨之处，并由评价黄遵宪其人其诗涉及文学批评、文学史研究的一些具有普遍意义的理论观念、方法论的重要问题。兹请一一述之。

一、入手取径与诗坛风气

考察与探究诗人创作的入手取径之处，探求其人其诗与一定的文学传统、诗学渊源、时代风气、诗坛习尚等种种内外因素的关系，所谓“考竟源流”、“知人论世”，是中国诗评的一种传统方法。

黄遵宪晚年对自己的诗作期许甚高，尝说：“吾之五古诗，自谓凌跨千古；若七古诗，不过比白香山、吴梅村略高一筹，犹未出杜、韩范围。”① 钱钟书论黄遵宪诗的取径则说：“《人境庐诗》奇才大句，自为作手。五古议论纵横，近随园、瓯北；歌行铺比翻腾处似舒铁云；七绝则龚定庵。取径实不甚高；伧气尚存，每成俗艳。尹师鲁论王胜之文曰‘赡而不流’；公度其不免于流者乎。大胆为文处，亦无以过其乡宋芷湾。”② 钱钟书指出人境庐诸体诗与清代袁枚、赵翼、舒位、龚自珍、宋湘诸家诗之密切关系，尤其值得注意。他曾特别指出黄遵宪对龚自珍的效法：“黄公度之《岁暮怀人诗》、《续怀人诗》均师承定庵，只与渔洋题目相同；其《己亥杂诗》则与定庵不但题目相同，笔力风格亦几青出于蓝，陈抱潜当如前贤畏后生矣。”③ 黄遵宪的某些作品大胆以地方风情入诗、语言通俗晓畅，远绍中国古典诗歌的通俗化传统，与客家民间文学亦有深刻关联，而客家先辈诗人宋湘则是人境庐诗这一特色的直接渊源。黄遵宪的诗歌创作从《红杏山房诗钞》中获得大量灵感，这是显而易见的事实。黄遵宪在诗作中屡次道及宋湘，钦敬喜爱之情溢于言表④，即是人境庐诗与红杏山房诗之间密切关系的一种直接证明。

另外，钱钟书还指出黄遵宪诗歌创作与以文为诗的“宋诗派”之间的密切关系：“文章之革故鼎新，道无它，曰以不文为文，以文为诗而已。

---

① 北京图书馆善本组整理：《黄遵宪致梁启超书》，《中国哲学》第八辑，生活·读书·新知三联书店1982年版，第372页。

② 钱钟书：《谈艺录》（补订本），中华书局1984年版，第23页。

③ 钱钟书：《谈艺录》（补订本），中华书局1984年版，第465页。

④ 可参阅《过丰湖书院有怀宋子湾先生》、《丰湖棹歌》等诗，见黄遵宪：《人境庐集外诗辑》，中华书局1960年版，第20页。

向所谓不入文之事物，今则取为文料；向所谓不雅之字句，今则组织而斐然成章。谓为诗文境域之扩充，可也；谓为不入诗文名物之侵入，亦可也。……今之师宿，解道黄公度，以为其诗能推陈出新；《人境庐诗草·自序》不云乎：'用古文伸缩离合之法以入诗。'宁非昌黎至巢经巢以文为诗之意耶。"[①] 黄遵宪在表达自己诗歌见解的时候曾说过："尝于胸中设一诗境：一曰，复古人比兴之体；一曰，以单行之神，运排偶之体；一曰，取《离骚》乐府之神理而不袭其貌；一曰，用古文家伸缩离合之法以入诗。"[②] 钱钟书认为，多年来人们研究黄遵宪诗，多从其"推陈出新"的角度立论，强调其"新派诗"的创新价值，而黄遵宪在诗集自序中却清楚地表明兼收并蓄、转益多师，当然包括学习借鉴自中唐韩愈，宋代苏轼、黄庭坚诸大家直至晚清郑珍诗歌创作中多有表现的"以文为诗"的创作方法。

钱钟书所论，清晰而客观地说明了黄遵宪与"宋诗派"的密切关系，真实地描述出晚清诗坛复杂纷繁的内部状况。这无疑更接近文学史的实际，实为新人耳目之学术卓见。长期以来，中国近代文学研究乃至整个中国文学史研究中相当盛行、直至目前仍颇为常见的看法是，将以黄遵宪为代表的"新派诗"诗人，与晚清时期人数众多、诗名极盛、影响深远的"以文为诗"的"宋诗派"和"同光体"简单化、绝对化地对立起来，经常想当然地把两者的关系描绘得矛盾重重、格格不入，甚至势不两立。钱钟书这段论说，对这种不顾具体的文学史事实当然也就不可能具有科学价值的文学史观念是一个极好的反驳。

更为重要的是，钱钟书将向来为文学史家所诟病的"以不文为文，以文为诗"的创作方法看做"文章之革故鼎新"之"道"，即诗歌发展、文体变革中一种带有规律性、根本性的现象，文学发展过程中的一种不可避免、不期然而然的历史趋势；也就是说，他把这种现象和趋势提高到理论性、规律性、普遍性的高度来认识阐发，大大地深化了文学史事实的考察，使之获得了理论价值和普遍意义。这一观点，对黄遵宪诗歌研究与近代诗歌研究，乃至对重新探讨长久以来的唐诗与宋诗之争、思考整个中国诗歌史和文学史，都具有重要的学术价值和方法论意义。

至于"取径实不甚高；伧气尚存，每成俗艳"、"不免于流"诸语，则是钱钟书从自己的诗学思想与品藻尺度出发，对人境庐诗存在的不足的分析评论。其中尤可注意者，是钱钟书拈出"俗艳"二字品评人境庐诗的一

---

① 钱钟书：《谈艺录》（补订本），中华书局 1984 年版，第 29～30 页。

② 黄遵宪：《自序》，钱仲联：《人境庐诗草笺注》，上海古籍出版社 1981 年版，第 3 页。

种风格特点。关于这一点，钱钟书又进一步指出："余于晚清诗家，推江弢叔与公度如使君与操。弢叔或失之剽野，公度或失之甜俗，皆无妨二人之为霸才健笔。"[①]此处之"甜俗"与上文的"俗艳"，所指当无大异。笔者以为，钱钟书下此断语的依据主要是黄遵宪早年（光绪二年，即1876年中举之前）的大部分作品，以及后来的少量作品；也就是说，黄遵宪诗之"俗艳"或曰"甜俗"风格最集中地表现在其早期作品中，尽管他后来不无同类之作。关于这一点，正如钱钟书所说，观《人境庐集外诗辑》中的大部分作品，当会有真切具体的认识。

对此，笔者还想补充的是，人境庐诗的"俗艳"、"甜俗"风格，在黄遵宪出使日本时再一次得到了充分的表现。梁启超其实已经或多或少意识到这一点，尝指出："《人境庐集》中，性情之作，纪事之作，说理之作，沉博绝丽，体殆备矣；惟绮语绝少概见，吾以为公度守佛家第七戒也。顷见其《都踊歌》一篇，不禁抚掌大笑曰：'此老亦狡狯乃尔！'"[②] 还有，倘若一读《黄遵宪与日本友人笔谈遗稿》中保存的《人境庐集》外的佚诗，对钱钟书的这一论断定会有更加深刻的理解。[③] 还有必要指出，钱钟书在此拈出"俗艳"、"甜俗"以描摹黄遵宪某些诗作的风格特色，但并不是说全部人境庐诗均是如此；而且，他将黄遵宪和江湜在晚清诗坛的地位比作魏、蜀、吴三足鼎立时"天下英雄，唯使君与操"的刘备和曹操，称此二人为"霸才健笔"，称人境庐诗"奇才大句"，也就是将此二人称为当时诗坛之"天下英雄"，这些都是很高的评价。钱钟书对于其他诗人似还从未如此赞赏。不过，"俗艳"或"甜俗"之说并非全部人境庐诗风格的完整概括，上引梁启超所论，实际上已涉及黄遵宪诗歌风格的丰富性、多样化、变化过程的问题。因此，全面考察黄遵宪的创作历程、风格变迁和留存至今的一千一百四十多首人境庐诗歌，可以认识到事实确是如此。

关于人境庐诗的风格特色和美感风貌，以汪辟疆所论最为精当："中岁以后，肆力为诗，探源乐府，旁采民谣，无难显之情，含不尽之意。又以习于欧西文学，以长篇叙事，见重艺林，时时效之，叙壮烈则绘影模声，言燕昵则极妍尽态。其运陈入新，不囿于古，不泥于今，故当时有诗

① 钱钟书：《谈艺录》（补订本），中华书局1984年版，第347页。

② 梁启超著，舒芜点校：《饮冰室诗话》，人民文学出版社1959年版，第34页。

③ 郑子瑜、[日] 实藤惠秀编校：《黄遵宪与日本友人笔谈遗稿》，早稻田大学东洋文学研究会1968年版。

体革新之目。曾重伯、梁卓如尤推重之，虽誉违其实，固一时巨手也。”①

钱钟书曾指出：“一个艺术家总在某些社会条件下创作，也总在某种文艺风气里创作。这个风气影响到他对题材、体裁、风格的去取，给予他以机会，同时也限制了他的范围。就是抗拒或背弃这个风气的人也受到它负面的支配，因为他不得不另出手眼来逃避或矫正他所厌恶的风气。”②因此钱钟书在《谈艺录》“补订”部分中论及黄遵宪时，就在早年论说人境庐诗取径入手的基础上，进一步考察黄遵宪与当时诗坛风气的关系，重点考察他对时代风气的影响和时代风气给予他的影响，指出：“乾嘉以后，随园、瓯北、仲则、船山、频伽、铁云之体，汇合成风；流利轻巧，不矜格调，用书卷而勿事僻涩，写性灵而无忌纤佻。如公度乡献《楚庭耆旧遗诗》中篇什，多属此体。公度所删少作，辑入《人境庐集外诗》者，正是此体。江弢叔力矫之，‘同光体’作者力矫之，王壬秋、邓弥之亦力矫之；均抗志希古，欲回波断流。公度独不绝俗违时而竟超群出类，斯尤难能罕觏矣。其《自序》有曰：‘其炼格也，自曹、鲍、陶、谢、李、杜、韩、苏讫于晚近小家’，岂非明示爱古人而不薄近人哉。道广用宏，与弢叔之昌言：‘不喜有明至今五百年之作’（符兆纶《卓峰堂诗钞》弁首弢叔序，参见谢章铤《赌棋山庄文集》卷二《与梁礼堂书》），区以别矣。”③ 他还指出：“观《人境庐集外诗》，则知公度入手取径。后来学养大进，而习气犹馀，熟处难忘，倘得沧浪其人，或当据以析骨肉而还父母乎。”④

钱钟书指出，清代乾隆、嘉庆以后，袁枚、赵翼、黄景仁、张问陶、郭麐、舒位诸家诗大行其道，汇合成风，形成了一种颇有影响的诗坛风气，包括黄遵宪在内的岭南诗人多受其濡染。晚年黄遵宪编定诗集时曾删去的、今存于《人境庐集外诗辑》中的早年作品，就是最好的证明。由此可见黄遵宪的诗歌创作与乾嘉以降诗坛风气的密切关系。但是黄遵宪的独特之处在于，他臻致“不绝俗违时而竟超群出类”的境界，既与占主导地位的时代风气、诗坛习尚取向相同，又能在此氛围之中出类拔萃、卓然独步。另外，当时也存在一些力图矫正这种诗风的诗派，如以宋诗为旨趣的江湜等人，以及其后的为数众多的“同光体”诗家，以王闿运、邓辅纶为代表的汉魏六朝诗派等。这些诗歌流派实际上与黄遵宪的诗歌创作也存在

---

① 汪辟疆：《近代诗派与地域》，《汪辟疆文集》，上海古籍出版社 1988 年版，第 315 ~ 316 页。按：关于黄遵宪对西方文学、文化的接受和理解问题，笔者所见与汪氏此论略有不同，详见下文“文化心态与西学接受”部分。

② 钱钟书：《中国诗与中国画》，《七缀集》，上海古籍出版社 1985 年版，第 1 页。

③ 钱钟书：《谈艺录》（补订本），中华书局 1984 年版，第 347 页。

④ 钱钟书：《谈艺录》（补订本），中华书局 1984 年版，第 348 页。

着密切的联系，绝非如某些论者以为的那样，或者绝对对立，或者毫不相关。《人境庐诗草·自序》是体现黄遵宪诗歌理论主张最集中、最重要的文字，在钱钟书所引上文之后，黄遵宪还写道："不名一格，不专一体，要不失乎为我之诗。诚如是，未必遽跻古人，其亦足以自立矣。"① 钱钟书指出，黄遵宪此论乃是"明示爱古人而不薄近人"，"道广用宏"。也就是说，于古往今来的众多诗家，不存盲目的崇古卑今与门户宗派之见，而具有"转益多师"的胸襟器识，这是人境庐诗得以"超群出类"的关键所在。尤其是黄遵宪对于"晚近小家"的重视，与江湜鄙薄明代以后之诗的观念判然有别，两人思考问题的方法和角度竟是如此大相径庭。

前辈和当代研究者如陈衍、钱仲联等亦尝从诗歌作法、入手取径角度考察人境庐诗，颇有体会。但是钱钟书所论多有堪称独到、发人所未发之新见。最重要者有三：其一，将人境庐诗置于当时的诗坛风气之中，结合当时不同诗歌流派之间的复杂关系，细致深入地考察黄遵宪对前代重要诗家的继承和发展，揭示他与当时各派重要诗人的深刻联系；其二，指出黄遵宪早年诗歌风格、创作经历对他一生诗歌创作的重要作用，强调考察《人境庐集外诗辑》对于研究全部人境庐诗的重要价值；其三，在对人境庐诗的独到之处、特殊价值给予充分肯定的基础上，从诗歌理论与创作的高度深刻地指出其取径、风格方面的某些局限或不足，对人境庐诗浮滑浅俗的一面提出了针砭。可见，如此深切独到、具有深刻启发性的见识并不是一般的文学史家和诗歌评论者所能具有的，足当引起黄遵宪研究者和近代文学研究者的重视。

二、诗歌创作与"诗界革命"

在现存黄遵宪的所有著作中，找不到他正式号召"诗界革命"、表示直接参加"诗界革命"运动的文字，但继梁启超、胡适等人之后，几乎所有的研究者都把黄遵宪看做"诗界革命"的代表诗人甚至是一面旗帜。这种观念和认识一直影响到目前的一些研究，甚至成为一种明显占据主流地位、被相当普遍地接受的观点。②

---

① 黄遵宪：《自序》，钱仲联：《人境庐诗草笺注》，上海古籍出版社1981年版，第3页。

② 按：梁启超《饮冰室诗话》（1902—1907）中有关黄遵宪的大量文字可以视为这种观点的渊薮。其后，胡适《五十年来中国之文学》（1922）、陈子展《中国近代文学之变迁》（1928）和《近三十年中国文学史》（1929）、郑子瑜《黄遵宪是五四新文化运动的先驱》（1989）等均可视为代表；至于几十年来的各种中国近代文学史著作对这一观念的自然承袭和有意阐发则甚多甚广，难以枚举。

在这样的学术史背景下，钱钟书在深入研究与缜密思考的基础上，对黄遵宪与“诗界革命”的真实关系这一重要问题提出的观点和判断，也就特别值得关注并用心体会。钱钟书说：“近人论诗界维新，必推黄公度。”① “盖若辈之言诗界维新，仅指驱使西故，亦犹参军蛮语作诗，仍是用佛典梵语之结习而已。”② 他还指出：“梁任公以夏穗卿、蒋观云与公度并称‘诗界三杰’，余所睹夏蒋二人诗，似尚不成章。邱沧海虽与公度唱酬，亦未许比肩争出手。”③

钱钟书所说推重黄遵宪的“论诗界维新”者，当肇端于梁启超与胡适，两人分别在所著《饮冰室诗话》和《五十年来中国之文学》中，集中阐发了这种见解。特别是梁启超对“诗界革命”的张扬和对黄遵宪的高度赞誉，影响尤为深远，某些观点至今仍常被引用。钱钟书评论梁启超最为倡导的“诗界革命”④ 时，与时人主要关注其以西学为武器的“创新”的考察角度异趣，他更加关注这一运动与中国诗歌传统的关联，指出他们的所谓“革命”，只不过是在字面上驱使一些西方典故，与中国古典诗歌创作中使用“参军蛮语”、“佛典梵语”的旧习惯并无二致。这实际上涉及黄遵宪、梁启超等人对西学的理解和接受程度问题，下文还要述及。梁启超在《饮冰室诗话》中总结到，“诗界革命”的主旨就是“独辟新界而渊含古声”⑤，“熔铸新理想以入旧风格”⑥，“以旧风格含新意境”⑦，或者“以新理想入古风格”⑧。同时，他也意识到，“当时所谓新诗者，颇喜挦扯新名词以自表异”，“至今思之，诚可发笑”，“此类之诗，当时沾沾自喜，然必非诗之佳者，无俟言也”⑨。可见，钱钟书所论，与梁启超的意见并不矛盾，而且表现得更加通达，并表现出独特的学术眼光和思想深度。应当承认，无论就近代“诗界革命”主张的理论内涵来说，还是就“新派诗”的创作实绩来说，这种观点都更加接近文学史的真相，更具有学术价值。

梁启超曾在《饮冰室诗话》中推许黄遵宪、夏曾佑和蒋智由为“近世诗界三杰”或称“近代诗家三杰”⑩，主要是就三人诗歌均具有“理想之

---

① 钱钟书：《谈艺录》（补订本），中华书局1984年版，第23页。
② 钱钟书：《谈艺录》（补订本），中华书局1984年版，第24页。
③ 钱钟书：《谈艺录》（补订本），中华书局1984年版，第347页。
④ 按：钱氏不云“诗界革命”，而称“诗界维新”，其有意抑或无意乎？今已颇难知其详矣。
⑤ 梁启超著，舒芜校点：《饮冰室诗话》，人民文学出版社1959年版，第1页。
⑥ 梁启超著，舒芜校点：《饮冰室诗话》，人民文学出版社1959年版，第2页。
⑦ 梁启超著，舒芜校点：《饮冰室诗话》，人民文学出版社1959年版，第51页。
⑧ 梁启超著，舒芜校点：《饮冰室诗话》，人民文学出版社1959年版，第107页。
⑨ 梁启超著，舒芜校点：《饮冰室诗话》，人民文学出版社1959年版，第49～50页。
⑩ 梁启超著，舒芜校点：《饮冰室诗话》，人民文学出版社1959年版，第21页，第30页。

深邃闳远”的共同特点而言的[1]，并且，必须看到，这种判断与梁启超当时的思想状况、认识水平、文学观念、诗歌修养等因素密切相关。钱钟书从诗歌创作成就高下的角度出发评骘三人，认为夏、蒋二人的诗作“似尚不成章”，未足以与人境庐诗相提并论。这一点，与梁启超所见大有异同，确有深究之必要。沿着这样的思路，从诗歌创作的思想成就和艺术成就的角度来看，不能不说，夏曾佑、蒋智由二人的诗，与黄遵宪相比的确相距甚远，与人境庐诗并不在一个水平上，因此钱钟书用“似尚不成章”评价之，也就不能说是过苛之论。

与夏曾佑、蒋智由等人同时的丘逢甲，也深得梁启超推许，称之曰“天下健者”，“诗界革命一巨子”[2]。丘逢甲对自己的诗也颇为自负，甚至过于自信，尝对黄遵宪说，“二十世纪中，必有刻黄、丘合稿者”，“十年之后，与公代兴”[3]，自谓其诗足以与人境庐诗媲美并传之后世。年轻时一向充满浪漫激情却失之简单粗豪的柳亚子则从宣传民族独立、民主革命的需要出发，甚至认为丘逢甲诗高于黄遵宪诗，所作《论诗绝句六首》之五云：“时流竞说黄公度，英气终输仓海君。战血台澎心未死，寒笳残角海东云。”[4] 钱钟书持论与以上说法显然不同，认为丘、黄晚年乡居时期虽多有唱和之作，这些作品至今仍留存于两人的诗集之中；但就总体诗歌成就而言，岭云海日楼诗尚不能及人境庐诗，丘逢甲断难以与黄遵宪“比肩争出手”。这一段文字，将人境庐诗与“诗界革命”运动中的重要诗人夏曾佑、蒋智由、丘逢甲之诗相比较，从而突出了黄遵宪在此派诗家中其他人不能比拟、无法取代的重要地位。

可见，钱钟书此论与时人之论虽多有异同，却不乏真知灼见，令人信服。它启发和促使研究者以新的学术眼光，重新审视、思考向来备受关注并被高度肯定的“诗界革命”的理论主张、发生过程以及该派诗人创作成就的有关问题，对完整、准确地把握中国近代诗歌的创作状况与文学史的发展历程，均具有深刻的启发和指导意义。而且，这种学术观念和思想方法，对长期以来以至时下仍然大行其道、屡见不鲜的以肯定、抬高甚至吹捧研究对象为主的思考方式和学术风气，也是很好的教益。

时人谈黄遵宪与“诗界革命”，少不得引黄遵宪“我手写我口”[5] 这

---

① 梁启超著，舒芜校点：《饮冰室诗话》，人民文学出版社 1959 年版，第 21 页，第 30 页。

② 梁启超著，舒芜校点：《饮冰室诗话》，人民文学出版社 1959 年版，第 30 页。

③ 黄遵宪：《与梁任公书》，钱仲联：《清诗纪事》，江苏古籍出版社 1989 年版，第 13327 页。

④ 柳亚子：《磨剑室诗词集》，上海人民出版社 1985 年版，第 216 页。

⑤ 按：多种著作或文章将此句诗写成“我手写吾口”，实无版本根据，误；当做“我手写我口”。

样的诗句为证。这一做法由来已久，盖由胡适发之。他曾说过："他（引者按：指黄遵宪）对于诗界革命的动机，似乎起得很早。他二十多岁时作的诗之中，有《杂感》五篇，其二云：……（引者按：即"我手写我口"一首，诗略）这种话很可以算是诗界革命的一种宣言。末六句竟是主张用俗话作诗了。"[①] 学术界对此亦有不同看法，钱仲联就曾经指出："公度《杂感》诗云：'我手写吾口，古岂能拘牵。即今流俗语，吾若登简编。五千年后人，惊为古斓斑。'此公度二十馀岁时所作，非定论也。今人每喜揭此数语，以厚诬公度。公度诗正以使事用典擅长。《锡兰岛卧佛》诗，煌煌数千言，经史释典，澜翻笔底。近体感时之作，无一首不使事精当。"[②] 这里就提出了黄遵宪诗歌创作中"我手写我口"与"使事用典擅长"的关系问题，值得具体考察并深入探究。

钱钟书则从另一角度对这一问题进行了分析，指出："学人每过信黄公度《杂感》第二首'我手写吾口'一时快意大言，不省手指有巧拙习不习之殊，口齿有敏钝调不调之别，非信手写便能词达，信口说便能意宣也。且所谓'我'，亦正难与非'我'判分。"[③] 钱钟书认为，后世学人对黄遵宪这种"快意大言"不宜过于相信，原因有二：其一，手有巧拙，口有敏钝，手写达意，口说意宣，并非易事；下笔就错，开口即非，词不达意，言不尽心，诸如此类的情形其实极为常见。因此在写作或说话时，要真正做到得心应手、心口如一、左右逢源，即实现"我手写我口"的目标，实在是一种难以企及、异常高妙的艺术境界。这实际上已经涉及文学艺术创作过程中"心"与"手"、"口"之间，亦即艺术思维与语言表达之间微妙而复杂的关系问题。而且，只要有创作活动发生，这一矛盾就不会消失，也无法奢望得到完满的解决。从文学创作的历史经验和文学发展演变的角度来看，这一问题的提出具有重大的理论意义。其二，从哲学本体论角度和文学创作过程复杂性的角度来说，"我"与"非我"，即自我与外物，主体与客体，在艺术思维与文学创作过程中本来就密切相连、胶着难分、交互作用，难以在两者之间划出明确的界线，因此彻底地区分文学创作、艺术创造活动中的"我"与"非我"，实际上是不可能的。因此要恰当地把握"我"与"非我"、"物"与"我"的联系与区别，并在具体的文学创作过程中恰如其分地运用之，这同样是一个具有哲学本体论意义

---

① 胡适：《五十年来中国之文学》，《胡适古典文学研究论集》，上海古籍出版社1988年版，第116页。

② 钱仲联：《梦苕庵诗话》，齐鲁书社1986年版，第8页。

③ 钱钟书：《谈艺录》（补订本），中华书局1984年版，第206页。

的重大问题。

可见，钱钟书此一番有关“我手写我口”的论述，将一个具体的文学创作问题提高到全新的具有文学史内在经验和哲学本体论思辨的理论高度，赋予其空前深刻的理论内涵和广泛的思考空间，让人不得不承认其价值重大，发人深省。

三、文化心态与西学接受

黄遵宪青年时期即以关心时务、思想通达见称，甚至受到晚清重臣李鸿章的期许，被称为“霸才”①。担任外交官十几年的海外经历，进一步扩大了他的视野，使他成为晚清政坛中一个识见超群、稳健务实的著名政治人物，也成为晚清诗坛中一个较多地了解世界、较深刻地认识中国的杰出诗人。这一点，历来为研究者所称道，黄遵宪本人对此也不无自得之意，晚年乡居时写下的“百年过半洲游四，留得家园五十春”② 的诗句，正是这种心态的充分表达。

钱钟书以自身对中西古今文化的精湛了解，对近代以来中外文化交流的深入研究，就黄遵宪对西方文化的接受及心态、他的某些“新派诗”创作与西方文化学术的关系问题，进行了迥异于流俗的思索，得出了时人未见的全新结论。钱钟书说：“差能说西洋制度名物，掎摭声光电化诸学，以为点缀，而于西人风雅之妙，性理之微，实少解会。故其诗有新事物，而无新理致。譬如《番客篇》，不过胡稚威《海贾诗》。《以莲菊桃杂供一瓶作歌》，不过《淮南子·俶真训》所谓：‘槐榆与橘柚，合而为兄弟；有苗与三危，通而为一家’；查初白《菊瓶插梅》诗所谓：‘高士累朝多合传，佳人绝代少同时’；公度生于海通之世，不曰‘有苗三危通一家’，而曰‘黄白黑种同一国’耳。凡新学而稍知存古，与夫旧学而强欲趋时者，皆好公度。”③在另一处，钱钟书又独出心裁地分析道：“黄遵宪提倡洋务和西学，然而他作诗时也忍不住利用传统说法。他在由日本赴美国的海船上，作了一首绝句：‘拍拍群鸥逐我飞，不曾相识各天涯；欲凭鸟语时通讯，又恐华言汝未知。’试与宋徽宗有名的《燕山亭》词对照一下：‘凭寄

① 黄遵宪《李肃毅侯挽诗四首》之四尾联及自注云：“人哭感恩我知己，廿年已慨霸才难。”（光绪丙子，余初谒公。公语郑玉轩星使，许以霸才）见《人境庐诗草》卷十一，商务印书馆民国二十年版，第4页。

② 黄遵宪：《己亥杂诗》，钱仲联：《人境庐诗草笺注》卷九，上海古籍出版社1981年版，第800页。

③ 钱钟书：《谈艺录》（补订本），中华书局1984年版，第23～24页。

离恨重重，这双燕、何曾会人言语！’黄遵宪不写‘人言汝未知’，而写‘华言汝未知’，言外之意是鸥鸟和洋人有共同语言。”①

钱钟书指出，黄遵宪在诗歌中所使用的西方“制度名物”、“声光电化”等让人耳目一新的名词术语和制度、事物、器物、技术，不过是诗歌创作上的一种表面点缀；此类以西方文化的某些表面因素为面目的新诗，在本质上与西学并无深刻的关联，倒是与中国古已有之的诗歌作法和文化观念相近，或者说是这一古老传统在近代中西互通之际的新发展。从对西方文化的态度这一角度考察，应当认为，黄遵宪实际上只是在很外在、很浅显的层面上对西学有所了解和接受，但对西方学术文化的深层内容、精髓真谛“实少解会”。因此，黄遵宪的某些使用西方名词术语、运用近代外国新事物的诗歌，就形成了貌新而实旧、似西而实中的面目，在当时的文化背景和诗坛风气之下，容易获得广泛的包容性和可接受性，能够最大限度地适应当时各派人物的胃口，从而引起尽可能多的人的共鸣。加上人境庐诗歌其他方面的成就，遂使得“新学而稍知存古，与夫旧学而强欲趋时者，皆好公度”。正是由于处在中西古今的交汇点上，才使黄遵宪及其诗歌在当时和后来产生了如此深广的影响。这不仅揭示了黄遵宪诗歌创作取得成功、当时及身后诗名甚隆的奥秘，而且指出了文化变迁之际与文化交流过程中在许多人那里都有可能出现的一种带有规律性的现象。

特别值得注意的是，钱钟书并未像之前与之后的很多论者那样，仅根据诗歌字面上出现的一两个西方新名词、笔端的少数近代新事物，就简单地认定黄遵宪把握并且认同了西方文化，并对这种不新不旧、亦新亦旧的诗歌创作现象的意义和价值进行阐发，而是通过对具体诗歌作品的解读分析，深入到黄遵宪的诗歌创作、知识结构与文化心态之中，从更深的文化态度、文化心理层面上探讨他与西学的真实关系，可谓慧眼独具，真切彻底，当然也就更具有说服力。

钱钟书分析黄遵宪对西方文化的态度和接受西学时的文化心态，切中肯綮，深切独到，这可与钱钟书在另一处的论断相证明。他曾引述其他研究者不太注意的黄遵宪的言论说：“黄遵宪和日本人谈话时说：‘形而上、孔孟之论至矣，形而下、欧米之学尽矣。’又在著作里写道：‘吾不可得而变者，凡关于伦常纲纪者是也。吾可以得而变者，凡可以务财、训农、通

---

① 钱钟书：《汉译第一首英语诗〈人生颂〉及有关二三事》，《七缀集》，上海古籍出版社1985年版，第122页。

商、惠工者皆是也。'"[①] 黄遵宪这两段话，前者见于日本人冈千仞所著的《观光纪游》，后收入《小方壶斋舆地丛钞》第五帙。据记载，黄遵宪在日本时经常对日本友人这样说，可见并非一时兴到之语。后者见黄遵宪《日本国志·工艺志序》，原文作："吾不可得而变革者，君臣也，父子也，夫妇也，凡关于伦常纲纪者是也。吾可得而变革者，轮舟也，铁道也，电信也，凡可以务财、训农、通商、惠工者皆是也。"[②] 在这样一种文化价值观的驱动下，黄遵宪写出"有新事物而无新理致"的诗篇，就不仅毫不足怪，而且几乎可以说是一种必然了。

不仅如此，钱钟书还举出黄遵宪错误地理解西方名词的一个例子为证，足见黄氏对西学所知程度甚浅，甚至时出谬误："黄公度光绪二十八年《与严又陵书》论翻译，有曰：'假"佛时仔肩"之"佛"而为"佛"，假视天如父、七日复苏之义为"耶稣"，此假借之法也。'盖谓'耶稣'即'爷苏'，识趣无以过于不通'洋务'之学究焉。"[③] 这种对"耶稣"一词完全错误甚至几近荒诞的解释，只能证明黄遵宪在这方面的见识与那些完全不通西学并拒绝了解新知的陈腐学究相比，并无任何的高明之处。钱钟书还指出："黄遵宪与严复书，释'耶稣'之名为译音而又寓意，偶重阅王闿运《湘绮楼诗集》，见卷九《独行谣三十章赠示邓辅纶》已有其说。'竟符金桂谶，共唱耶稣妖'，下句自注云：'"耶稣"非夷言，乃隐语也。"耶"即"父"也，"稣"死而复生也，谓天父能生人也。'王望'稣'之文而生义小异于黄耳。"[④] 黄遵宪与王闿运在政治上、文学上均属不同派别，而且各自有一定的代表性和影响力，但是两人对"耶稣"二字的理解竟是如此这般地不约而同、同而小异，这种现象也颇可深入思之。可见，钱钟书此论的确抓住了黄遵宪对西方文化学术态度的关键，并由此指向近代海通之际，发生于许多相类或不相类的人物思想与行为习惯中的多种相关现象，从而使对黄遵宪的文化态度、西学观念的讨论获得了更加广阔的思想史、文化史意义。

笔者还想补充的是，与当时颇为盛行的西学中源论有关，黄遵宪从走出国门直至终老故里，始终认为中学乃是西学的渊源，一直相信"凡彼之

---

① 钱钟书：《汉译第一首英语诗〈人生颂〉及有关二三事》，《七缀集》，上海古籍出版社 1985 年版，第 121 页。

② 黄遵宪：《日本国志》卷四十，光绪十六年（1890）羊城富文斋刊本，第 2 页。

③ 钱钟书：《管锥编》第四册，中华书局 1986 年版，第 1461 ~ 1462 页。

④ 钱钟书：《管锥编》第五册，中华书局 1986 年版，第 114 页。

精微，皆不能出吾书。第我引其端，彼竟其委，正可师其长技”[①]。以至于西方的文明、民主观念，以“生存竞争、优胜劣败”为核心的生物进化论学说，地球为宇宙中之一圆球的学说，类人猿为人类祖先的学说，均早已大备于中国古籍之中。[②] 这些一再出现的言论均表明黄遵宪直到晚年，对西学的理解程度和接触西学时复杂微妙的文化心态与中年时期相比，并没有明显的进步或改变。

特别重要的是，在讨论黄遵宪与西方文化学术之关系、对西学的接受与态度时，钱钟书还将黄氏与近代中国另外两位引进西学甚力的学者，又同是著名诗人的严复、王国维进行了充分的比较，从而对黄遵宪及其诗歌，乃至西学东渐过程中的某些重大问题作了进一步的探讨。

钱钟书说：“严几道号西学巨子，而《愈懋堂诗》词律谨饬，安于故步；惟卷上《复太夷继作论时文》一五古起语云：‘吾闻过缢门，相戒勿言索’，喻新句贴。余尝拈以质人，胥叹其运古入妙，必出子史，莫知其直译西谚‘Il ne faut pas parler de corde dans la maison d'un pendu’也。点化熔铸，真风炉日炭之手，非‘喀司德’、‘巴立门’、‘玫瑰战’、‘蔷薇兵’之类，恨全集只此一例。其他偶欲就旧解出新意者，如卷下《日来意兴都尽、涉想所至、率然书之》三律之‘大地山河忽见前，古平今说是浑圆。遁仄难逃人满患，炎凉只为岁差偏’；‘世间皆气古常云，汽电今看共策勋。谁信百年穷物理，反成浩劫到人群’。直是韵语格致教科书，羌无微情深理。几道本乏深湛之思，治西学亦求卑之无甚高论者，如斯宾塞、穆勒、赫胥黎辈；所译之书，理不胜词，斯乃识趣所囿也。老辈惟王静安，少作时时流露西学义谛，庶几水中之盐味，而非眼里之金屑。其《观堂丙午以前诗》一小册，甚有诗情作意，惜笔弱词靡，不免王仲宣‘文秀质羸’之讥。古诗不足观；七律多二字标题，比兴以寄天人之玄感，申悲智之胜义，是治西洋哲学人本色语。佳者可入《饮冰室诗话》，而理窟过之。”[③] 他又说：“余称王静庵以西方义理入诗，公度无是，非谓静庵优于公度，三峡水固不与九溪十八涧争幽茜清泠也。”[④]

---

① 黄遵宪：《日本杂事诗》卷一，钱仲联：《人境庐诗草笺注》，上海古籍出版社 1981 年版，第 1113 页。

② 北京图书馆善本组整理：《黄遵宪致梁启超书》，《中国哲学》第八辑，生活·读书·新知三联书店 1982 年版，第 395 ~ 396 页。关于黄遵宪与西学中源论的关系，可参看左鹏军《黄遵宪的中西文化观与文化心态》，载《炎黄文化研究》第 3 辑，大象出版社 2006 年版；又见《黄遵宪与岭南近代文学丛论》，中山大学出版社 2007 年版，此不赘述。

③ 钱钟书：《谈艺录》（补订本），中华书局 1984 年版，第 24 页。

④ 钱钟书：《谈艺录》（补订本），中华书局 1984 年版，第 347 ~ 348 页。

无论从哪一角度来说，严复对于西学的体察和了解都要比黄遵宪深切许多，对后世影响之深远亦非黄氏可比。虽则如此，钱钟书还是指出严复“本乏深湛之思，治西学亦求卑之无甚高论者”的严重局限。就诗歌来说，严复的大多数作品还是限于传统的思想，运用旧有的形式，而看不出受西学影响的明显痕迹或故作新奇的时代色彩。至于那些以西方新事物入诗的篇章，除一首“直译”西谚者堪称佳作外，其他作品只不过是当时西方的某些科学知识和新鲜事物的韵语记录，仅限于表面的新奇颖异，并无深挚之情与精微之理寓于其中，钱钟书称之曰“韵语格致教科书，羌无微情深理”。也就是说，这类作品，较之黄遵宪、夏曾佑、蒋智由、谭嗣同等的“新派诗”，并不见得高明多少。

在黄遵宪同时或稍后，只有王国维把握了西方哲学的奥义真谛，并能够在诗歌创作中做到运新入陈、新见迭出；将西方的新思想、新观念用中国古典诗歌的旧形式表现出来，能够做到自然高妙，不露痕迹，臻致化境。犹如盐入水中，得其味而不见其迹；非如金屑入眼，见其彩却不能相容。这是钱钟书对王国维诗歌创作与西学关系深切的体悟，也是充分的肯定。另一方面，钱钟书又恰到好处地补充指出，他这样说并不是认为静庵诗一定优于人境庐诗，并非仅以此一点为标准评骘二人之高下，而是说王、黄二家之诗，各有姿态，各具风貌，各擅胜场，因而也就各有独特的价值和地位，不必存非此即彼、扬此抑彼之见。由此一例，即可见钱钟书人生态度中的机警灵动与睿智高明，学术思想中的圆融通达与辩证周详。

四、关于《日本杂事诗》

《日本杂事诗》虽然篇幅不长，但对研究黄遵宪的诗歌成就和政治学术思想极为重要，黄遵宪对之也相当满意，甚至不无自得之情，尝有诗云：“海外偏留文字缘，新诗脱口每争传。草完明治维新史，吟到中华以外天。”① 不仅自光绪五年（1879）同文馆聚珍本（即初版本）、光绪二十四年（1898）长沙富文堂本（即定本）出版以来版本众多，而且历来评论者对《日本杂事诗》也像对《日本国志》一样，给予高度赞誉。这也一直是黄遵宪诗歌与思想研究中的一个颇受重视的研究领域。

钱钟书对《日本杂事诗》的评价也同样值得注意。他说：“《日本杂事诗》端赖自注，椟胜于珠。假吾国典实，述东瀛风土，事诚匪易，诗故难

① 黄遵宪：《奉命为美国三富兰西士果总领事留别日本诸君子》，《人境庐诗草》卷四，商务印书馆民国二十年版，第1页。

工。如第五十九首咏女学生云：‘捧书长跪藉红毹，吟罢拈针弄绣襦。归向爷娘索花果，偷闲钩出地球图。’按宋芷湾《红杏山房诗草》卷三《忆少年》第二首云：‘世间何物是文章，提笔直书五六行。偷见先生嘻一笑，娘前索果索衣裳。’公度似隐师其意，扯凑完篇，整者碎而利者钝矣。”①

钱钟书认为，《日本杂事诗》借中国传统的典章事物、旧有的艺术形式来表现日本的风土人情，反映日本近代的新风尚，两者之间存在着如此巨大的文化差异，本来就难以结合得天衣无缝；这种努力虽不无意义和趣味，但诚非易事，诗难以作得工稳，也就是意料之中的事情，甚至是一种难以逃脱的必然。因此就造成了这样的情形：诗歌本身并不如对诗歌进行说明解释的自注来得重要，诗也就反不如注写得精彩，竟至出现了“椟胜于珠”这种既相当有趣又令作者觉得尴尬的文学现象。钱钟书还举出黄遵宪的前辈同乡诗人宋湘的《忆少年》一诗，与《日本杂事诗》中的一首作了比较，指出黄遵宪此诗明显受到宋湘诗的影响，但是从诗歌的结构、形象、意趣等方面看，黄诗都明显不及宋诗，给人以完全不同的艺术感受。

谈到黄遵宪诗，周作人曾发表过如下意见：“我又觉得旧诗是没有新生命的。他是已经长成了的东西，自有他的姿色与性情，虽然不能尽一切的美，但其自己的美可以说是大抵完成了。……若是托词于旧皮袋盛新蒲桃酒，想用旧格调去写新思想，那总是徒劳。”② 作为中国现代白话新诗的早期重要人物、后来发展成为杰出学者的周作人，对中国近代的诗歌改革特别是以西方新学理入中国旧诗、用旧格调承载新思想的做法提出了相对保守的意见，这的确值得深思。周作人还指出：“黄君对于文字语言很有新意见，对于文化政治各事亦大抵皆然，此甚可佩服，《杂事诗》一编，当做诗看是第二着，我觉得最重要的还是看作者的思想，其次是日本事物的纪录。这末一点从前也早有人注意到，如《小方壶斋舆地丛钞》中曾钞录诗注为《日本杂事》一卷，又王之春著《谈瀛录》卷三四即《东洋琐记》，几乎全是钞袭诗注的。”③ 这段话不仅证明了黄氏《日本杂事诗》在当时产生的重要影响，而且特别指出黄氏思想见识的出类拔萃之处。从周作人评价黄遵宪的重点所在和对其历史贡献的肯定中就可以清楚地看出。④

周作人评论《日本杂事诗》的角度与钱钟书大不相同，两人在其他方

---

① 钱钟书：《谈艺录》（补订本），中华书局1984年版，第348页。

② 周作人：《人境庐诗草》，《秉烛谈》，岳麓书社1989年版，第43页。

③ 周作人：《日本杂事诗》，《风雨谈》，岳麓书社1987年版，第104～105页。

④ 按：关于周作人对黄遵宪的评论，可参看左鹏军《周作人论黄遵宪》，载《中国近代文学评林》第5辑，广东高等教育出版社1993年版；又见《黄遵宪与岭南近代文学丛论》，中山大学出版社2007年版，此不赘述。

面也不可以相提并论；但从上引两人论述《日本杂事诗》的文字中，却可以发现其思想方法、考察角度、文化观念等方面的相通之处，也有不无相近的观点与认识。应当说，两人从不同的方面对黄遵宪及其《日本杂事诗》进行了兼具学术性和启发性的评论。从黄遵宪研究史和中国现代学术史的角度来看，钱钟书和周作人关于《日本杂事诗》的言论及其异同所蕴含的文化学术意义，颇可玩味。

五、人境庐诗及其整理研究

如同中国文学研究的其他领域一样，对黄遵宪晚年亲自编定的诗集《人境庐诗草》的注释与研究、对《人境庐集》外的佚诗及相关文献的搜求与编辑，不仅是黄遵宪研究领域必不可少的、极其重要的学术任务，而且是该领域深入研究、持续发展的必要基础与前提。黄遵宪及其研究还是比较幸运的，《人境庐诗草》除了有宣统三年（1911）日本初刊本及商务印书馆中华民国二十年（1931）重刊本外，还有高崇信、尤炳圻校点的中华民国二十二年（1933）北平文化学社再版本等多种版本。特别是钱仲联《人境庐诗草笺注》四种版本的先后出版，为黄遵宪研究奠定了非常坚实的文献基础。其后又有《人境庐集外诗辑》（中华书局1960年版）的编辑出版。这些著作自然是钱钟书关注和研究的对象。

钱钟书曾别具慧眼地指出："《张裕》（出《三国志》或《启颜录》）饶须，刘先主嘲之曰：'诸毛绕涿居。'按此秽亵语……要不外乎下体者是。诗人贪使故实而不究诂训，每贻话把笑柄。如林寿图《黄鹄山人诗钞》卷一《曹怀朴先生县斋燕饮》'使君半醉捻髭须，惜少绕涿诸毛居'；无知漫与，语病而成恶谑矣。黄遵宪《人境庐诗草》卷四《逐客篇》'招邀尽室至，前脚踵后脚，抵掌齐入秦，诸毛纷绕涿'，乃作族姓地名用，无可讥弹；卷五《春夜招乡人饮》'子年未四十，鬑鬑须在颊，诸毛纷绕涿，东涂复西抹'，则与林诗同谬。"① 钱钟书运用训诂学的方法，推导原典故的本意及其所蕴含的感情色彩，明确指出黄遵宪（还有林寿图）诗歌中的一处用典错误。这种论断绝非一般的研究者所能做出，因此也就更显出钱钟书读书之细致、用心之专注。

钱钟书说："钱君仲联笺注《人境庐诗》，精博可追冯氏父子之注玉溪、东坡，自撰《梦苕庵诗话》，亦摘取余评公度'俗艳'一语，微示取

① 钱钟书：《管锥编》第二册，中华书局1986年版，第736页。

瑟而歌之意。"[①] 钱仲联《人境庐诗草笺注》共有四种版本：一为商务印书馆1936年11月本，二为古典文学出版社1957年9月本，三为上海古籍出版社1981年6月本，四为中国青年出版社2000年7月本。这四种版本各有异同，也各自留有明显的时代痕迹；总的看来可以认为是逐渐完善，后出转精。钱钟书不曾见到最后一种版本的出版，他此处称道者当为第三种版本，即上海古籍出版社1981年6月本，并认为此书之精深博洽可追清代冯浩的《玉溪生诗评注》、《樊南文集详注》和冯浩之子应榴的《苏文忠公诗合注》，对钱仲联笺注人境庐诗予以极高的评价。

同时，钱钟书也提及自己所评黄遵宪诗"俗艳"一语尝引起钱仲联的不同意见。查检齐鲁书社1986年3月出版的《梦苕庵诗话》，笔者未见钱仲联对"俗艳"一说发表评论的文字，有可能是版本不同或经过修改之故。但是从另一段文字中依然可见钱仲联对黄遵宪诗的总体评价："人境庐诗，论者毁誉参半，如梁任公、胡适之辈，则推之为大家。如胡步曾及吾友徐澄宇，以为疵累百出，谬戾乖张。予以为论公度诗，当着眼大处，不当于小节处作吹毛之求。其天骨开张，大气包举者，真能于古人外独辟町畦。抚时感事之作，悲壮激越，传之他年，足当诗史。至论功力之深浅，则晚清做宋人一派，尽有胜之者。公度之长处，固不在此也。"又说："今日浅学妄人，无不知称黄公度诗，无不喜谈诗体革命。不知公度诗全从万卷中酝酿而来，无公度之才之学，决不许谈诗体革命。"[②] 这里实际上涉及钱仲联对黄遵宪的总体评价、对"诗界革命"的基本看法等关键问题，更重要的是涉及在几十年的学术经历中，随着时代的变迁、政治的风雨，钱仲联诗歌理论、文学观念、学术思想在自觉与不自觉之间的发展变化等问题，这可以引发更加深远的思考。

钱钟书亦尝指出钱仲联所撰《人境庐诗草笺注》的一处疏漏："《全齐文》卷二二顾欢《夷夏论》：'夫蹲夷之仪，娄罗之辩，各出彼俗，自相聆解，犹虫欢鸟聒，何足述效？'……'娄罗'有数义，黄朝英《缃素杂记》卷八、郎瑛《七修类稿》卷二三、黄生《义府》卷下皆考释之，而以沈涛《瑟榭丛谈》卷下最为扼要，所谓一'干事'、二'语难解'、三'绿林徒'。顾欢文中'娄罗'，正如沈所引《北史·王昕传》语，均'难解'之意。黄遵宪《人境庐诗草》卷一《香港感怀》第三首（引者按：据上海古籍出版社1981年版《人境庐诗草笺注》当为第四首）：'盗喜逋逃薮，兵夸曳落河；官尊大呼药，客聚众娄罗。'时人《笺注》引顾欢此

---

① 钱钟书：《谈艺录》（补订本），中华书局1984年版，第347页。

② 钱仲联：《梦苕庵诗话》，齐鲁书社1986年版，第161～162页。

论，非也，第四首（引者按：据上海古籍出版社1981年版《人境庐诗草笺注》当为第五首）‘夷言学鸟音’，或可引顾欢语为注耳。‘客’、‘众’而曰‘娄罗’，得指干事善贾之商客，然此句与第一句‘盗’呼应，则指绿林豪客为宜。盖第四句承第一句，犹第三句言总督之承第二句言兵，修词所谓‘丫叉法’，详见《毛诗》卷论《关雎·序》、《全上古文》论乐毅《上书报燕王》。‘官尊大呼药’句黄氏自注：‘官之尊者，亦号“总督”。’笺注者未著片言，盖不知《周书·卢辩传》、《北史·卢同传》载北周官制有‘大呼药’、‘小呼药’、‘州呼药’等职，黄氏取其名之诡异也。”① 钱钟书所论有充分的文献根据，可以作为准确理解黄遵宪诗歌的有益参考。

北京大学中文系近代诗研究小组所编《人境庐集外诗辑》一书，以周作人早年发现并购买收藏、后归北京大学图书馆的四卷抄本《人境庐诗草》为最重要的基础，并参以其他材料编辑而成，将当时所掌握的《人境庐诗草》、《日本杂事诗》以外的黄遵宪的全部诗歌搜集到一起，对于完整地保存文献资料、全面深入地研究黄遵宪及其诗歌创作具有独特的价值。

钱钟书以其渊博的学识、独特的眼光，有力地指出此书存在的疏失，说：“辑者不甚解事。如《春阴》七律四首，乃腰斩为七绝八首；《新嫁娘诗》五十一首自是香奁拟想之词，‘闺艳秦声’之属，乃认作自述，至据公度生子之年编次。此类皆令人骇笑，亟待订正。”② 《人境庐集外诗辑》在所录《春阴》后加说明曰：“此诗凡八首，由黄遵庚先生钞寄，今据录。题下原注‘丁卯’（公元一八七六年）。”③ 钱钟书指出此书将《春阴》七律四首误断为七绝八首，这一错误实际上并不应该发生；既已出现，则应当尽快得到更正。为明真相，现将此诗以七律四首的形式录出如下④：其一：“一带园林尽未真，轻云如梦雨如尘。空庭帘卷犹疑暝，远树花迷不见春。积润微生虚白室，浪游□误踏青人。今年花柳都无色，似听梁间语燕瞋。”其二：“一春光景总成阴，省识天公酝酿心。燕子不来庭悄悄，鸟儿徐爇昼沉沉。漫天红雨飞无迹，隔水朱楼望转深。还是去衣还是酒，今番寒事费沉吟。”其三：“乞来不是好风光，悔向东皇奏绿章。轻暖轻寒无定着，成晴成雨费评量。半是柳絮吹无影，一树梨花静有香。怪底鸡鸣惊午梦，起来翻道晓风凉。”其四：“近连小苑远前湾，总是重阴曲曲环。画境要参浓淡格，云容都在有无间。对花□□人何处？中酒情怀境大闲。为

① 钱钟书：《管锥编》第四册，中华书局1986年版，第1329~1330页。
② 钱钟书：《谈艺录》（补订本），中华书局1984年版，第348页。
③ 北京大学中文系近代诗研究小组：《人境庐集外诗辑》，中华书局1960年版，第7页。
④ 按：诗前序号为笔者所加；诗中“□”处为原诗所缺之字。

倩笛声吹唤起，一弯新月上前山。”令人难堪的是，时过多年之后，特别是钱钟书已经明确指出这种“令人骇笑，亟待订正”的错误之后，与《人境庐集外诗辑》同样的错误仍然一再出现在重要的黄遵宪著作集中①。

《新嫁娘诗》七绝五十一首为黄遵宪的早期作品，具体写作时间已难确考，多年来，黄遵宪研究中亦极少有人注意此组诗。《人境庐集外诗辑》将其编次于《长子履端生》之后，并在诗后加说明云：“诗中有‘报产麟儿’之句，疑当作于‘长子履端生’一诗的同时，故编次于此。”② 钱钟书则认为，此诗并非如集外诗的编者所说是作者婚姻生活的“自述”，乃是“香奁拟想之词，‘闺艳秦声’之属”，是这位年轻诗人基于想象而生发出来的艺术创造。也就是说，钱钟书宁愿将此类作品作为真正的“诗”来读，而不主张将诗中所写内容与诗人的经历对号入座，更无兴趣从中猜测钩稽作者的什么生平佚事与婚恋秘史。③ 这种对于诗歌内容、风格与诗人生活经历、个性气质之复杂关系的思考和判断，超出对黄遵宪一人一诗的理解与评价，具有更加广阔的启发意义。

六、结 语

由上文所述可见，钱钟书对黄遵宪其人其诗的论述，涉及黄遵宪研究的许多重要问题，有不少发人之所未发的新见，不少观点远较前贤或时人深刻，也比后来的许多研究者高明，显示出其洞明入微的器识和通达辽远的眼光，使人不得不心悦诚服并深受教益和启发。

钱钟书虽不是专门研究“黄学”的名家，但他对黄遵宪研究的最大贡献是，使人境庐诗的研究回归到“诗”的文本本身，回归到清中叶至晚清时期的诗坛风气之中，回归到真实文学史的过程之中，从而对由来已久、至今仍然盛行的无法进入文体内部的诗歌研究、文学研究，对那些盛行已久的简单化、程式化、概念化的僵硬生涩的文学批评方法以及庸俗社会学的文学批评倾向，均构成了一种有力的反驳，从而具有重要的文学史和文学批评史意义。

---

① 如吴振清等编校、天津人民出版社 2003 年出版的《黄遵宪集》第 294 ~ 295 页，陈铮编、中华书局 2005 年出版的《黄遵宪全集》上册第 189 页，均仍将《春阴》七律四首误为七绝八首，亦即钱钟书所谓“令人骇笑，亟待订正”者。

② 北京大学中文系近代诗研究小组：《人境庐集外诗辑》，中华书局 1960 年版，第 12 页。

③ 按：关于钱钟书对《人境庐集外诗辑》的批评，多年后，当年主持编校该书的吴小如尝作《就〈人境庐集外诗辑〉答钱钟书先生》一文，以当事人身份披露了当时的有关情况，可资参考。见吴小如：《书廊信步》，辽宁教育出版社 1995 年版，第 245 ~ 247 页。

钱钟书论黄遵宪的文字，还涉及文学研究与文学批评中某些重要的理论方法问题。钱钟书论说人境庐诗运用的思想方法，如关注具体的时代风气与文学家创作之间的复杂关系，明辨同一文学流派内部的差异性，考察不同文学流派之间的深刻关联，以及通览中外古今的联系比较的思想方法，融通文学与哲学、史学、语言学及其他学科，走向自如圆融的综合研究的努力，等等，都为后来的研究者树立了可资借鉴的典范。这种关于文学研究方法论的示范与启发是最深刻的，也是最为珍贵的。这对黄遵宪研究者、对中国近代文学研究者，乃至对所有的文学批评、文学史研究者来说，都是可贵的启迪和深刻的教益。

因此，就中国文学史与文学批评史、中国近现代学术史研究来说，从钱钟书有关黄遵宪诗歌的言论中得出具体结论固然值得重视，但他的思想方法与文学史观则具有更为普遍、更为长久的学术价值。仅就黄遵宪研究而言，也完全可以认为，钱钟书在黄遵宪研究学术史上，是一位个性非常鲜明、贡献十分突出的大家，理当占有极为重要的学术史地位。

参考文献：

[1] 钱钟书：《谈艺录》（补订本），中华书局 1984 年版。

[2] 钱钟书：《管锥编》，中华书局 1986 年版。

[3] 钱钟书：《七缀集》，上海古籍出版社 1985 年版。

[4] 黄遵宪：《人境庐诗草》，宣统三年（1911）日本初刊本。

[5] 黄遵宪：《人境庐诗草》，商务印书馆民国二十年（1931）版。

[6] 黄遵宪：《日本国志》，光绪十六年（1890）羊城富文斋刊本。

[7] 黄遵宪：《日本杂事诗》，钱仲联《人境庐诗草笺注》附录本，上海古籍出版社 1981 年版。

[8] 黄遵宪著，钱仲联笺注：《人境庐诗草笺注》，上海古籍出版社 1981 年版。

[9] 黄遵宪著，北京大学近代诗研究小组编：《人境庐集外诗辑》，中华书局 1960 年版。

[10] 郑子瑜、[日] 实藤惠秀编校：《黄遵宪与日本友人笔谈遗稿》，早稻田大学东洋文学研究会 1968 年版。

[11] 梁启超著，舒芜点校：《饮冰室诗话》，人民文学出版社 1959 年版。

[12] 汪辟疆：《汪辟疆文集》，上海古籍出版社 1988 年版。

[13] 钱仲联：《梦苕庵诗话》，齐鲁书社 1986 年版。

作者简介：左鹏军，男，1962 年 11 月生，吉林梅河口人。文学博士，博士后出站。现为广东省普通高校人文社会科学重点研究基地华南师范大学岭南文化研究中心主任，华南师范大学文学院教授、博士研究生导师。

主要学术领域为中国近代文学、中国戏曲史、岭南文学与文化。已出版专著《近代传奇杂剧史论》(2001)、《近代传奇杂剧研究》(2001)、《晚清民国传奇杂剧考索》(2005)、《黄遵宪与岭南近代文学丛论》(2007)、《晚清民国传奇杂剧史稿》(2009)、《晚清民国传奇杂剧文献与史实研究》(2011)等；主编《岭南学丛书》和学术集刊《岭南学》；发表学术论文多篇。

论宋元戏曲的“演述时空”

陈建森

［摘　要］宋元戏曲的时空是宋元戏曲剧场“存在”的基本形式。戏曲“演述时间”的长短、向度和“演述空间”的大小、形状、方位，完全随着演述者潜换演员、“行当”、剧中人三重身份，穿梭于演员与观众、“行当”与观众、“行当”与“行当”、“行当”与剧中人、剧中人与剧中人、剧中人与观众之间六重主要的剧场交流语境中演人物、叙故事、进行演述“干预”、与观众一起“戏乐”，而自由潜换、“无”中生“有”。宋元戏曲的时空是演述者与观众展开交流互动的“演述时空”。戏曲“演述时空”主要有“剧场现实生活域”、“剧场审美游戏域”、“剧场剧情虚构域”和“跨域”四种形式，由此而生成宋元戏曲的“剧场存在形态”。

［关键词］演述时空；现实生活域；审美游戏域；剧情虚构域；跨域

时空是物质存在的基本形式，因此，我们不能就时空而论时空，而应该根据物质运动的具体情状考察时空。宋元戏曲的时空是宋元戏曲剧场“存在”的基本形式。宋元戏曲演述者根据场上搬演和剧场观众接受的需要，根据剧场主体间交流互动的需要，分别潜换演员、“行当”、剧中人三重演述身份，在演员与观众、“行当”与观众、“行当”与“行当”、“行当”与剧中人、剧中人与剧中人、剧中人与观众之间六重主要的剧场交流语境中演人物、叙故事、进行演述“干预”、与观众一起“戏乐”①。因此，宋元戏曲的时空是演述者与观众展开交流互动的“演述时空”。戏曲“演述时间”的长短、向度和“演述空间”的大小、形状、方位完全随着演述者潜换三重身份，穿梭于六重主要的剧场交流语境中演人物、叙故事、进行演述“干预”、与观众一起“戏乐”，而自由潜换、“无”中生“有”。

一、前贤有关戏曲时空研究之得失

黄佐临先生曾指出，中国戏曲有四种外部特征：

---

①　陈建森：《元杂剧的文本形式与演剧形态》，《人文中国学报》第15期，上海古籍出版社2009年版；《戏曲与娱乐》，上海人民出版社2003年版。

梅兰芳、斯坦尼斯拉夫斯基和布莱希特是三位现实主义大师，运用的戏剧手段却各有巧妙不同。梅兰芳是中国传统戏剧最具代表性最成熟的代表，这种传统戏剧同西方戏剧区别甚大——确实根本不同。依我的看法，我国的戏曲传统有着下列四大特征：

(1) 流畅性：它不象话剧那样换幕换景，而是连续不断的，有速度、节奏和蒙太奇。

(2) 伸缩性：非常灵活，不受空间时间限制，可做任何表现。

(3) 雕塑性：话剧是把人摆在镜框里呈平面感，我国传统戏曲却突出人，呈立体感。

(4) 规范性（通常称“程式化”）：意思是约定俗成、大家公认，这是戏曲传统最根本的特征。我认为把生活原封不动地搬上舞台如若不是可厌也是不可能的。坦白告诉观众，演戏便是演戏。为此我们创造了一整套规范，打破了时间空间的限制，使生活可以更崇高、更驰骋自由地呈现在舞台上。

梅兰芳艺术的伟大之处就在于他把这四种特征发挥到臻于完美的地步。

……

梅兰芳、斯坦尼斯拉夫斯基和布莱希特的共同点如上所述。那么，他们三位的区别究竟何在？简单扼要地说，最根本的区别是：斯坦尼斯拉夫斯基相信第四堵墙，布莱希特要推翻这堵墙，而对于梅兰芳，这堵墙根本就不存在，用不着推翻，这是因为中国传统戏曲一向具有高度的规范化，从来不会给观众造成真实的生活幻觉。①

黄佐临认为：在艺术观上，斯坦尼斯拉夫斯基、布莱希特和梅兰芳都是“现实主义大师”；然在戏剧观上，三人却又是对立的，“斯坦尼斯拉夫斯基相信第四堵墙，布莱希特要推翻这堵墙，而对于梅兰芳，这堵墙根本就不存在，用不着推翻”，即梅兰芳“不受空间时间限制”。“归纳起来，二千五百年曾经出现无数的戏剧手段，但概括地看，可以说共有两种主要的戏剧观：造成生活幻觉的戏剧观和破除生活幻觉的戏剧观，或者说写实

① 黄佐临：《梅兰芳、斯坦尼斯拉夫斯基、布莱希特戏剧观比较》，江流：《我与写意戏剧观——佐临从艺六十年文选》，中国戏剧出版社 1990 年版，第 304～307 页。

的戏剧观和写意的戏剧观。除此之外，可能还有写实与写意混合的戏剧观”[①]；梅兰芳代表的是中国戏曲“写意的戏剧观”。他接着又列举中国戏曲的四种内在特征：

> （1）生活写意性，就是说不是写实的生活，而是源于生活，又是对生活加以提炼、集中、典型化。创作不应当仅仅是来自生活，而应当是提炼过的高于生活的东西。
>
> （2）动作写意性，即一种达到更高意境的动作。
>
> （3）语言写意性，即不是大白话，而是提炼为有一定意境的艺术语言，达到诗体的语言。
>
> （4）舞美写意性，即不是实际的环境，而是达到高度艺术水平的设计。
>
> 这四种我称之为内在的特征，再加上前述的四种外部的特征，就是我国优秀传统戏剧风格的主要条件，梅兰芳就是我国这种戏剧风格的大师。[②]

在“写实的戏剧观”那里，演员与角色合二为一，观众为“第四堵墙”，表演者“当众孤独”；在“写意的戏剧观”那里，如汪笑侬演《写蛮书》中的醉太白，“上半身晃晃悠悠，完全是酒醉的诗人，下半身却稳稳当当、清清楚楚，是那匹马。所以，是不是可以说：这位表演大师的上半身是斯坦尼斯拉夫斯基，而下半身是布莱希特？醒和醉，神态清醒和疯疯癫癫，相对立的两者辩证相结合，正是我国传统戏剧高超迷人之处”[③]。黄佐临所谓中国戏曲根本不存在“墙”，仍然是从演员与角色之间和演员与观众之间两个维度去思考，去理解戏曲时空的特点，因而反对西方戏剧“第四堵墙”理论。质言之，佐临即是以“代言体”为前提条件去理解和阐释演员与角色之间以及演员与观众之间的关系，进而理解中国戏曲的时空。然中国戏曲为何是这种“上半身是斯坦尼斯拉夫斯基，而下半身是布莱希特”、“辩证相结合”的表演？这种“生活写意性”、“动作写意性”、“语言写意性”、“舞美写意性”的戏曲表演为何就能“连续不断的换幕换

---

① 黄佐临：《梅兰芳、斯坦尼斯拉夫斯基、布莱希特戏剧观比较》，江流：《我与写意戏剧观——佐临从艺六十年文选》，中国戏剧出版社 1990 年版，第 311 页。

② 黄佐临：《梅兰芳、斯坦尼斯拉夫斯基、布莱希特戏剧观比较》，江流：《我与写意戏剧观——佐临从艺六十年文选》，中国戏剧出版社 1900 年版，第 316 页。

③ 黄佐临：《梅兰芳、斯坦尼斯拉夫斯基、布莱希特戏剧观比较》，江流：《我与写意戏剧观——佐临从艺六十年文选》，中国戏剧出版社 1900 年版，第 314 页。

景”、“打破了时间空间的限制”？黄佐临尚未能具体深入阐释。

马也先生从“演员演故事”的视角，首先探究演员如何将“说书人的嘴”转变为“唱戏人的腿”，揭示戏曲的艺术时空特性：

> 戏曲舞台上正是把说书人的嘴变成了唱戏人的腿；用唱戏人的腿来表现说书人的嘴。所谓“腿”是指身段动作，所谓“嘴”是指叙述体的故事。这样，时空自由的叙事体，其环境、对象，皆可不必逼肖地以实具形式再现于舞台之上，只靠演员的舞蹈身段的表演（当然要有唱念的配合）就可以显现出来。就是说，戏曲用“腿”——舞蹈的形式，表现了“嘴”——叙述体的内容，此即虚拟表演。如果说上下场（包括圆场、转场、过场等）手法主要是用以处理戏曲的时空环境转换的话（有时也要辅以唱念叙述和虚拟表演），那么时空环境的正面表现（包括固定的环境如楼上楼下，运动的环境如江上行舟），就以虚拟表演来完成。这种虚拟表演，只用舞蹈身段就可以把广阔多变的环境和巨大的实物对象显现出来，因而就突破了客观舞台的“有限”和“固定”的限制，赢得了戏剧舞台上的时空自由。①

接着，他在《戏曲艺术时空论》第二章中，从“自身的原因”和“外部的原因”两方面总结其关于中国戏曲艺术时空特性的“基本原理”：

> 戏曲舞台时空自由的成因，首先是内容本身带有时空自由的特性，他要寻求和创造各种表现的手法，本文论述了主要的三种：上下场、说唱艺术的叙述和虚拟表演。这些表现手法的联合使用（多半是联合而不是割裂），就出现了戏曲舞台上时空自由的两种表现形式：一、时空转换的自由，主要采用上下场和直接叙述的手法；二、时空环境表现的自由，主要采用虚拟表演的手法……戏随人走，时空、戏带在演员身上。②

马也先生认为，戏曲是演员用不断运动着的歌舞表演“时空自由的叙述体故事”，“戏曲表演艺术其实质乃是一种‘动’的艺术……如果说初期的戏曲歌舞表演流动多变的时空是一种被动的适应，是特殊内容对歌舞特

---

① 马也：《戏曲艺术时空论》，中国戏剧出版社 1988 年版，第 53 页。

② 马也：《戏曲艺术时空论》，中国戏剧出版社 1988 年版，第 100 页。

性的一种改造的话，那么形成独特风格阶段的戏曲歌舞表演，它善于表现运动的题材、运动的时空就是一种特长、特色了”①，“虽然说戏曲歌舞表演这种善于表现流动时空也即善‘动’的特色，是由当初特定的内容‘培养’起来的，但一旦这种特性形成后，作为新创作的剧诗来说，恰恰应该满足于它‘动’的要求，给歌舞表演以‘动’的条件和基础，只有‘动’，戏曲歌舞才有生命、有活力”②。这种简单辩证的致思得出的结论是：

> 最初的叙述体剧本（带有时空自由的特性）——→搬上舞台后吸收、综合、改造了歌和舞两种艺术，在不断戏剧化的过程中，使之成为表现手段——→这种戏剧化的歌舞表演具有两方面特性，一是善于负载自由的时空，一是保留了原来单线欣赏和形式美的特性——→这两方面的特性要求新的内容（新剧诗）为其提供适于生存、发展的条件，也即为其提供运动时空的条件。

进而，马也先生又从“中国戏曲艺术的时空特性与剧诗结构”的视阈，阐述“新剧诗”在结构上为戏曲提供的“运动时空的条件”：

第一，“运动排列、单线集中的冲突形式”。“中国戏曲因为它的舞台时空具有运动的特性，因而它采用了一种运动的结构方式。所谓运动结构，首先是善于选择运动着的题材、运动着的冲突，在运动中去表现人物和冲突。其次它不象话剧那样，要把运动时空或不同时空中发生的事件调到一处作集中的表演；即使是在较为固定的同一时空内发生的众多冲突，戏曲也不作面上的交织，而要打碎板块，把冲突作时间单线中的排列，即平时人们所说的要‘顺序发展’”③，即将“花开几朵，各表一枝”转化为“一线到底”的运动结构。

第二，“戏随人走、重重悉见的结构手法”。由于受前代史传、讲史、小说等叙事文学的影响，戏曲将“听觉艺术结构故事的手法吸收过来，就成了‘戏随人走’”，“使作者的笔、观众的眼，可以随着角色而运动……运动的时空、运动的结构使角色说运动到哪里就运动到哪里”④。

第三，“可分可合、群体组接的有机布局”。“戏曲歌舞结构的连贯性与舞台时空的运动性，两者相辅相成，共同促使戏曲的情节段落向可合方

① 马也：《戏曲艺术时空论》，中国戏剧出版社1988年版，第118～119页。
② 马也：《戏曲艺术时空论》，中国戏剧出版社1988年版，第120页。
③ 马也：《戏曲艺术时空论》，中国戏剧出版社1988年版，第128页。
④ 马也：《戏曲艺术时空论》，中国戏剧出版社1988年版，第134～139页。

向发展”，“中国戏曲这种可分可合的结构特性，是指戏曲分开来时，其局部可以精雕细刻、自成格局；合起来后，使整体神完气足、浑然一体”①。

马也先生探究戏曲艺术时空特性的学术致思有两个重要的前提：一是戏曲为“代言体”；二是王国维所说的“歌舞演故事”。在马也先生看来，戏曲是把“说书人的嘴”变成了“唱戏人的腿”。“腿”是指演员扮演剧中人的身段动作，“嘴”是指说书人的第三人称的讲述，而说书人的“嘴”又受制于“叙述体剧本”。戏曲演员通过虚拟的不断运动着的代言体歌舞表演将说书人所讲述的“叙述体剧本”搬上舞台，就形成了戏曲时空自由运动的特性。因此，我们发现，马也所说的戏曲艺术时空，实质上与说书人受制于“叙述体剧本”的讲述时空的长短、向度、大小、形状、方位相同。

徐大军认为：

> 话本以说、唱、演结合的形态演述故事的方式对于戏曲的改编挪用十分省事。一般说法，话本与戏曲的区别，一是叙事体，一是代言体。其实在宋金元时代，二者在演述形态上除了表述故事的人的人称和数量有差别之外，并没有多少实质上的不同。我们现在所见到的宋元话本是已经散文化了的东西，在被文字记录下来并进行编辑之后，已经失去了它的演述形态。其实，说话人在讲述过程中，有说、有唱，也有模拟人物声口和动作的写意性表演。而杂剧在表演过程中也有演员在虚拟故事域内外自由转换，他也可以跳出戏剧情境对故事进行讲述、评议。在演述方式上则更是无大差别，说、唱、演三者结合的表述方式二者都在使用。所以，若将话本以杂剧体制稍加改编，即将第三人称演述改作第一人称演述，并把话本中的人物分派给剧中脚色，便很容易当做戏曲剧本使用，如《元微之崔莺莺商调蝶恋花》（赵令畤《侯鲭录》卷五）、《刎颈鸳鸯会》等话本，只要把其中说书人一人独任的演述方式改为各个人物的表演即可成为戏曲，可见，从讲唱话本到演述戏曲间只有一步之隔。②

> 元杂剧的时空表现不但要通过人物的动作，更依重人物的叙述性语言（宾白和唱词）……元杂剧的时空呈现于叙述者身上。③

① 马也：《戏曲艺术时空论》，中国戏剧出版社 1988 年版，第 148 页。
② 徐大军：《元杂剧与小说关系研究》，河南人民出版社 2006 年版，第 206 ~ 207 页。
③ 徐大军：《元杂剧与小说关系研究》，河南人民出版社 2006 年版，第 306 页。

徐大军不露声色地吸收并整合佐临的戏曲“写意性”、马也的“说书人的嘴，唱戏人的腿”和本人的“元杂剧演述形态”的相关理论成果来论述元杂剧与小说的时空关系，其关于元杂剧的时空论述实质上与马也的戏曲艺术时空论基本相同。然认为“若将话本以杂剧体制稍加改编，即将第三人称演述改作第一人称演述，并把话本中的人物分派给剧中脚色，便很容易当做戏曲剧本使用”，“二者在演述形态上除了表述故事的人的人称和数量有差别之外，并没有多少实质上的不同”，这显然是对王国维的元杂剧“由叙述体而变为代言体”的一种简单化的理解。

宋元戏曲并不仅仅表现为舞台演述形态，更为重要的是，宋元戏曲是“活”在剧场的审美感性艺术，换言之，宋元戏曲“活”在剧场主体间的审美交流互动之中。这是宋元戏曲的“剧场存在形态”。宋元戏曲时间的长短、向度和空间的大小、形状、方位，不是马也所说的那样——由演员扮演剧中人将说书人所讲述的“叙述体剧本”搬上舞台——实质上是由说书人讲述“叙述体剧本”时的叙述时空所决定的，而是在剧场主体间交流互动中生成的。在宋元戏曲中，“运动的时空、运动的结构使角色说运动到哪里就运动到哪里”，这只是戏曲舞台演剧时空的一种形式。戏曲的时空是戏曲“存在”的基本形式，我们应当根据剧场主体（即剧作家、演员、行当、剧中人、观众）间交流互动的情状来理解戏曲的“演述时空”和“剧场存在”。如《陈州粜米》第四折、《盆儿鬼》第四折、《蝴蝶梦》第二折、《合同文字》第四折，都有剧中人张千喝一声“喏，在衙人马平安”，或者再加一句“抬书案”，戏台立即变成了开封府公堂。我们如果不联系剧场主体间当下的交流互动和视界交融来理解戏曲的“演述时空”和“剧场存在”的特性，那么，这几个角色在舞台上鼓捣的“开封府公堂”又有什么存在的价值和意义呢？

宋元戏曲“剧场存在”这一特性决定了宋元书会才人编撰剧本必须考虑到演述者在舞台上的搬演与剧场观众之间的交流互动。戏曲演述者通过潜换演员、行当、剧中人三重身份自由出入“剧情内外”的“演述”与观众在不同的交流语境中展开直接或间接的互动，因而戏曲时空是剧场“演述时空”。戏曲“演述时空”既不局限于戏曲的“写意性”，亦不受制于说书人所述的“叙述体剧本”的时空，更不局限于舞台之上“戏随人走的腿”。

宋元的瓦舍勾栏，本身就是依附商业街市而发展起来的大型的综合性娱乐场所。孟元老《东京梦华录》、吴自牧《梦粱录》、周密《武林旧事》和无名氏《西湖老人繁胜录》等宋代笔记，保存了许多当时演戏与节日、宗教活动、宴庆、吃喝、游戏等结合起来的文献资料。这样的戏曲表演与现实世俗生活不即不离，其剧场对观众是自由开放的。“中国传统剧场经常与其他活动中心如宫殿、厅堂、庭院、庙宇、茶楼等结合在一起。这也说明中国戏曲演出常常与其他社会活动结合起来，如宴庆、节日、宗教仪式、集市庙会以及作为社交活动的喝茶等。这样一来，看戏成为现实活动的一部分。在茶楼看戏，观众可以一边喝茶、聊天，一边欣赏演出，观众经常摇摆于艺术活动与日常生活之间。”①

如何将经常摇摆于艺术活动与日常生活之间的观众带入剧场的审美游戏？这不仅是戏曲能否生存的问题，而且也是戏曲从艺人员能否解决生计的问题。宋元书会才人和演艺人从前代技艺和瓦舍众技中吸取代表该历史时期艺术最高水平的物质表现形式，借鉴最能代表该历史时期艺术物质表现能力水平的技艺，会通成为满足当代观众精神需求、激活观众审美视界的戏曲演述形态。剧场交流互动的需要要求宋元戏曲演述者拥有演员、行当、剧中人三重演述身份与代言、叙述、“干预”和“戏乐”四种演述职能，由此而形成演员与观众、“行当”与观众、“行当”与“行当”、“行当”与剧中人、剧中人与剧中人、剧中人与观众六重主要的剧场交流语境。②演员是戏曲“剧场存在”中现实生活域的人，“行当”是“剧场存在”中审美游戏域的游戏者，剧中人则是“剧场存在”中剧情虚构域的“人”，他们都是功能性的演述者。换言之，演述者以演员身份向观众演述，此时戏曲处于剧场现实生活域之中；演述者以“行当”身份向观众念诵“上场诗”或“下场诗”，或者“行当”之间演“对手戏”，此时戏曲处于剧场审美游戏域之中；剧中人之间演“对手戏”，此时戏曲处于剧场剧情虚构域之中；剧中人与“内云”、“外呈答云”之间的对答，此时戏曲则处于剧场“跨域”之中。演述者身份的潜换即意味着剧场交流语境的转换，而剧场交流语境的转换即意味着“剧场存在”时空的转换。

---

① 胡妙胜：《中国传统戏曲舞台与现代西方舞台设计》，陆润棠、夏写时：《比较戏剧论文集》，中国戏剧出版社 1988 年版，第 92 页。

② 参阅拙著《元杂剧演述形态探究》第一章“元杂剧的剧场交流系统”，南方出版社 1999 年版。笔者在当时提出元杂剧演述者具有“行当”和“剧中人”双重演述身份，演述者潜换演述身份与剧场观众交流互动，由此而形成“行当”与观众、“剧中人”与观众、“剧中人”与“剧中人”三重主要的交流语境。随着研究的深入，笔者现在提出，宋元戏曲演述者具有三重演述身份、四种职能，演述者潜换演述身份与剧场观众交流互动而形成六重主要的剧场交流语境。“剧场交流语境理论”的提出有三方面含义：一是从文本间性的角度，探究剧场交流所用诸种“文本”间的相关性及其组合规律，呈现宋元戏曲的“文本形态”；二是从剧场主体间性的角度，揭示宋元戏曲剧场交流的实质是剧作家、演述者（演员、“行当”、“剧中人”）与观众之间当下的审美互动，呈现宋元戏曲剧场交流情状；三是揭示剧场主体间视界交融和“文本”会通关系，宋元戏曲的文本会通的实质是剧场主体交流互动的艺术呈现，揭示宋元戏曲的“演述形态”和“剧场存在形态”。

二、剧场现实生活域

在宋元戏曲的剧场交流互动中，演述者以现实生活域中的“演员”身份与观众展开交流互动，即意味着此时的演员和观众都置身于剧场现实生活域的时空之中。宋元戏曲剧场现实生活域的时空主要有三种情形：

1.“题目”的剧场演述时空

如《张协状元》第一出，“末”开场向观众说明编撰缘由：“《状元张协传》，前回曾演，汝辈搬成。这番书会，要夺魁名。”① 又如《宦门子弟错立身》第一出，“末”向观众悬念剧名：“贤每雅静看敷演，《宦门子弟错立身》。”② 又如《小孙屠》第一出“末”问：“后行子弟，不知敷演甚传奇？”众应：“遭盆吊没兴小孙屠。”③ 此处的“后行子弟”是剧作家编撰剧本时心目中的“隐含观众”，代表着剧场观众的视界。此三处的“末”，演述者实质上是以“演员”的身份与观众在剧场现实生活域中展开交流互动，其功能和演述方式与宋元说唱艺人的功能和演述方式相似。元杂剧演述者通常在剧末从剧情虚构域返回现实生活域宣念剧名，此不复赘。

2.“召唤”的时空

在南戏的“开场”和北剧的“楔子”中，演述者以演员身份演述编撰目的、交代故事缘由之后，即向观众发出“召唤”，将观众从现实生活域导入剧场审美活动之中。如《张协状元》第一出“末”云“话休絮繁”，“似恁常说诸宫调，何如把此话文敷演”④。又如：

> （1）无名氏杂剧《玉清庵错送鸳鸯被》第一折：（道姑上，云）说话中间，可早来到李相公家了也。⑤
>
> （2）关汉卿《温太真玉镜台》第一折：（正末扮温峤上，云）……自古及今，那得志与不得志的，多有不齐。我先将这得志的说一遍则个。（唱）【仙侣·点绛唇】……（云）却说那不得志的也有一等。（唱）【油葫芦】……（云）一头说话，早来到姑娘门首。⑥

---

① 钱南扬校注：《永乐大典戏文三种》，中华书局1979年版，第2页。
② 钱南扬校注：《永乐大典戏文三种》，中华书局1979年版，第219页。
③ 钱南扬校注：《永乐大典戏文三种》，中华书局1979年版，第257页。
④ 钱南扬校注：《永乐大典戏文三种》，中华书局1979年版，《张协状元》第一出。
⑤ 王季思：《全元戏曲》第六卷，人民文学出版社1999年版，第122页。
⑥ 王季思：《全元戏曲》第一卷，人民文学出版社1999年版，第236~238页。

(3) 纪君祥《赵氏孤儿大报仇》第一折正末扮韩厥唱:【赚煞尾】……直等待他年长进,才说与从前话本。是必教报仇人,休忘了我这大恩人。①

(4) 李寿卿《月明和尚度柳翠》楔子"老旦扮观音"自报家门:……吾乃南海洛伽山观世音菩萨……只为慈悲心重,遍游人间,广说因缘,普救苦难。阐明佛法,天花天乐常临;济度众生,凡恼凡缘尽灭。以此莲花座上号曰"观音",祇树林中称为菩萨。这也不在话下……②

(5) 无名氏《风雨像生货郎担》第四折:(副旦做排场敲醒睡科,诗云)烈火西烧魏帝时,周郎战斗苦相持。交兵不用挥长剑,一扫英雄百万师。这话单题着诸葛亮长江举火,烧曹军八十三万片甲不回。我如今的说唱是单题着河南府一桩奇事。(唱)【九转货郎儿】……③

(6) 王实甫《崔莺莺待月西厢记》第一本第一折:(正末扮张生骑马引仆上,开)……行路之间,早到蒲津。这黄河有九曲,此正古河内之地,你看好形势也呵……话说间早到城中。这里一座店儿,琴童接下马者!店小二哥那里?④

在南戏或者北剧中,"话"、"说"、"说话"、"话文"、"话本"这一类词语出现的频率很高。"话",即"说话",又可指"话本";"话本",即"话文",指"故事"。宋元戏曲演述者将自身所演的故事称为"话文"、"话本",将自身的演述称为"话"、"说"、"说话",这证明宋元戏曲的演述与当时的"说话"、"说唱"技艺有着密切的联系。当戏曲演述者向观众说"话休絮繁"、"一头说话"、"这也不在话下"、"这话单题"、"我如今的说唱是"和"话说间"等话语的时候,演述者显然是以"演员"的身份用说话(说唱)艺人的口吻"召唤"观众进入"戏"中。

3. "抓哏"的时空

从话语语义功能来说,"抓哏"是指与剧情无关的逗趣语言,属于插科打诨的一种。戏曲演述者以"演员"身份结合剧情内容现场抓取题材,借题发挥,即兴逗乐观众,因而戏曲演员"抓哏"通常是在剧场现实生活

① 王季思:《全元戏曲》第三卷,人民文学出版社1999年版,第609页。
② 王季思:《全元戏曲》第二卷,人民文学出版社1999年版,第438页。
③ 王季思:《全元戏曲》第六卷,人民文学出版社1999年版,第617页。
④ 王季思:《全元戏曲》第二卷,人民文学出版社1999年版,第218~219页。

域进行的。如《张协状元》第八出“客商遇盗”，“净”、“末”分别扮演二客商，被强盗拦路抢光了财物：

（末）又骨自说。苦！两人查裹都把去了。（净）查裹由闲，可惜一条短棒。（末）随身之宝。你且起来。（净唱）

【福州歌】伊夺担去，我底行货，都是川里买来底。我妻我儿，家里望消息。（合）雪儿又飞，今夜两人在那里睡！（末）

【同前】它来打你，你不肯和顺，好言告它去。使枪使棒，一心逞雄威。（合）担儿把去，今夜两人在那里睡！（净）

【同前】朔风又起，担儿里，纸被袄儿尽劫去。手儿脚儿，浑身悄如水。（合）雪儿又飞，今夜两人在那里睡！（末）

【同前】你莫打渠，苦必苦，厮打你每早先输。你腰我腰，没钱又无米。（合）担儿把去，今夜两个在那里睡！

（末白）下山转去休。（净）上山去。（末）上山做甚么？（净）没担空手人最好上山。（末）却来打诨。下山去。（净）下山也好。（末）如何？（净）下山去借一条棒，更相打一合。①

“没担空手人最好上山”一句，乃是“净”所扮演的客商潜换为演员返回现实生活域的即兴“抓哏”，故“末”所扮演的客商亦随之返回现实生活域责怪说“却来打诨”。

又如尚仲贤《洞庭湖柳毅传书》第三折：

（洞庭君云）兀那秀才，多亏你捎书来救了我的龙女三娘。如今就招你为婿，你意下如何？（柳毅背云）想着那龙女三娘，在泾河岸上牧羊那等模样，憔悴不堪，我要他做什么？（回云）尊神说的什么话！我柳毅只为一点义气，涉险寄书。若杀其夫而夺其妻，岂足为义士？且家母年纪高大，无人侍奉，情愿告回。

……

（柳毅云）这一位女娘是谁？（洞庭君云）则这个便是我的女孩儿龙女三娘。（柳毅云）这个是龙女三娘？比那牧羊时全别了也！早知这等，我就许了那亲事也罢。

（正旦做斜看，叹云）嗨！可不道悔之晚矣！②

---

① 钱南扬校注：《永乐大典戏文三种》，中华书局1979年版，第44页。

② 王季思：《全元戏曲》第三卷，人民文学出版社1999年版，第742～743页。

根据剧情发展的逻辑，龙女三娘此时不可能洞察柳毅的心理活动。“嗨！可不道悔之晚矣”一句，显然超越了她的感知范围，亦是龙女三娘潜回现实生活域，以演员身份即兴“抓哏”，逗观众发笑。

现代地方戏曲仍然继承演员即兴“抓哏”的传统。“抓哏”在川剧中叫“花口”。如20世纪40年代，国立四川大学的学生演出优秀川剧折子戏《抢伞》，当演到蒋世隆有碍于“男女授受不亲”的礼教而要单独逃难时，扮演王瑞兰的演员便即兴来一句“花口”：“你今天把奴家甩了，我要到黄校长面前告你。”当王瑞兰的扮演者说“我要到黄校长面前告你”这一句时，表演者的身份已经由剧中人物“王瑞兰”转换为现实生活中的女大学生。这句话不仅让在场的师生不约而同地笑了，也逗得正在台下看戏的黄校长很开心。又如在川剧《珍珠衫》中《酒楼晒衣》一场戏里，当陈商与蒋兴在酒楼偶然相遇，陈商发现蒋兴所晒的珍珠衫是自己的，便开始巧妙盘问。当两人谈到青布、麻布时，扮演陈商的演员突然加上一句“花口”：“不是青布、麻布，未必还是的确良！”表演者用现代生活中才有的“的确良”为“花口”来宣泄剧中人物陈商内心的气愤，其身份已悄悄地由“陈商”转换为现实生活域中的演员。观众明知“的确良”不合剧中人物所处的时代生活，但还是高兴地接受了，并不去追究此话的真实性。川剧中的“花口”还能随着演出地点的变化来激活不同地域观众的视界。如在《九美狐仙》一剧中，吕洞宾的徒儿曾半仙到周义仁家中收妖，被狐仙九妹打得狼狈不堪；狐仙叫他改恶从善，曾半仙（丑角）回答：“是，我改行去卖麻辣烫。”如果在北京演出，此“花口”则改为：“是，我改行去卖羊肉串。”如果到重庆演出，此“花口”又可改为：“是，我改行去卖口水鸡。”“抓哏”所用的都是观众非常熟悉的现实生活语言来逗乐观众。演员“抓哏”可以因时而变，因地制宜，贵在随机应变。①

三、剧场审美游戏域

在宋元戏曲中，“行当”扮演人物登场通常先念“上场诗”。在大多数情况下，演述者是以“行当”的身份念诵“上场诗”，然后才“自报家门”。“行当”面向剧场观众所念诵的“上场诗”，通常演述其即将扮演那一类人物的社会身份地位、德行或者心态，从而形成“行当”与观众之间

① 邓运佳：《中华梨园一枝花——川剧的艺术》，四川人民出版社2001年版，第153～155页。

的交流语境。

1. **“上场诗”的剧场演述时空**

学界以往对“上场诗”的研究，多注重分析“上场诗”的内容，而极少去研究演述者以何种身份在什么时空中念诵“上场诗”。如刘唐卿《降桑椹蔡顺奉母》第一折：

（二净扮王伴哥、白厮赖上）（王伴哥云）小子一生不受苦，外貌端庄内有福。我吹的龙笛品的箫，打的筋斗擂的鼓。我两个一生皮脸无羞耻，油嘴之中俺为祖。人家摆酒未邀宾，我仗着村浊性儿鲁。走到人家则管嚷，酒肉装满咱肚腹。我这个兄弟，他把骆驼一口咬断了筋，我在下把那癞象一口咽见了骨。这个兄弟嘴馋起来似饿狼，我在下嘴馋起来似病虎。我绕门趄户二十年，俺两个吃倒泰山不谢土。①

又如《降桑椹蔡顺奉母》第二折：

（正净扮太医上，云）我做太医最胎孩，深知方脉广文才；人家请我去看病，着他准备棺材往外抬。②

这样的“上场诗”，如果不了解其演述者的身份和演述时空的特性，就很难理解和领悟宋元戏曲为何要这样设计“上场诗”。《降桑椹蔡顺奉母》中的两首“上场诗”虽然用“我”的声口念诵，但从剧场交流的角度进行语义分析，这显然是属于“净”的“本工”演述，因为只有精神失常的疯子才会在大庭广众之下大言不惭地自揭其短，所以此时演述者的身份是“行当”（“净”）而不是“剧中人”。

南戏演述者登场多唱“定场诗”。如高明《琵琶记》第六出：

（净上唱）

【字字双】我做媒婆甚妖娆，谈笑。说开说合口如刀，波俏。合婚问卜若都好，有钞。只怕假做庚帖被人告，吃拷。

（末白）婆婆，来做甚么？（净白）院公万福！老媳妇特来与张直阁做媒。（末白）我这小娘子不比别的，老相公不轻许。且

① 王季思：《全元戏曲》第二卷，人民文学出版社 1999 年版，第 562 页。
② 王季思：《全元戏曲》第二卷，人民文学出版社 1999 年版，第 577 页。

慢着，又有一个媒婆婆来。（丑上唱）

【前腔】我做媒婆甚艰辛，寻趁。有个新郎要求亲，最紧。我每只得便忙奔，讨信。（介）路上更有早行人，心闷。①

此处“净”与“丑”在剧中都扮演媒婆，虽然“定场诗”的第一句都有“我做媒婆”几个字，但是，从语义学上分析，这两首“定场诗”其实是演述者以“净”和“丑”的身份向剧场观众戏说媒婆这一职业的特点，分析媒婆的心理和德行。由此可发现，宋元戏曲中“净”与“丑”扮次要人物的“上场诗”，通常都以“本工”洋洋自得、夸张炫耀的声口打诨入场，抖露所扮人物的德行，制造“戏乐”的氛围，将观众带入剧场审美游戏域的时空之中。

2.“插科打诨”的时空

插科打诨是宋元戏曲演述者与剧场观众一起“戏乐”的主要形式。李渔就将科诨喻为演述者端给观众提神醒脑的“人参汤”。如《张协状元》第二出“张协言志”：

（白）祖来张协居西川，数年书卷鸡窗前。有意皇朝辅明主，风云未际何恹恹。一寸笔头烂今古，时复壁上飞云烟。功名富贵人之欲，信知万事由苍天。张协夜来一梦不祥，试寻几个朋友扣它则个。（末净噤吧出，净有介白）拜揖！（末）一出来便开放大口。尊兄先行。（生）仁兄先行。（净）契兄先行。（生末）依次而行。（生）嗳！休讶男儿未际时，困龙必有到天期。十年窗下无人问，一举成名天下知。小子乱谈。（末）嗳！（净）尊兄也嗳。（末）可知，是件人之所欲。嗳，这嗳却与贪字不同。嗳！（净）又嗳。（末）也得。诗书未必困男儿，饱学应须折桂枝。一举首登龙虎榜，十年身到凤凰池。小子乱谈。（净）尊兄开谈了。（末）乱道。（净）尊兄也开谈了。（生）乱道。（净）小子正是潭，正是潭。（末）到来这里打杖鼓。（净）嘤！（末）吃得多少，便饱了。（净）昨夜灯前正读书。（末）奇哉！（净）读书直读到鸡鸣。（末）一夜睡不着。（净）外面啰唣。（末）莫是报捷来？（净）不是。外面啰唣开门看。（末）见甚底？（净）老鼠拖个驮猫儿。（末）只见猫儿拖老鼠。（净）老鼠拖猫儿。（三合）

① 王季思：《全元戏曲》第十卷，人民文学出版社1999年版，第152～153页。

（末争）（净笑）韵脚难押，胡乱便了。（末）杜工部后代。（生）尊兄高经？（净）小子诗赋。（末）默记得一部《韵略》。（净）《韵略》有甚难，一东，二冬。（末）三和四？（净）三文酱，四文葱。（末）那得是市卖帐？（生）卑人夜来俄得一梦。（净）小子最快说梦，又会解梦。（末）不知尊兄梦见甚底？（生）夜来梦见两山之间，俄逢一虎。伤却左肱，又伤外股。似虎又如人，如人又似虎。（净）惜乎尊兄正梦之间独自了。（末）如何？（净）若与子路同行，一拳一踢。（打末着介）（末）我却不是大虫，你也不是子路。（净）这梦小子员不得。（末）法糊消食药。（净）见说府衙前有个员梦先生，只是请它过来，问它仔细。（生）尊兄说得是。（净）明朝请过李巡来。（生）造物何常困秀才。（末）万事不由人计较。（合）算来都是命安排。（末净下）（生唱）【粉蝶儿】……【千秋岁】……①

曾永义先生认为：“这场戏虽然演的是张协找他的朋友‘圆梦’，却说了一大堆与剧情无关的‘废话’，以此‘废话’来作为发人笑乐的科诨；如果把这段‘净末斗嘴’提出戏外，其实也没关系，可见其实它是插入性的演出；和前文所引的‘长寿仙’和‘双斗医’很接近，所以可以把它看作院本被戏文吸收的例子。”② 窃以为，这一段戏分别由张协、末和净念诵的三首诗为骨架，其中由“末”插科打诨抖露“净”的才学平庸，然说其是“插入性的演出”显然欠当，因为净、末是张协找来“扣”梦的朋友，这一段情节与第四出“张协圆梦”是有内在关联的。其中的“净末斗嘴”属于“笑乐的科诨”，然不能认为它就是“废话”。理由是：此出为“张协言志”，张协唱完【烛影摇红】即念诵言志之诗，后唱的【粉蝶儿】、【千秋岁】也是言志，一出戏下来如果都由张协一人“言志”就很容易冷场，故安排其“朋友”以“行当”净、末的身份来一段“笑乐的科诨”，在“曲冷不闹场处”“博人哄堂”。此时，舞台上的演述者时而是“剧中人”（张协的朋友），时而是“行当”（净、末）；有时是某一“剧中人”潜换为“行当”与另一“剧中人”一同做“戏”，演述者与观众在“戏乐”中不知不觉就进入了剧场审美游戏域。在宋元戏曲中，这类科诨比比皆是，数不胜数。如果将这些科诨都视为与剧情无关的“废话”，那么，宋元戏曲就应该只演剧情故事，然这只不过是“代言体之戏曲”观的一厢

① 钱南扬校注：《永乐大典戏文三种》，中华书局1979年版，第13～14页。

② 曾永义：《参军戏与元杂剧》，台北联经出版事业公司1992年版，第98页。

情愿而已。实际上，宋元戏曲中就有这么多的“废话”，而且是“废话连篇”。如果将《张协状元》中所有这些“废话”都去掉，恐怕观众就会打瞌睡，或者提前退场，演员也就演不下去了。从剧场交流语境的角度观之，正是这些连篇的“废话”最容易激活观众的“前理解”和“先结构”，满足观众的“戏乐”需求。

宋元戏曲中的“笑乐的科诨”，大多数与剧情不即不离。如无名氏《摩利支飞刀对箭》第二折：

> （净扮张士贵领卒子上，云）自小从来为军健，四大神州都走遍；当日个将军和我奈相持，不曾打话就征战。我使的是方天画桿戟，那厮使的是双刃剑。两个不曾交过马，把我左臂厢砍了一大片。着我慌忙下的马，荷包里取出针和线，我使双线缝个住，上的马去又征战。那厮使的是大桿刀，我使的是雀画弓带过雕翎箭。两个不曾交过马，把我右臂厢砍了一大片。被我慌忙下的马，荷包里取出针和线，着我双线缝个住，上的马去又征战。那厮使的是簸箕大小开山斧，我可轮的是双刃剑。我两个不曾交过马，把我连人带马劈两半。着我慌忙跳下马，我荷包里又取出针和线，着我双线缝个住，上的马去又征战。那里战到数十合，把我浑身上下都缝遍。那个将军不喝彩，那个把我不谈羡，说我厮杀全不济，嗨，道我使的一把儿好针线。某乃张士贵是也。①

金院本有“针线儿”名目。剧作家安排张士贵在“自报家门”之前演述这段“针线儿”，当是对金院本“针线儿”的吸收和改造。戏中张士贵拿针线到战场上缝合伤口，居然还可以再去打仗，既滑稽又荒诞，显然是一段“以诱坐客”的笑乐科诨。这一段“针线儿”虽然与将军之“实”不符，但与像张士贵这样的将军之“名”相合，与下文张士贵替唐军出征高丽国而招兵买马的剧情还是有联系的。

又如刘唐卿《降桑椹蔡顺奉母》第二折：

> （太医云）我这门中，有个医士，姓胡，双名是突虫，他老子就唤是胡萝卜。我和他两个的手段，也差不多，俺因此上结为兄弟。有人家来请我看病，俺两个一同都去的，少一个也不行。

---

① 王季思：《全元戏曲》第六卷，人民文学出版社 1999 年版，第 859 页。

我看病，兄弟便下药；兄弟看病，我便下药。俺两个说下咒愿：有一个私去看病的，嘴上就生僵疙疸。今日有本处蔡秀才来请我，说他母亲害病，请我去下药，我使人约兄弟去了也。我在州桥上等着兄弟，这早晚敢待来也。（净扮糊突虫上，云）我做太医温存，医道中惟我独尊。若论煎汤下药，委的是效验如神。古者有卢医扁鹊，他则好做我重孙。害病的请我医治，一贴药着他发昏。

……

（蔡员外云）住住住，你两个休要胡厮嚷。你二位端的那一位高强？让一个医了罢。（二净拿着药包，一递一个打着念科）（太医打糊突虫，云）我能调理四时伤寒。（糊突虫打太医，云）我善医治诸般杂证。（太医云）我疗小儿吐泻惊痫，（糊突虫云）我治妇女胎前产后。（太医云）我会医四肢八脉，（糊突虫云）我会医五劳七伤。（太医云）我会医左瘫右痪，（糊突虫云）我会医紧痨慢痨。（太医云）我会医两腿酸麻，（糊突虫云）我会医四肢沉困。（太医云）我会医口苦舌涩，（糊突虫云）我会医胸膈膨闷。（太医云）我会医瘸臁跛臂，（糊突虫云）我会医喑哑痴聋。（太医云）我会医发寒发热，（糊突虫云）我会医发傻发风。（太医云）我会医水蛊气蛊，（糊突虫云）我会医头疼额疼。（太医云）我会医胸膛上生着孤拐，（糊突虫云）我会医肩膀上害着脚疔。（太医云）老长者着俺下药，（糊突虫云）将这个老人家丧了这残生。（太医云）用凉水满满的一碗，（糊突虫云）用巴豆足足的半升。（太医云）着这一个老人家吃将下去，（糊突虫云）叫唤起满肚里生疼。（太医云）登时间直肠直肚，（糊突虫拿药包打倒卜儿科，云）泻杀这个老妈妈，也是场干净。（外呈答云）贼弟子的孩儿，去了罢！去了罢！（打二净下）（正末云）父亲，今母亲得病，积日之久。四肢无力，身体飘然，似此如之奈何？（蔡员外云）孩儿，我试问婆婆者。婆婆，你这些时饮食不进，你心中可想甚么食用？（卜儿云）老的也，我心中想一味东西食用。奈是冬寒天气，则怕无有此物。（正末云）母亲想甚么食用？对您孩儿说者。（卜儿云）孩儿也，我想那春暮天桑椹子食用。但得三两枝儿吃下去，则怕我这病减了也。（正末云）既然母亲思想桑椹子食用，您孩儿不问那里，务要寻来奉侍母亲。（卜儿云）孩儿也，我这会有些昏沉。媳妇儿，扶我去后堂中去来。我冒风

寒着床垂命，为子者堂前孝敬；但得那美甘甘桑椹充饥，医可了我恹恹疾病。（同下）①

曾永义先生认为：“从上边所引录的文字看来，显然也是插入杂剧中演出的一个院本。关于这个院本，胡忌《宋金杂剧考》认为即是《辍耕录》院本名目‘诸杂大小院本’中的所谓‘双斗医’院本。而《北西厢记》第三本第四折，当张生因相思成病时，有‘洁引太医上，双斗医科范了’。所谓‘科范’即指剧中种种表演程式，有现成规范可遵循者，则‘双斗医’院本被插入剧中演出，事实上已成了习套，刘唐卿的《降桑椹蔡顺奉母》一剧，不过正好保持原貌而已。也因此，像吴昌龄《张天师断风花雪月》杂剧楔子张千替陈世美请医一段，无名氏《萨真人夜断碧桃花》杂剧第二折兴儿请医一段，虽然未必是完整的‘双斗医’，但起码保留了不少这种‘院本科范’。”

又如高明《琵琶记》第三出：

（净扮老姥姥、丑扮惜春舞上，唱）

【雁儿舞】深院重重，怎不怨苦？要寻个男儿，并无门路。甚年能够，和一丈夫，一处里双双雁儿舞？

（唱舞介）（末白）老姥姥拜揖。（净白）院子万福。（末白）惜春姐拜揖。（丑白）院公万福。（末白）我且问你两个，每常间不曾恁地戏耍，怎的今日十分快活？（丑白）院公，你不得知，我吃小娘子苦，并不许我一步胡踏，并不要说男儿边厢去。苦咳！你弗要男儿，我须要他。也道我和他相似，也不放我笑一笑。今日天可怜见，吃我千方百计去说化他，只限我一个时辰，去花园中赏玩一番。苦咳！我如何的不快活？（净白）便是我，也千不合万不合前生不种福地，把我这里做丫头，苦如何说得？做丫头老了，并不曾有一日得眉头开。今日得老相公出去，我且来这里游赏歇子。（末白）原来恁地，可知你快活也。（净白）院子，你伏侍老相公，公的又撞着公的；我伏侍小娘子，雌的又撞着雌的。（末白）又道是凤只鸾孤。老姥姥，惜春年纪小，也怪他伤春不得。你老老大大，也这般说，甚么样子？（净）哼嗯！老畜生，吃你识秋茄晚结，迟花晚发；老自老，似京枣，外面

① 王季思：《全元戏曲》第二卷，人民文学出版社1999年版，第577～582页。

皱，里面好。你不见东村李太婆？年七十岁，头光光的，也只是要嫁人。人问他：你老了，嫁甚的？这婆子做四句诗，做得好。（末）四句诗如何说？（净）道是：人生七十古来稀，不去嫁人待何时？下了头髻做新妇，枕头上放出大擂槌。（末）你有些欠尊重。（丑）便是。西村有个张太婆，年六十九岁，一个公公见他生得好，只是要娶他。这婆子道：你做得四句诗。做得好。（末）如何说？（丑）道是：青春年少莫蹉跎，床公尚自讨床婆。红罗帐里做夫妇，枕头上安着两个大西瓜。（净）休闲说，今日能勾得在此闲戏歇子，也不是容易。正撞着院公在此，咱每两三个自作耍歇子。（丑）还是做什么耍好？（净）踢气球耍。（末）不好。（净丑）怎地不好？（末白）

【西江月】白打从来逞势，官场自小驰名。如今年老脚臁疼，圆社无心驰骋。空使绣襦汗湿，谩罗袜生尘。兀的是少年子弟俏门庭，不似宝妆行径。

（丑）斗百草耍。（末）也不好。（净）怎的不好？（末白）

【西江月】香径里攀残草色，雕阑畔折损花容。又无巧艺动王公，枉费了工夫何用？惊起娇莺语燕，打开浪蝶狂蜂。若还寻得并头红，早把你芳心引动。

（净丑）打秋千耍。（末）这个却好。（净丑）打秋千怎的便中？（末白）你听我说：

【西江月】玉体轻流香汗，绣裙荡漾明霞。纤纤玉手把彩绳拿，真个堪描堪画。本是北方戎戏，移来上苑豪家。女娘撩乱隔墙花，好似半仙戏耍。

（净丑）恁地便打秋千。只是那里有秋千架？（末）我这花园里那讨秋千架？一来相公不忻，二来娘子又不好，纵有也折了。（丑）院公，没奈何，咱每三个在这里，厮轮做个秋千架，一人打，两人抬。（做架介）（末）谁先打？（净、丑）我两人抬，院公，你先打。（介）（贴旦在戏房内叫）老姥姥，将我的《列女传》那里去了？（净、丑放）（末跌介）（末起白）你两人骗得我好也！（净）今番当我打。（末、丑）老姥姥打。（净打介）（贴旦又叫介）惜春，将我针线箱儿那里去了？（末、丑放）（净不跌介）（末）你奸得我索性。（丑）今番当我打，疾忙着。（丑打介）（贴旦上白）莫信直中直，须防仁不仁。（末、净放走下）（丑做不知介）（白）又耍，罢罢，来么！轮当我打，便奚落人。

（贴旦扯丑耳）（丑惊介）（贴旦白）贱人！你直恁的为人不自重，只要闲嬉并闲哄。[1]

曾永义先生亦认为："像这段科诨，还保持《张协状元》南宋中叶以来，净、末、丑同场的情形，但'末'显然已居其次，'丑'的地位已提升，而其演出情形与剧情已完全融合为一。"[2] 受王国维和胡忌关于戏曲中有院本的启发，曾永义先生指出宋元南戏北剧中有许多"插入性的院本"和"融入性的院本"：《降桑椹蔡顺奉母》、《崔莺莺待月西厢记》中的"双斗医"，《风花雪月》和《碧桃花》中的"请医"与《张协状元》第二出"张协言志"属于南戏北剧中的"插入性的院本"；而高明《琵琶记》第三出净、末、丑之间的对手戏，"《张协状元》中净扮张协母、丑扮张协妹、净扮神祇、丑扮小鬼"，关汉卿《窦娥冤》杂剧第二折净扮赛卢医和副净扮张驴儿的对手戏，无名氏《硃砂担滴水浮沤记》杂剧第二折丑扮店小二、净扮邦老的诨唱，则属于"融入性的院本"[3]。其实，"插入"和"融入"的界线本来就很难区分。曾先生将这些"笑乐的科诨"分为"插入性的院本"和"融入性的院本"，是基于这些"笑乐的科诨"是否融入剧情并将其视为剧情的组成部分来考量的，由此证明其"小戏"加上"讲唱文学"壮大而成"大戏"的"长江大河说"[4]，故曾先生认为能融入剧情的属于"融入性的院本"，可以"提出戏外，其实也没关系"的属于"插入性的院本"，而"与剧情无关的"则是"废话"。

窃以为，宋元戏曲中的"笑乐的科诨"是对前代优戏、唐戏弄、宋杂剧中的艳段杂扮、金院本中的"笑乐"院本等技艺的借鉴和融通，有些属于故意制造笑料的"噱头"，有些流入低俗，绝大多数科诨与剧情处于不同程度的疏离状态，这是不争的事实。但是，需要指出的是，宋元戏曲中的"笑乐的科诨"不是"代言文本"，不是"叙述文本"，也不是"干预文本"（尽管其中融入剧作家"干预"的因素），而是"戏乐文本"。插科打诨，一是"插"，一是"打"；"插"的为"科"，"打"的称"诨"；其设置本来并不强调其与剧情的关系。换言之，插科打诨不是为剧情而设，而是为剧场演述者与观众之间交流互动的需要而设，其功能是使戏曲在

① 王季思：《全元戏曲》第十卷，人民文学出版社 1999 年版，第 138～140 页。

② 曾永义：《参军戏与元杂剧》，台北联经出版事业公司 1992 年版，第 102 页。

③ 曾永义：《参军戏与元杂剧》，台北联经出版事业公司 1992 年版，第 82～107 页。

④ 曾永义：《也谈戏曲的渊源、形成与发展》，《戏曲源流新论》，立绪文化事业有限公司 2000 年版。

“淡处做得浓，闲处做得热闹”，在“曲冷不闹场处”“博人哄堂”。“笑乐的科诨”不一定要成为戏曲剧情的有机组成部分，但它一定是戏曲剧场演述者与观众互动的“戏乐文本”。李渔曾有言：“科诨二字，不止为花面而设，通常脚色皆不可少。生、旦有生、旦之科诨，外、末有外、末之科诨。净、丑之科诨则其分内事也。然为净、丑之科诨易，为生、旦、外、末之科诨难。”[①] 他认为戏曲中的“科诨”是“脚色”之事，而不是“角色”之事。宋元戏曲演述者可以“演员”的身份“抓哏”，也可以“行当”和“剧中人”的身份插科打诨。然无论演述者以何种身份插科打诨，无论这些科诨与剧情的关系是疏还是密，宋元戏曲中的“插入性”的“笑乐的科诨”都具有吸引观众“戏乐”的特性。在剧场中，观众也并不去理会插科打诨是否与剧情有关，而是欣赏演述者在插科打诨中的智慧和志趣，在游戏与娱乐中品会其中蕴涵的民俗情韵。因此，戏曲的插科打诨主要是存在于剧场审美游戏域的时空之中。

3. **“夹演”的“补空”**

作为早期戏曲样式，宋元戏曲中有无“夹演文本”呢？

郑骞先生在《论元杂剧的结构》中指出：

> 在任何一折套曲的中间或是前后，可以插入曲子一两支，这个没有专名，借用现代语名之为插曲。这一两支插曲，不必与本套同宫调韵部，反而是不同的居多。不一定用北曲；有时用南曲；有时用不入调的山歌小曲。插曲都是“打诨”性质，其词句都是无理取闹，诙谐滑稽的；大都由丑、净或搽旦唱，正旦向不唱插曲，正末偶尔来唱，也还是“打诨”，无关正经。[②]

这里有两个问题值得讨论：第一，这些“不必与本套同宫调韵部”的“插曲”，既然认为是“打诨”性质，其词句是否“都是无理取闹”？第二，“打诨”是否都应该“正经”？曾永义先生在《参军戏及其演化之探讨》中引用郑骞这段话后说：“这种插科打诨的插曲，在元杂剧中有不少例子。而无论其由净、丑、搽旦或末来演唱，既然都不出‘打诨’性质，则自然是院本成分融入元杂剧中者。”[③] 曾先生接着举了两个例子：一是张国宾《薛仁贵荣归故里》杂剧第三折开首：

---

① 中国戏曲研究院：《中国古典戏曲论著集成》第七集，中国戏剧出版社1959年版，第63页。

② 郑骞：《景午丛编》上编，台湾中华书局1972年版，第194页。

③ 曾永义：《参军戏与元杂剧》，台北联经出版事业公司1992年版，第107页。

（丑扮禾旦上，唱）

【双调·豆叶黄】那里那里，酸枣儿林子儿西里。俺娘着你早来也，早来家恐怕狼虫蛟你。摘枣儿摘枣儿，摘您娘那脑儿。你道不曾摘枣儿，口里胡儿那里来。张罗张罗，见一个狼窝。跳过墙啰，唬您娘呵。

（云）伴哥，咱上坟去来。你也行动些儿波。（正末扮伴哥上，云）你也等我一等儿波。今日正是寒食，好个节令也呵。（唱）

【中吕·粉蝶儿】……①

二是关汉卿《望江亭中秋切鲙》第三折【越调·斗鹌鹑】【收尾】后：

（衙内云）张二嫂！张二嫂那里去了？（做失惊科，云）李稍，张二嫂怎么去了？看我的势剑金牌可在那里！（张千云）就不见了金牌，还有势剑共文书哩。（李稍云）连势剑文书都被他拿去了！（衙内云）似此怎了也。（李稍唱）

【马鞍儿】想着想着跌脚儿叫，（张千唱）想着想着我难熬，（衙内唱）酩子里愁肠酩子里焦，（众合唱）又不敢着傍人知道，则把他这好香烧、好香烧，咒的他热肉儿跳。

（衙内云）这厮每扮南戏那。（众同下）②

按照郑骞先生的说法，【双调·豆叶黄】和【马鞍儿】均属于“插曲”。窃以为，丑扮禾旦唱的【双调·豆叶黄】虽是“闹场”，然为引“伴哥”出场一同去上坟、遇见薛仁贵起到铺垫的作用。李稍、张千、衙内联唱和合唱的【马鞍儿】，恰恰是表露三人在酒醒后发现势剑、金牌、文书被“张二嫂”拿走后的惊慌焦虑。从剧场交流的视阈观之，这种科诨性质的“插曲”并非“都是无理取闹”，而是在“无关正经”中包含着符合剧场演剧规律、有利于剧场主体间交流互动的合理因素，因而曾先生认为它们“是院本成分融入元杂剧中者”是有道理的。

但是，这些具有科诨性质的所谓“插曲”，不是本文所说的“夹演文本”。“夹演文本”是指与某一部“戏”的演出完全无关的“补空”表演。

---

① 王季思：《全元戏曲》第四卷，人民文学出版社 1999 年版，第 280 页。

② 王季思：《全元戏曲》第一卷，人民文学出版社 1999 年版，第 147～148 页。

臧晋叔在改订《玉茗堂四种传奇》中《还魂记》第二十五折的眉批中说：“临川此折在《急难》后，盖见北剧四折止旦末供唱，故于生旦等皆接踵登场。不知北剧每折间以爨弄、队舞、吹打，故旦末常有余力；若以概施南曲，将无唐文皇追宋金刚，不至死不止乎？”① 郑骞先生根据臧说指出：“四折一人独唱，有时还要改扮不同人物，怎么忙的过来？固然两折之间可以穿插旁人的戏，但有时主角的戏是衔接的，又当如何？原来元剧四折并不是一气演完，折与折之间还夹演旁的杂耍；主角就有休息和改扮的时间。此说见于臧懋循改本玉茗堂四梦的眉批。民国初年东北各埠演戏还有此遗风。如演八本杨家将，开场演前四本，中间换演他剧，然后再演后四本。”② 黄天骥进一步指出，《孤本元明杂剧》中《单刀会》第二折在正末司马徽唱完下场后，有道童和鲁肃的一段唱、白诨闹，是“一段具有过场性质的‘杂扮’”；《元曲选》本《汉宫秋》在第二、三两折之间插入【番使拥旦上奏胡乐科】的舞台指示，“就是臧晋叔所说的间以队舞、吹打之类的技艺”；这“说明元剧在演出时，折与折之间是有爨弄、队舞、吹打之类的片断作为穿插的”③。再如《王闺香夜月四春园》第二折一干人犯皆下，官人贾虚随后在场上“一人打滚”、“顶桌儿”喊“炒豆儿！量炒米”，这些都属于“夹演”文本。这些与某一剧完全无关的夹演性“补空”表演，显然是在剧场审美游戏域中进行的。

四、剧场剧情虚构域

宋元戏曲演述者“自报家门”，即开始以第一人称模拟或扮演剧中人物。学界将演员以第一人称模拟或扮演剧中人物的表现形式称为“代言”。宋元戏曲的“代言性演述”主要在剧中人与观众、剧中人与剧中人之间两种剧场交流语境中展开，于是形成了宋元戏曲独特的“代言性演述文本”。大体说来，宋元戏曲的“代言性演述文本”可分为两类：一类是剧中人直接面向观众的“自报家门”、“背供”、“独白”和“独唱”。这一类独特的“代言性演述文本”可称为“剧中人独述文本”。另一类是在剧中人与剧中人之间的交流语境中展开的演述性对话。这一类“代言性演述文本”可称

---

① 曾永义：《中国古典戏剧论集》，台北联经出版事业公司 1992 年版，第 85 页。曾氏引文不知出自何版本，与刘荫柏《元杂剧结构、音乐及演出情况简说》一文所引有出入。刘文见《河北师院学报》1989 年第 4 期。

② 郑骞：《元杂剧的结构》，《景午丛编》上编，台湾中华书局 1972 年版，第 195 页。

③ 黄天骥：《元剧的“杂”及其审美特征》，《文学遗产》1998 年第 3 期。

为“剧中人演述性对话文本”。“剧中人独述文本”和“剧中人演述性对话文本”都假定在剧场剧情虚构域中演述，然中国戏曲的舞台并没有实在的剧情场景，那么，剧场剧情虚构域又是如何形成的呢？

齐如山在论述国剧的“上下场”时说过一番很有启发性的话：

> 因为国剧乃由唐宋的歌舞队嬗变而来，所以它是无声不歌、无动不舞的，一切动作到现在还未脱离宋朝歌舞队的规矩，因为年代久了，有了变化，当然已经不是原来的样子，但存在着原来的情形还不少。……兹在未说场上各种动作之前，先谈谈出场的分别。话剧是用幕制，台上布置妥当之后才开幕，演完之后就闭幕。国剧是场制，每换一场无幕可闭，且开幕之后，须一场连一场，台上不许空场，因为这个原故，所以戏中对于上场下场（即出场进场）均有特别的规定，这当然是唐宋的歌舞队传留下来的，否则不会如此。现在先谈谈这个“场”字的意义，就更可以证明它是由歌舞队来的了。戏中把这个“场”字，读如敞。而古人没有这种读法，都是读如常，平声，本是广场的意思。《说文》颜师古注说，筑土为坛，除地为场。《诗经》中说“九月筑场圃”。总之，都是空旷地方之义。以情理来论，戏台上用此字，很不合适，那么为什么用它呢？这当然是由唐宋歌舞场遗传下来的。唐宋朝的歌舞，最初都是在皇帝面前一块平地，铺上一块毯子，这是“场”字之所由来。各种歌舞队都在毯上歌舞，上毯子，下毯子，当然都有一种姿式，这就是如同上场下场各种姿式之所由来，若当初即在台上，则它必不会用这个“场”字。皇帝的座位，高高在上，下边只一广场平地，这是当然的情形，因为演员所在的处所，绝对不能高过皇帝的座位，历朝都是如此，一直到清朝，宫中演戏，虽然有台，但对面皇帝观剧之殿也很高，这大概是历来的体制。那么它怎样变成了现在这种情形呢？这个理由也找的出来，杂剧在皇帝面前，是在平地，后来转到民间最初当然也在平地，但民间看戏的人多，都在平地则后边的人看不到，便设法搭一高台，戏在台上演唱，众人都可以看到听到，于是就永远在高台上演了，虽然永在台上演，可是当年在平地演的规矩，还保留着若干，最显著的就是出场入场。①

① 齐如山：《国剧艺术汇考》（一），辽宁教育出版社 1998 年版，第 35 ~ 36 页。

齐如山在此说的虽然是国剧“上下场”形式的由来和规矩，但是，他揭示了“国剧是场制，每换一场无幕可闭，且开幕之后，须一场连一场，台上不许空场”的由来，精辟地归纳了在唐宋歌舞队戏基础上形成的戏曲演出的基本特性。

唐宋说唱的讲述方式和歌舞队戏的连场表演，不可能也不需要“实在”的剧情场景。说唱讲述是“景”随“口”布；歌舞队戏的连场表演是“戏”随“人”走，从而建构了宋元观众的时空视界。学界对戏曲“上下场”、“排场”的研究已取得专门的成果。[①] 马也《戏曲艺术时空论》将“戏曲艺术的时空特性与剧诗结构”联系在一起研究，指出其具有“运动排列、单线集中的冲突形式”，“戏随人走、重重悉见的结构手法”和“可分可合、群体组接的有机布局”的特点。[②] 然戏曲艺术的时空并不局限于舞台调度和剧情安排，而是演述者与观众一起在剧场中建构的。宋元戏曲将说唱的“景随口布”和歌舞队戏的“戏随人走”会通为虚实相生、“无”中生“有”的剧情虚构域。

1. 巧借“切末”，虚实相生

关于中国戏曲中的“切末”，学界曾有人将其等同于日本或者西洋戏剧中的“道具”。齐如山认为：

> 切末固然不得叫作道具，道具亦万不能叫作切末，因为它还不够切末的组织，管中国戏所用物器，叫作道具者，固然是不通；而管话剧所用之物器，叫作切末者，更是外行，待我大略来说几句。话剧所用的物器，不过就是平常的物器，它以写实为主，与平常人所用者无异，不过到了戏剧里边，另起了一个名字曰道具就是了。日本文固然名为道具，就是中国话剧应用的物器，也可以叫作道具。国剧所用的物器，则绝对不能叫作道具，因为他是舞器，都有特别的规定，绝对不许像真。它的性质，就如同国家庙堂舞，武舞所用的干、盾，万不能以为它就是兵器。总之国剧中所用的东西，必须于舞能补助美观，至微末也无须于舞无妨害。[③]

---

① 许子汉：《明传奇排场三要素发展历程之研究》，台湾大学出版社委员会 1999 年版；游宗蓉：《元杂剧排场研究》，台北文史哲出版社 1998 年版。

② 马也：《戏曲艺术时空论》，中国戏剧出版社 1988 年版。

③ 齐如山：《国剧艺术汇考》（一），辽宁教育出版社 1998 年版，第 294 ~ 295 页。

齐如山所指出“切末的组织”不是实器，而是“绝对不许像真”的“舞器”，“必须于舞能补助美观”，说的虽然是近代上演的戏曲，但近代国剧直接从宋元戏曲发展而来，其“舞”的性质远远比前代戏曲增强，然这种借助“切末”的虚拟表演，应是对宋元戏曲虚拟表演的继承和发展。元杂剧《陈州粜米》第三折，先有包待制骑马上场与张千演一段戏，后有王粉莲赶驴上场命包待制帮她笼驴，剧本上有“正末做拿住驴子科”、“正末做扶旦儿上驴子科”等提示，这些“科”都应当是手持“切末”而带“舞”性质的虚拟动作。“虚拟中‘虚’的意思是要虚掉戏中与角色发生关系的环境（如登山涉水）和实物对象（如船、马）；‘拟’的意思是，环境和对象虽然虚掉了，却要通过舞蹈身段的模拟显现其存在。”①

又如李好古《沙门岛张生煮海》第二折，写仙姑将银锅一只、金钱一文、铁杓一把给张生拿去“煮海”：

> （张生云）小生才省悟了也。他是龙宫之女。他父亲十分狠恶，怎肯与我为妻？这婚姻之事一定无成了。只是小娘子，谁着你听琴来！（做悲科）（仙姑云）贫道不是凡人。乃奉东华上仙法旨，着我来指引你还归正道，休得堕落。（张生做拜科，云）小生肉眼不知上仙指引，望乞恕罪。（仙姑云）我且问你：那听琴女子是东海龙王第三之女，小字琼莲，他在龙宫海藏，你怎么得见他？（张生云）若论那龙宫之女，与小生颇有缘分。（仙姑云）那里见的有缘分？（张生云）既没缘分，他怎肯约我在八月十五夜到他家里招我做女婿，又与我这鲛鮹帕儿做信物哩！（仙姑云）这鲛鮹手帕果是龙宫之物，眼见的那个女子看的你中意了。只是龙神躁暴，怎生容易将爱女送你为妻？秀才，我如今圆就你这事，与你三件法物降伏着他，不怕不送出女儿嫁你。（张生做跪科，云）愿见上仙法宝。（仙姑取砌末科，云）与你银锅一只、金钱一文、铁杓一把。（张生接科，云）法宝便领了，愿上仙指教，怎生样用他才好？（仙姑云）将海水用这杓儿舀在锅儿里，放金钱在水内，煎一分此海水去十丈，煎二分去二十丈。若煎干了锅儿，海水见底，那龙神怎么还存坐的住，必然令人来请招你为婿也。（张生云）多谢上仙指教！但不知此处离海岸远近若何？（仙姑云）向前数十里便是沙门岛海岸了也。②

---

① 马也：《戏曲艺术时空论》，中国戏剧出版社 1988 年版，第 45 页。

② 王季思：《全元戏曲》第三卷，人民文学出版社 1999 年版，第 271 ~ 272 页。

第三折写张生拿着仙姑赠送的银锅一只、金钱一文、铁杓一把三件法宝到沙门岛上煮海，迫使东海龙王允许他与龙女琼莲的婚事：

（张生引家僮上，诗云）前生结下好姻缘，觅得鸾胶续断弦。法宝煎熬铛滚沸，争知火里好栽莲。小生张伯腾。早到海岸也。家僮，将火镰火石引起火来，用三角石头把锅儿放上。（做放锅科，云）你可将这杓儿舀那海水起来。（做取水科，云）锅里水满了也，再放这枚金钱在内，用火烧着。只要火气十分旺相，一时间将此水煎滚起来。（家僮云）这等你不早说。那小娘子跟随的丫头送我一把蒲扇，不曾拿的来，把甚么扇火？（做衣袖扇火科，云）且喜锅儿里水滚了也。（张生云）水滚了，待我试看海水动静。（做看科，惊云）怪哉！果然海水翻腾沸滚，真有神应也。（家僮云）怎么这里水滚，那海水也滚起来？难道这锅儿是应着海的？（长老慌上，云）老僧石佛寺长老是也。正在禅床打坐，则见东海龙王遣人来说道：有一秀才，不知他将甚般物件煮的海水滚沸，急得那龙王没处逃躲，央我老僧去劝化他早早去了火罢。原来这秀才不是别人，就是前日借俺寺里读书的潮州张生。想我石佛寺贴近东海，现今龙宫有难，岂可不救。只得亲到沙门岛上劝化秀才走一遭去也呵。①

银锅一只、金钱一文、铁杓一把作为“切末”为“实”，水、火、扇、锅里的滚水、海里的滚水等为“虚”。张生放锅、取水、放金钱、烧火、扇火、看锅里的滚水、看海里的滚水等一系列行动和张生、家僮、长老的“话语”相结合，“虚实相生”，激活了剧场观众的审美视界，东海之水就在剧中人的演述和观众的理解中被煮滚了。此时，戏曲剧场剧情虚构域就在剧中人与观众之间交流互动进而视界交融中生成。

又如高明《琵琶记》第二十六出：

（旦上，唱）

【挂真儿】四顾青山静悄悄，思量起暗里魂消。黄土伤心，丹枫染泪，谩把孤坟自造。（白）【菩萨蛮】白杨萧瑟悲风起，天

① 王季思：《全元戏曲》第三卷，人民文学出版社 1999 年版，第 274～275 页。

寒日淡空山里。虎啸与猿啼，愁人添惨凄。穷泉深杳杳，长夜何由晓。洒泪泣双亲，双亲闻不闻？奴家自丧了公婆，谁相扶助？到如今免不得造一所坟，把公婆葬了。又无钱雇人，又无人得央靠，只得独自搬泥运土。（罗裙包土介）（唱）

【五更传】把土泥独抱，罗裙裹来难打熬。空山静寂无人吊，但我情真实切，到此不惮劳。苦！何曾见葬亲儿不到？又道是三匝围丧，那些个卜其宅兆？思量起，是老亲合颠倒。公公，你图他折桂看花早，不道自把一身，送在白杨衰草。谩自苦，（介）这苦凭谁告？（介）

【前腔】我只凭十爪，如何能够坟土高？（介）只见鲜血淋漓湿衣袄，苦！我形衰力倦，死也只这遭。休休！骨头葬处任他流血好，此唤作骨血之亲，也教人称道。教人道：赵五娘亲行孝。苦！心穷力尽形枯槁，只有这鲜血，到如今也出了。这坟成后，只怕我的身难保。

（白）呀！使得我力都乏了，免不得就此歇自，睡一觉则个。（唱）

【卜算先】坟土未曾高，筋力还先倦。（睡介）

（外扮山神上，唱）

【粉蝶儿】赵女堪悲，天教小神相济。

（白）善哉！善哉！小神乃当山土地。昨奉玉帝敕旨，为赵五娘行孝，特令差拨阴兵，与他并力筑造坟台，免不得叫出南山白猿使者、黑虎将军，教他向前则个。猿、虎二将何在？疾速过来！（丑扮猿、净扮虎上介）（外）唯，吾奉上帝敕旨：为赵五娘行孝，教与他添力，筑造坟台。汝等可变化人形，与他摄化土石，便成坟冢。（净丑）领神音。（外）唯，不得惊动孝妇！

（净、丑做坟介）告大圣：坟台已成了。①

这出戏写赵五娘卖发埋葬公婆。在“罗裙包土介”中，“罗裙”为“切末”，是“实”；“土”是“虚”；山神、猿虎二将帮忙堆的“坟”也是“虚”。但有五娘“罗裙包土”在前，五娘、山神的话语演述在后，激活了剧场观众的视界，一座“坟”就在剧场观众的审美认同中“堆”成了。

可见，所谓“实”，是指“切末”；所谓“虚”，是指剧中人言语动作

① 王季思：《全元戏曲》第十卷，人民文学出版社1999年版，第219～220页。

的演述激活观众的视界而共同构造的剧情虚构域，因而这就不仅仅是角色“通过舞蹈身段的模拟显现其存在”的“虚拟”问题了。

2. 剧中人随“口”布“景”，“无”中生“有”

从现存宋元戏曲剧本观之，大多数剧本没有任何环境提示，场上空无一物。如王实甫《崔莺莺待月西厢记》杂剧第一本第一折，张生“随喜”普救寺：

(法聪上）小僧法聪，是这普救寺法本长老坐下弟子。今日师父赴斋去了，着我在寺中，但有探长老的，便记着，待师父回来报知。山门下立地，看有甚么人来。(末上云）却早来到也。(见聪了，聪问云）客官从何来？(末云）小生西洛至此，闻上刹幽雅清爽，一来瞻仰佛像，二来拜谒长老。敢问长老在么？(聪云）俺师父不在寺中，贫僧弟子法聪的便是，请先生方丈拜茶。(末云）既然长老不在呵，不必吃茶；敢烦和尚相引，瞻仰一遭，幸甚！（聪云）小僧取钥匙，开了佛殿、钟楼、塔院、罗汉堂、香积厨，盘桓一会。师父敢待回来。(做看科)（末云）是盖造得好也呵。(唱)

【村里迓鼓】随喜了上方佛殿，早来到下方僧院。行过厨房近西，法堂北，钟楼前面。游了洞房，登了宝塔，将迴廊绕遍。数了罗汉，参了菩萨，拜了圣贤。(莺莺引红娘撚花枝上，云）红娘，俺去佛殿上耍去来。(末做见科）呀！正撞着五百年前风流业冤。①

张生边走边述，途经佛殿、僧院、厨房、法堂、洞房、宝塔、迴廊。马也认为，这种现象是戏曲“运动的时空，运动的结构使角色说运动到哪里就运动到哪里”②。

又如马致远《破幽梦孤月汉宫秋》第三折，汉元帝唱：

【梅花酒】呀！俺向着这迥野悲凉：草已添黄，兔早迎霜，犬褪得毛苍，人搠起缨枪，马负着行装，车运着馔粮，打猎起围场。他、他、他伤心辞汉主，我、我、我携手上河梁。他部从入穷荒，我銮舆返咸阳。返咸阳，过宫墙；过宫墙，绕回廊；绕回

---

① 王季思：《全元戏曲》第六卷，人民文学出版社1999年版，第219～220页。

② 马也：《戏曲艺术时空论》，中国戏剧出版社1988年版，第139页。

廊，近椒房；近椒房，月昏黄；月昏黄，夜生凉；夜生凉，泣寒螿；泣寒螿，绿纱窗；绿纱窗，不思量。①

“返咸阳，过宫墙；过宫墙，绕回廊；绕回廊，近椒房”，剧中人用连珠格演述所走过的空间；“近椒房，月昏黄；月昏黄，夜生凉；夜生凉，泣寒螿；泣寒螿，绿纱窗”则由空间的转换过渡到时间的转换。

“有话则长，无话则短”是讲唱艺人处理时空变换的一种手法，这种手法被融会到戏曲中则成了“戏随人走”，“有戏则长，无戏则短”②。如高明《琵琶记》第十六出：

（丑扮里正上，唱）

【普贤歌】身充里正实难当，杂泛应承日夜忙。官司点义仓，并无些子粮，拼一个拖番吃大棒。

（白）我做都官管百姓，另是一般行径。破靴破笠破衣裳，打扮须要厮称。到州县百般下情，下乡村十分高兴。讨官粮大大做个官升，卖食盐轻轻弄些乔秤。点催首放富差贫，保上户欺软怕硬。猛拼把持放泼，毕竟是个毕竟。谁知道天不由人，万事皆已前定。诈得五两十两，到使五锭十锭。主人家不时要馈送，画卯酉人多要雇倩。田园尽都典卖，并无寸土余剩。叵耐厅前祇候，叵耐司房典令。把我千样凌持，把我万般督并。动不动丢了破笠，打得我黄肿成病。几番要自缢投河，不要这条性命。今番又点义仓，并无粮米支应。若还把我拖番，便叫高抬明镜。小人也不是都官，小人也不是里正，休得错打了平民。猜你是谁？我是搬戏的副净。苦！往常间把义仓谷搬得家里去养老婆孩儿了，今日上司官点义仓，支谷赈济贫民，那里讨谷？且无钱粜还。没奈何我把老婆卖了，取钱粜谷还义仓。老婆。你且出来。（净上白）老公，老公，苦咳！点义仓那里讨谷？又着吃打。（丑白）没奈何，一夜夫妻百夜恩，你终不然教我吃打？这般荒年，又供膳不得。我如今把你卖几贯钱，粜谷还义仓，（净）哼嗯！你怕吃打，便卖老婆。骨臀难得？老婆难得？（丑）没奈何。（扯净叫介）一街两市，上户官人，里正卖老婆，谁要买么？（净）我弗卖。（推丑倒介，走下）（丑起白）好好，讨得这好老婆！没奈

① 王季思：《全元戏曲》第二卷，人民文学出版社 1999 年版，第 122～123 页。
② 马也：《戏曲艺术时空论》，中国戏剧出版社 1988 年版，第 43 页。

何，只有一个孩儿，把来卖。孩儿出来。（净上白）爹爹，你吃打自吃打，莫要卖了我。（丑）你来。我这孩儿极孝顺，阿爹养孩儿，如何不爱惜你？事到头来，官司逼临，往常将义仓谷家里来吃，终不然都是我吃了？你也有分！子孙，我如今卖了你，取钱籴谷还官司。（净）苦咳！怕吃打便卖孩儿，骨臀难得？孩儿难得？（丑）不依我说？（扯净叫介）一街两市，上户官人，里正卖孩儿，谁要买么？（净推丑倒介走下）（丑起白）好好，讨得好老婆，养得好孩儿，这是我平日泼皮放刁的报应。我没奈何，去与李社长商量着。转弯抹角，兀的便是李社长家里。李社长，李社长！（净应介，扮李社长上，唱）

【前腔】身充社长管官仓，老小一家得仓里养。事发尽不妨，里正先吃棒。尊兄，打了都官，方打社长。

（净白）都官苦了，上司便来，你都不商量籴谷还官司，你吃打也。（丑白）教我如何商量？谷都是你吃了，你自着商量。（净）你在这里，我去相识家张外郎处借些谷子影射便了。（丑）你去便来，我开仓等你。（净）我去，只恐上山擒虎易，开口告人难。（净下）

（丑开仓介）好义仓也，没谷在仓里，不知社长去借有么？（望介）妙哉！妙哉！社长借谷来了。（净上白）求人须求大丈夫，济人须济急时无。好好，借得两杠三石七斗四升八合奉二百一十五粒在这里。你上仓去，我在下送上与你。（介）（丑）妙哉！仓满了。你去看上司官来了未，我在这里封了仓。（净）我去。正是：眼望旌捷旗，耳听好消息。（净下）（丑介）好了，一仓谷已满了，且省得吃打。不知相公来在那里？免不得向前迎接则个。（行介）（净扮乔孤、末引道上，唱）

【前腔】亲承朝命赈饥荒，跃马扬鞭来到此方。里正那里？疾忙开义仓，支与百姓粮。咳！从实支收休要谎。

（净白）里正，将收支帐目来看。（丑介）（净读介）原管二十九石，新收三十六石，除支一十九石，观在四十六石。（净）开了仓。（末、丑开仓）（净看介）胡说！这那得有四十六石？（丑）有有，相公。（净）与他取了甘结。（末介）（净）里正，去唤各各民户，来此请谷。①

---

① 王季思：《全元戏曲》第十卷，人民文学出版社1999年版，第183～184页。

这是一场“重头戏”，剧情虚构域中的时空在里正、里正妻和李社长之间的“对话”中，完成了由里正家、一街两市、李社长家到官仓的转换。可见，在剧情虚构域中，“无戏则短”，时空大多通过剧中人的“独白”或者“独唱”进行转换；“有戏则长”，时空大多在剧中人之间的“演述性对话”中完成转换。

然本来空无一物的舞台，却发生如此复杂的时空转换，仅仅依靠剧中人一厢情愿地随“口”布“景”，就能“无”中生“有”吗？戏曲剧情虚构域的时空是通过剧中人的“演述”激活观众视界而“无”中生“有”的。换言之，剧中人随“口”布“景”，必须将观众从听觉、视觉引向意会，激活剧场观众的“前理解”和“先结构”，获得剧场观众的审美认同，才能“无”中生“有”。

五、“跨域”

剧中人可以和剧情之外的“内云”、“外呈答云”交流互动，这是宋元戏曲中一种奇特的剧场存在形式。

1. 与“内云”互动的时空

如吴昌龄《花间四友东坡梦》第一折：

> （行者向古门云）山下俗道人家，有一百八十多斤的猪宰一口儿。（内云）忒大，没有。（行者云）这等，有八、九两的小猪儿宰一口。（内云）忒小，没有。（行者云）随意增减些罢，只要先把血脏汤做一碗来与我尝一尝。①

剧中的“行者”指在佛寺中服杂役而未剃发出家者。他借苏东坡要吃猪肉的名义想满足自己的食欲，“内云”是对行者的揶揄。“内云”与“行者”形成交流互动的关系。又如无名氏《崔府君断冤家债主》楔子：

> （净扮赵廷玉上，诗云）釜有蛛丝甑有尘，晋州贫者独吾贫。腹中晓尽世间事，命里不如天下人。自家姓赵，双名廷玉。母亲亡逝已过，我无钱殡埋，罢罢罢，我是个男子汉家，也则出于无奈，学做些儿贼。白日里看下这一家人家，晚间偷他些钱钞，埋

---

① 王季思：《全元戏曲》第三卷，人民文学出版社 1999 年版，第 355 页。

> 葬我母亲，也表我一点孝心。天阿，我几曾惯做那贼来，也是我出于无奈！我今日在那卖石灰处拿了他一把儿石灰。你说要这石灰做甚么？晚间掘开那墙，撒下些石灰，若那人家不惊觉便罢，若惊觉呵，叫道“拿贼”。我望着这石灰道上飞跑。天阿，我几曾惯做那贼来！我今日在蒸作铺门首过，拿了他一个蒸饼。你说要这蒸饼做甚么？我寻了些乱头发折针儿放在这蒸饼里面，有那狗叫，丢与他蒸饼吃，签了他口叫不的。天阿，我几曾惯做那贼来！来到这墙边也。随身带着这刀子，将这墙上剜一个大窟窿，我入的这墙来。（做撒石灰科，云）我撒下这石灰。（做瞧科，云）关着这门哩。随身带着这油罐儿，我把些油倾在这门柏里，开门呵便不听的响。天呵，我几曾惯做那贼来！（内云）你是贼的公公哩。（赵做听科）①

“你是贼的公公哩”一句“内云”，直接戳穿赵廷玉的“面具”。这些“内云”是指什么人“云”呢?《张协状元》第一出生扮张协云：“后行脚色，力齐鼓儿，饶个撺掇，末泥色饶个踏场。”钱南扬注云：“后行脚色，指戏班中的乐队，后世称为‘后场’、‘场面’。撺掇，犹云奏演，也作撺断。”② 可见，此时演述者是以行当“生”的身份与“后行脚色”对话。由此可推知，戏曲中的“内云”当是指后场戏班中“后行脚色”发出的声音，亦相当于《张协状元》第二出开场的“众”云。

2. 与“外呈答云”互动的时空

如刘唐卿《降桑椹蔡顺奉母》第一折：

> （兴儿云）……我七钱银子买了一只肥鹅。你孩儿是孝顺的心肠，着我自家宰了，退的干干净净的，煮在锅里，煮了两三个时辰。不想家里跟马的小褚儿走将来，把那锅盖一揭揭开，那鹅忒楞楞就飞的去了。（外呈答云）诌弟子孩儿。（兴儿云）我不敢说慌，我要说慌，就是老鼠养的。（外呈答云）得也么，泼说。③

剧中人兴儿以科诨掩盖自己的馋嘴，“外呈答云”则直接戳穿剧中人兴儿的谎言。《降桑椹蔡顺奉母》一剧许多地方都用“外呈答云”、“诌弟

---

① 王季思：《全元戏曲》第六卷，人民文学出版社 1999 年版，第 627 ~ 628 页。

② 钱南扬校注：《永乐大典戏文三种》，中华书局 1979 年版，第 12 页。

③ 王季思：《全元戏曲》第二卷，人民文学出版社 1999 年版，第 560 页。

子孩儿”、“得也么”、“泼说”等话语，直接参与剧场交流互动。如第二折：

（旦儿云）蔡顺，你请的太医，这早晚不见来。（正末云）大嫂，预备下茶汤。太医这早晚敢待来也。（正净扮太医上，云）我做太医最胎孩，深知方脉广文才。人家请我去看病，着他准备棺材往外抬。自家宋太医的便是，双名是了人。若论我在下手段，比众不同。我祖是医科，曾受琢磨。我弹的琵琶，善为高歌；好饮美酒，快肥鹅。那害病的人请我，我下药就着他沉疴。活的较少，死者较多。（外呈答云）名不虚传，得也么。（太医云）我这门中，有个医士，姓胡，双名是突虫。他老子就唤是胡萝卜。我和他两个的手段，也差不多，俺因此上结为兄弟。有人家来请我看病，俺两个一同都去的，少一个也不行。我看病，兄弟便下药；兄弟看病，我便下药。俺两个说下咒愿：有一个私去看病的，嘴上就生僵疙疸。今日有本处蔡秀才来请我，说他母亲害病，请我去下药。我使人约兄弟去了也。我在州桥上等着兄弟，这早晚敢待来也。（净扮糊突虫上，云）我做太医温存，医道中惟我独尊；若论煎汤下药，委的是效验如神。古者有卢医扁鹊，他则好做我重孙。害病的请我医治，一贴药着他发昏。（外呈答云）得也么，这厮。（糊突虫云）在下是个太医，姓胡，双名是突虫，小名儿是胡十八，祖传三辈行医。若论我学生的手段，我指上不明，医经不通。人家看病，先打三钟；两碗瓶酒，五个烧饼，吃将下去，就要发风。看病不济。我吃食倒有能。（外呈答云）两个一对儿，得也么。（糊突虫云）我这医门中有个医士，姓宋，双名是了人。俺两个的手段，都塌八四，因此上都结做弟兄。他为兄，我为弟。人家来请看病，俺两个都同去，少一个也不行。宋无胡而不走，胡无宋而不行；胡宋一齐同行，此为胡虎乎护也。（外呈答云）念等韵哩，得也么。（糊突虫云）早间宋先儿，使人来请我，说蔡秀才的母亲害病，请俺下药。有哥在州桥上等着我哩。见咱哥走一遭去。可早来到也。（做见科，云）哥也，你兄弟来迟，莫要见罪；若要见怪，哥就是虾蟆养的。（外呈答云）得也么，这厮。（太医云）你还说嘴哩。你平常派赖，冬寒天道，着我在这里久等，险些儿冻的我腿转筋。（糊突虫云）哥也，休怪你兄弟来迟，我有些心气疼的病；今日起的早了些儿，感了些寒气，把你兄弟争些儿不疼死了。你兄弟媳妇儿慌了，请了太医来，与了我一服药吃，我才不疼了。（外呈答云）你是太医，怎么又吃别人的药？（糊突虫云）我的药中吃，是我也吃了。（外呈答云）可怎么不中吃？（糊突虫云）我若吃了我自家的药呵，我这早晚死了有两个时辰也。（外呈答云）你可是卢医不自医，得也么。（太医云）兄弟，自从俺打官司出来，一向无买卖。（外呈答云）为什么打官司来？（太医云）俺两个为医杀了人来。（外呈答云）两个一对儿油嘴，得也么。（太医云）兄弟，今日蔡长者家婆婆害病，请俺去下药。他是财富之家，俺到那里，他有一分病，俺说做十分病；有十分病，说做百分病。到那里胡针乱灸，与他服药吃。若是好了，俺两个多多的问他要东西钱钞；猛可里死了，背着药包，望外就跑。（外呈答云）得也么，这厮。（糊突虫云）哥也，言者当也。凭着俺两个一片好心，天也与半碗饭吃。（外呈答云）得也么。（太医云）兄弟俺去。可早来到也。报复去，道有两个高手的医士来了也。（家童云）您则在这里，我报复去。（做报科，云）报的长者得知，太医来了也。（蔡员外云）道有请。（家童云）理会的。有请。（糊突虫云）哥也，看仔细些，莫要掉将下来。（外呈答云）怎的？（糊突虫云）是，有请，有请。（外呈答云）慌做甚么？得也么。（太医云）俺是峨冠士大夫，上他门来看病，消不的他接待接待，就着俺过去！（外呈答云）你休要怪他，他家有病人，过去罢。（太医云）好儿，看着你的面上，老子过去罢。（外呈答云）这厮做大，得也么。（太医做让科，云）兄弟请了。（糊突虫云）不敢。兄长请。（太医云）贤弟请。（糊突虫云）兄长差矣，想在下虽不读孔孟之书，颇知先王之礼。岂不闻圣人云：“徐行后长者谓之弟，疾行先长者谓之不弟。”耕者让畔，行者让路；长者为兄，次者为弟。兄乃我之长，我乃兄之弟。既有长幼，须分尊卑。先王之礼，亦不差矣。我若先行，我就是驴马畜生。真油嘴也。（外呈答云）什么文谈，得也么。（糊突虫云）不敢不敢。吾兄请。（太医云）不敢。贤弟乃善良君子，我乃是愚鲁之人。区区无寸草之能，贤弟有九江之德。据贤弟医于病，神功效验；治于病，多有良方。贤弟乃大成之人，我乃蛆皮而已。我若先行，我学生就是真狗骨头之类也。（外呈答云）得也么，泼说！过去了罢。（做见卜儿科）（太医云）老母恹恹身不快。（糊突虫云）

> 太医下药除患害。（太医做拿左手科）（糊突虫做拿右手科）（太医云）看俺双双把脉。（太医拿卜儿左手科）①

曾永义先生云："剧中每有'外呈答'之演出方式，此'外'并非扮蔡员外之'外'，显然指剧外之人物，并非脚色名称。"② 这个"外呈答云"到底是"谁"发出的声音？将"外呈答云"和"内云"放入剧场演述时空去考察，两者具有共同的特质：他们既不是剧情虚构域中的剧中人物的声音，也不是审美游戏域中的"行当"的声音，而是剧场现实生活域中"后台演员"的声音。

在宋元戏曲中，"外呈答云"和"内云"是在戏台之外与戏台上演述者进行跨域交流互动的特殊主体。"内云"、"外呈答云"是戏曲剧作家心目中的"隐含的观众"③。"内云"、"外呈答云"一旦进入剧场交流语境，即代表剧场观众的审美视界。"内"指"戏班内"而言；"外"指"戏台外"而言。所谓"内云"和"外呈答云"，即是巧借"后行脚色"的声口来代剧场观众言说。"跨域"即是"跨时空"。于是，我们在戏曲"打背供"之外，又发现了一种奇特的剧场交流互动现象：剧情虚构域中的剧中人或者审美游戏域中的"行当"可与剧场观众"跨域"交流互动。

这种"跨域"交流互动在明清戏曲中仍被采用。如明代徐渭《玉禅师》第二出：

> （外扮月明和尚负搭连上，内盛一纱帽、一女面具、一僧帽、一褊衫）百尺竿头且慢逞强，一跤跌下笑街坊。可怜一口儿西湖水，流出桃花赚阮郎。老僧且不说俺的来由，且说几句法门大意。……咳！鸳鸯绣出从君看，莫把金针度与人。大众，你道俺是谁？（内应）你是谁？（外云）俺就是住下那个水月寺玉通和尚的师兄，本是西天一尊古佛，今来再世，改名做月明和尚的就是。④

---

① 王季思：《全元戏曲》第二卷，人民文学出版社1999年版，第577~580页。

② 曾永义：《参军戏及其演化之探讨》，《参军戏与元杂剧》，台北联经出版事业公司1992年版，第95页。

③ W. 伊瑟尔于1972年发表《隐含的读者：从班扬到贝克特散文小说的交流形态》一书，认为"在文学作品文本的写作过程中，作者的头脑里始终有一个隐含的读者，而写作过程便是向这个隐含的读者叙述故事并进行对话的过程，因此，读者的作用已经蕴涵在文本的结构之中"。"隐含的观众"与"隐含的剧作家"相对，前者存在于剧作家的头脑，后者存在于观众的心中。

④ 徐渭：《徐渭集》四册，中华书局1983年版，第1192~1193页。

此剧中的“（内应）你是谁”，是在剧中人物月明和尚向观众发出“大众，你道俺是谁”的“召唤”之后出现的，显然这里的“内应”即代表在场观众的“参与”——“代替”剧场观众的视界言说。再如清代孔尚任《桃花扇》第一出“先声”：

（副末）……昨在太平园中，看一本新出传奇，名为《桃花扇》，就是明朝末年南京近事。借离合之情，写兴亡之感，实事实人，有凭有据。老夫不但耳闻，皆曾眼见。更可喜把老夫衰态，也拉上了排场，做了一个副末脚色；惹的俺哭一回，笑一回，怒一回，骂一回。那满座宾客，怎晓得我老夫就是戏中之人！（内）请问这本好戏，是何人著作？（答）列位不知，从来填词名家，不著姓氏。但看他有褒有贬，作春秋必赖祖传；可咏可歌，正雅颂岂无庭训！（内）这等说来，一项是云亭山人了。（答）你到是那个来？（内）今日冠裳雅会，就要演这本传奇。你老既系旧人，又且听过新曲，何不把传奇始末，预先铺叙一番，大家洗耳？（答）有张道士的【满庭芳】词，歌来请教吧……①

此处是开场的“副末”与“内”进行问答。可见，戏文这种舞台前后问答式的“跨域”演述成为一种惯例而一直被保留下来，后来的剧本只注明“问答如常”，让演述者根据实际演出的语境即兴发挥了。

总之，“演述时空”是宋元戏曲存在的基本方式。它包含剧场现实生活域、剧场审美游戏域、剧场剧情虚构域和跨域四种主要的时空存在形式。宋元戏曲的“演述时空”有两个显著的特性：

一是“无”中生“有”。宋元戏曲的舞台没有固定的场景，剧场时空基于演述者通过当场“演述”激活观众的视界并获得观众的认同，故戏曲剧场“演述时空”“存在”于演员、“行当”和剧中人与观众之间的交流语境之中。《管子·心术上》：“虚者万物之始也。”②《淮南子·原道训》：“无形而有形生焉，无声而五音鸣焉，无味而五味形焉，无色而五色成焉。是故有生于无，实出于虚。”③因而宗白华指出：“中国人感到这宇宙的深处是无形无色的虚空，而这虚空却是万物的源泉，万动的根本，生生不已

① 王季思校注：《桃花扇》，人民文学出版社1959年版，第1~2页。
② 黎翔凤：《管子校注》，《新编诸子集成》，中华书局2004年版，第776页。
③ 何宁：《淮南子集释》，《新编诸子集成》，中华书局1998年版，第59页。

的创造力。老庄名之为‘道’，为‘自然’，为‘虚无’，儒家名之为‘天’。万象皆从空虚中来，向空虚中去。所以纸上的空白是中国画真正的画底。西洋油画先用颜色全部涂抹画底，然后在上面依据远近法或名透视法幻现出目可睹手可捉摸的真景。中国画则在一片空白上随意布放几个人物，不知是人物在空间，还是空间因人物而显。人与空间融成一片，俱是无尽的气韵生动。我们觉得在这无边的世界里，只有这几个人，并不嫌其少。而这几个人在这空白的环境里，并不觉得没有世界。因为中国画底的空白在画的整个意境上并不是真空，乃正是宇宙灵气往来，生命流动之处。"①中国戏曲的“演述时空”正是“有生于无，实出于虚”的宇宙观念的艺术呈现。

二是自由转换。戏曲演述者出入“剧情内外”，自由潜换“演员”、“行当”和“剧中人”三重身份与观众分别在现实生活域、审美游戏域、剧情虚构域和跨域四种剧场时空中交流互动，“演述时空”随着剧场交流语境的转换而转换，随着剧场交流语境的消失而消失。可见，戏曲演述者并不把自己的演述局限于舞台上的时空，也不将自身的演述受制于“叙述体剧本”的时空，而是着眼于剧场主体间交流互动的“演述时空”。

宋元戏曲既不只是“表演角色”，也不只是“表演行当”，而是演述者不断潜换“演员”、“行当”和“剧中人”三重演述身份与观众在剧场交流语境中“戏乐”。中国戏曲不但没有“墙”，而且是将“表演”和“扮演”、“体验”和“表现”、“虚拟”与“戏拟”、“内容”与“形式”、“对象化”与“非对象化”、“整一性”与“非整一性”、“历史”和“现实”、“生活”与“幻境”、“在”与“非在”、“天堂”与“地狱”、“可能”与“不可能”全部“会通”于剧场主体间的交流互动之中。这种自然开放、自由转换、游走古今、出入“四域”、连通雅俗、超越生死、虚实相生、“无”中生“有”的神奇艺境，俗称“戏台小天地，天地大戏台”，雅曰“戏者，非戏也；非戏者，戏也”②。宋元戏曲以演述者的“演述”为核心，会通各种“形式”和“材质”，在与剧场观众之间的交流互动中延宕而生成。从宋元戏曲剧场存在形态的视阈观之，如此丰富的美学内涵、如此博大神奇的审美艺境，显然用“代言体”、“叙述体”、“并列体”③ 是所

---

① 宗白华：《介绍两本关于中国画学的书并论中国的绘画》，《艺境》，北京大学出版社 1987 年版，第 82～83 页。

② 李调元：《剧话序》，《中国古典戏曲论著集成》第八册，中国戏剧出版社 1959 年版，第 5 页。

③ 陈建森：《戏曲本体与生成的探究之途——评邹元江〈中西戏剧审美陌生化思维研究〉》，《文艺研究》2010 年第 8 期。

无法包容的，窃以为将戏曲称为“演述体”更为恰当。

参考文献：

[1] 王季思：《全元戏曲》，人民文学出版社 1999 年版。
[2] 钱南扬校注：《永乐大典戏文三种》，中华书局 1979 年版。
[3] 马也：《戏曲艺术时空论》，中国戏剧出版社 1988 年版。

作者简介：陈建森，男，1957— ，广东人，华南师范大学文学院教授、博士生导师。

历史地理解散文的“真情实感”

陈剑晖

［摘　要］本文客观地、历史地对“真情实感”的内涵进行了细致的梳理与分析。并在此基础上，进而比较散文、小说和诗歌在感情表达上的不同：散文的感情内涵一般是一维或单维的，最多也就是双重的感情成分；小说的感情一般呈多维的形态，它是一种多层次的复合型情感的文体；诗歌的感情表达一般悬浮于“日常生活”和“此在”世界之上。论文学在具体文本中寻求散文情感表达的一些新因素，从日常情感与审美情感、表现情感与显露情感、“大感情”与“小感情”三方面，对如何提高散文情感的质量和表现情感的水准提出了独到的见解。

［关键词］散文；真情实感；感情表达；情感质量

散文的“真情实感”论，一向被视为散文创作的基石。在很长的时间里，它和20世纪五六十年代的“诗化”、“形散而神不散”等散文观念一样，享有至高无上的殊荣：不仅写进了《中国大百科全书》散文条，获得了散文家和散文研究者的普遍认同，而且一度成为不容偏离的散文写作规范和原则。然而近年来，真情实感这一散文的核心范畴却遭到了猛烈的攻击，其批评者是著名的学者和散文家孙绍振先生。笔者作为一个对散文情有独钟的研究者，也曾经在散文专著《中国现当代散文的诗学建构》① 中，对“真情实感”作过一些粗浅的辨析。本文拟承续上述专著的思路，尽量客观地、历史地对“真情实感”的内涵作进一步的梳理与分析，并在此基础上寻求新世纪散文情感表达的一些新的因素，以期提高散文情感的质量。

一、“真情实感”的提出与对它的批判

“真情实感”是著名的散文家、散文研究者林非先生于20世纪80年代提出的散文范畴。在《散文创作的昨日和明日》中，他认为：“散文创

① 陈剑晖：《中国现当代散文的诗学建构》，江西高校出版社2004年版，第34～37页。

作是一种侧重于表达内心体验和抒发内心情感的文学样式，它对于客观的社会生活或自然图像的再现，往往反射或融合于对主观感情的表现中间，它主要是以从内心深处迸发来的真情实感打动读者。”[①]此后，林非又在《关于当前散文研究的理论建设问题》、《散文研究的特点》、《散文的使命》等文中，反复强调散文的“真情实感”这一理念，并将其定位为散文创作的基石，甚至提升到本体论的地位。应当说，作为对当时及之前散文界“假、大、空”之风的拨乱反正，以及对巴金的“说真话”、“抒真情”的呼应，林非的“真情实感”的提出不仅是及时的，而且是必要的。它对于散文创作和理论研究的推进可说是功不可没，其意义是当时的其他散文理论所不能比拟的。然而，“真情实感”的确还存留着特定时代的理论痕迹，它的理论形态和内涵界说还有不少漏洞。所以，楼肇明在其主编的《繁华掩蔽下的贫困》一书中便率先发难，指出这一散文基本观念存在着三方面的问题：其一，“真情实感”是一切文学创作的基础，不独适合于散文，因而不能视作对散文文体的规范。其二，“真情实感”过于宽泛，不可避免会将一切非文学、非艺术的因素包括进来。其三，“真情实感”应有多个层次，不能一概而论。[②] 尽管楼肇明只是提纲挈领地指出“真情实感”的不足，没有进一步展开分析，但笔者认为楼肇明的确击中了“真情实感”的软肋，他的批评可谓切中肯綮，对我们进一步思考“真情实感”大有助益。

当然，更为全面、更为深入地清算“真情实感”的是孙绍振先生。从2008年在《当代作家评论》发表《散文：从审美、审丑（亚审丑）到审智》开始，孙绍振连续发表了《世纪视野中的当代散文》、《建构当代散文理论体系的观念和方法问题》、《“真情实感”论在理论上的十大漏洞》、《从文体的失落到回归和跨越》总共5篇长文[③]，对中国现代散文史、当代散文理论体系的建构，尤其是对散文的“真情实感”进行了系统的反思、建构与犀利的批判。孙绍振认为，“真情实感”这个雄踞散文文坛几十年的散文“霸权话语”，其实是一个十分粗糙、笼统、贫困的散文范畴，因为它“既没有逻辑的系统性，又没有历史的衍生性。它之所以成为一种没有衍生功能的范畴，就是因为，第一，它是一种抽象混沌，没有内部矛盾和转化。而实际上，情和感，并不是统一的，而是在矛盾中转化消长的。

---

① 林非：《散文创作的昨日和明日》，《文学评论》1987年第3期。

② 楼肇明等：《繁华遮蔽下的贫困》，山西教育出版社1999年版，第5页。

③ 孙绍振先生批评“真情实感”论的文章，分别见《当代作家评论》2008年第1期、2009年第1期、2010年第2期；《江汉论坛》2010年第1期；《名作欣赏》2008年第23期。

第二，“它号称散文理论，却并未接触散文本身的特殊矛盾。……揭示散文的真情实感与诗歌、小说的不同”①。如果说，《散文：从审美、审丑（亚审丑）到审智》仅仅是批判“真情实感”的开始，那么此后有关散文的文章中，孙绍振不断增强了批判的火力，其文辞也越来越尖锐。在《世纪视野中的当代散文》一文中，他指出，从心理学来说，真情实感是矛盾的，与其说“真情实感”，还不如说“虚实相生”，比如范仲淹的《岳阳楼记》所描绘的洞庭湖，便不是“实感”，而是“虚感”，而《荷塘月色》、《背影》等散文中情感和感知的关系，也应该是虚实相生的关系，在这里，作者将“这些实感坚决地虚掉”了。而在《“真情实感”论在理论上的十大漏洞》中，孙绍振更是罗列了“真情实感”的“十大罪状”，即从范畴上违背了心理学的起码规律，与情感的审美价值背道而驰；漠视了真情与实感的矛盾和转化；以实用价值遮蔽了审美价值，机械地看待真情实感；无视真情实感和语言之间的矛盾；没有在审美和审丑中区别真情实感；真情实感论对阅读经验缺乏应有的自觉；存在着内容与形式单向决定论的不足；尚未具有学科范畴的严密性和衍生性，等等。存在着如此多的理论漏洞，却在相当时期拥有无上的权威，至今仍得到学界人士的广泛认可，孙绍振认为，“只能说明这并不是林非先生的个人现象，而是国人思维的历史的局限。在这背后隐藏着一个思维模式，那就是线性思维”。

孙绍振先生原先治诗歌，兼以幽默研究闻名于世。20世纪90年代以来又创作了大量的以智性和幽默为特色的散文随笔。在散文研究方面，他于21世纪初发表的关于余秋雨和南帆的散文评论，在笔者看来是新时期以来最具水准的散文作家作品评论。而他近两年写下的一系列散文理论研究文章更为难得。这其中的缘由，首先正如大家所知，散文理论长期落后于散文创作，更落后于小说和诗歌研究。此外，从事散文研究的人较少，更缺少有感召力的大家。此时，在诗歌界、幽默研究和散文创作等方面早已名满天下的孙绍振先生加盟到散文研究的行列中，这无疑是散文之福，无疑会大大提升散文研究的士气。其次，由于孙绍振先生有深厚扎实的文艺理论素养和哲学背景，有交叉研究各种文体的经验，加之他的视阈开阔，思维结构活跃灵动，文学观念开放先进，这些都给当代散文研究界带来一些新质或冲击，使其超越原先感性经验色彩较浓的狭小迫仄的研究格局，进入一种较为自觉阔大的理论境界。这一点，从他对“真情实感”进行哲学、心理学、文化学和新批评式的“细读”等多层次的分析研究中就可感

---

① 孙绍振：《散文：从审美、审丑（亚审丑）到审智》，《当代作家评论》2008年第1期。

受到。最后，孙绍振先生在批评“真情实感”时，虽然站得很高，有的观点扯得很远，有的论述显得牵强，有的用语过于尖锐刻薄，这肯定会让那些读惯了温吞水式文字的读者感到不习惯和不愉快。但是，有一点必须特别强调：孙绍振先生的所有观点和结论，都是建立于个案的细致分析之上，即他更多的是采用归纳法而不是演绎法。比如，通过对《岳阳楼记》、《荷塘月色》的细致分析来区分“实感”与“虚感”的关系；从王维的诗歌、余秋雨的散文来探讨“动情”与“动心”的差异；从惠特曼的诗《船长啊，我的船长》比较诗和散文的“内情”和“外情”以及表达方式上的不同。所有这些辨析均是如此细致新颖，分析又是如此精辟到位，读着这些像长江之水滔滔而来的文字，我们不得不佩服孙绍振先生的才气和激情，不得不佩服他的敏锐的艺术感受力和超拔的哲学思辨能力。而这，正是当代的一般散文研究者所欠缺的。

然而，在赞同孙绍振先生的大部分观点的同时，笔者对孙先生的批判立场、批判态度和一些观点并不完全认同。首先，笔者认为从总体来看，我们应历史地、客观地来看待“真情实感”。这一理论产生于 20 世纪 80 年代中期，当时中国散文的上空正弥漫着“假、大、空”的迷雾，严重阻碍了当代散文的发展。在此情况下，林非顺应思想解放和反思大潮，适时地提出了“真情实感”这一理论，这在当时的确具有“划时代”的意义，它不仅起到了拨乱反正、正本清源的作用，而且是散文界思想解放的标志。诚然，由于时代的局限和认识水平的制约，林非的确没有将“真情实感”说得很全面和深入，这无论如何是一个遗憾。正因考虑到时代的因素和散文范畴的稀缺，笔者认为我们应像呵护眼睛那样来维护“真情实感”理论，而不应对其过分苛求，甚至斥之为“连草创形态都很勉强”，是“极其粗鄙”的理论。在笔者看来，我们今天重新审视“真情实感”，是因时代发展了，散文的语境也发生了极大的变化，因此，我们一方面不能死抱住某个散文观念当成永远不变的金科玉律；一方面应立足于今天的高度，用现代的意识和发展的眼光来重新审视这个散文核心范畴，并在细致梳理的基础上将该范畴学科化。其次，林非先生的“真情实感”之所以得到普遍的认同，是由于他的理论既高屋建瓴、切中肯綮，又注重散文的审美性，贴近散文的本体。这正如林非先生在 20 年后反思“真情实感”时所说：“觉得当时确实是没有将问题说得很全面和深入。在我自己的潜意识里面，应该始终都是注意文学创作的审美作用和艺术魅力的，然而在阐述自己具体的论点时，却偏偏没有明确地强调这一点，回想起来确实是觉得颇为遗憾的。"[①]林非这段话，有三点使笔者感触颇深。一是他不是那种"唯我独尊"，自恃"一贯正确"，"死不认错"的所谓大家。他有自省意识、谦虚的君子风度和宽阔的胸襟，因此他勇于自责、敢于坦然地承认自己的研究"没有将问题说得很全面和深入"。二是他在提出"真情实感"时，始终紧扣"文学创作的审美作用和艺术魅力"这一关节点。他既谈"真情"，也谈主体；既谈"感情"，也谈"人格"；既尊重"传统"，又强调"独创"；既注意到研究的"点"，又倾向于对"面"的把握，尤其是他将"真情实感"的提出与作家创作的使命感、与整个民族的文化建设联系起来，这样就大大地提升了我国当代散文研究的学术含量。这一点，我们在批判"真情实感"时无论如何也不能忽视。三是林非在提倡"真情实感"时，还一再强调散文要"表现深层的真诚，抒写深层的真实"[②]。"散文创作的根本前提在于抒发心中的真情实感，作出具有真知灼见的思索，并且在自由的挥洒中充分表现出独创的个性。"[③]

从上面的引论可见，林非的"真情实感"不是一种浅层的、显露的感情传达，而是建立在"真诚"基础上的深层感情，而且他还一再强调这种感情的流露必须与自由自在的表达、必须与特殊性和独创性结合起来。笔者认为，我们只有用历史的眼光，同时从多元的角度考察"真情实感"，才能全面认知"真情实感"的理论价值，而不会认为它只是一个孤立的、零碎的、缺乏衍生性和自洽性的散文观念。

二、散文情感、诗的情感与小说情感的不同

以上是从历史的眼光和发展的角度对林非和孙绍振两位先生在"真情实感"问题上的分歧作的一番评说，不过笔者并不是法官，不想评判两位散文前辈的是非曲直。笔者的初衷是通过尽量公正客观的描述和分析，找出新世纪散文在感情表达上的新因素。

关于散文情感的内涵和表达方式问题。其实孙绍振先生已经做过卓有成效的梳理与分析。比如他对"动情"、"动心"、"感动"的比较，对"内情"和"外感"的把握，尤其是对感情的"实"和"虚"的转化的论述，等等，都体现出了一个真正的批评家的敏锐、训练有素的学理性和创新性，这一系列原则性的新观点，无疑为传统的"真情实感"理论输进了

① 林非：《对于中国现当代散文本体的深入探索》，《文艺争鸣》2006年第6期。
② 林非：《对于中国现当代散文本体的深入探索》，《文艺争鸣》2006年第6期。
③ 林非：《对于中国现当代散文本体的深入探索》，《文艺争鸣》2006年第6期。

新的血液，是一种学科意义上的完善和深化。除了孙绍振先生，一直活跃于散文批评第一线的批评家王聚敏先生对散文的情感问题也做过较为深入的研究。从20世纪90年代以来，他发表了《论抒情散文》、《论散文情感》、《再论“散文情感”》、《试论新世纪散文情感的坐标点》等文章，对散文的情感问题发表了不少既尖锐且有真知灼见的意见。2008年，他又将这些文章和其他文章结集为《散文情感论》出版。在这本论文集中，他首次明确地提出了“散文情感”这一概念，并在此基础上进一步提出“大我情感”与“小我情感”两个子概念。他认为，“一篇散文艺术质量的高低，首先取决于他所抒情感质量的高低，而散文情感质量的高低，则取决于其‘真’而并不取决于其‘大’、‘小’”①。他还从“散文情感”作为切入点来考察中国古代和现当代散文，认为许多散文在“大情感”背后，往往有一种“感恩意识”、“颂圣意识”，狭隘的“国家意识”和“民族自恋意识”，而“大情感”过于充盈强大，“小情感”自然也就孱弱萎缩了。尽管他为新世纪的散文感情开出的药方，即由“大我”与“小我”的高度融合与碰撞，“由从传统的那种单向度的知识‘传达型’，走向双向互感的情感‘体验型’”② 的“情感融合体验论”，这在笔者看来并不新鲜，也过于笼统抽象，缺乏实证的分析和经典个案的支撑。但实事求是地说，王聚敏的“散文情感论”比之那些只会人云亦云地说“散文是主情的艺术，是‘情种’的艺术”，“情，是散文的生命”，或“情贵真，情贵美”之类的散文情感研究的确要高明得多，也深刻得多。遗憾的是，王聚敏的“散文情感”研究似乎尚未引起散文界足够的重视。

正是有感和得益于孙绍振和王聚敏先生的研究，笔者认为要开拓和深化新世纪的散文情感研究，很关键的一点就是要区分“散文情感”、“诗的情感”与“小说情感”的不同。关于这三种文体在情感表达上的不同，笔者在《中国现当代散文的诗学建构》一书中有这样的表述：“小说的情感生成往往是一种多维的情感结构，一般呈多元冲突，跌宕起伏的状态，并往往渗透进人物、情节和环境三个叙事纬度中；诗歌的抒情虽呈一维的结构向度，但诗歌的情感向度是一种高度集中凝练、悬浮于‘日常生活’之上的内心观照；而散文的情感结构也是一维的，呈单向发展的状态，而且与‘此在’的日常生活常常呈水乳交融的关系。”③孙绍振先生在《评陈剑晖〈中国现当代散文的诗学建构〉》一文中，对这一区分颇为欣赏，同时

① 王聚敏：《散文情感论》，中国文联出版社2008年版，第39页。

② 王聚敏：《散文情感论》，中国文联出版社2008年版，第49页。

③ 陈剑晖：《中国现当代散文的诗学建构》，江西高校出版社2004年版，第35页。

又指出这种区分的不足，即“只满足于在逻辑演绎的层面上展开，并没有来得及在广泛的文本分析上加以展示和丰富”①。笔者认为孙先生的见解是相当精辟独到的。这样的批评不仅使笔者获益良多，也有助于笔者对散文的“真情实感”作更为深入的探讨。

让我们还是回到三种文体的感情表达的比较上。在笔者看来，散文和诗的感情内涵一般都是一维或单维的，最多也就是双重的感情成分，而小说的感情一般都是多维的，它是一种多层次的复合型情感的文体。在情感的复杂性这一点上，那些长篇巨著如《红楼梦》、《战争与和平》自不必说，即便如短小的《百合花》，其中便既有战友情、军民鱼水情，也有青年男女之间朦朦胧胧的感情等的交织与碰撞，这是从感情的内涵来看。从感情的表达来说，小说的情感往往与摇曳多姿的叙事相辅相成，或隐含在跌宕起伏的情节、多种矛盾冲突的背后，或借助人物特有的性格特征表现出来，如《红楼梦》中的宝玉、黛玉、宝钗、晴雯、袭人等人，都拥有各自的性格特征，因而他们也就具备了不同的感情色彩，这方面的例子可说是举不胜举。而诗歌和散文的感情表达又有自己的特点。诗歌是一种更倾向于形而上学和彼岸世界，因而是超越了现实的文体，它是悬浮于“日常生活”和“此在”世界之上的精神贵族和理想的朝霞，是人类所有情感中最纯粹、最炽热和最尖锐的部分，所以诗歌的感情不仅是高度集中概括、凝练浓缩的，而且常常是喷涌而出、爆发式的。同时，这种高度浓缩的感情又常常与诗的基本要素——意象结合在一起；或者说，意象作为凝练诗歌的形象化呈示，它一般是浸润于抒情主体的情思里，由此构成诗的肌理，这是诗歌情感表达的一大特征。而散文更多地依附于“此在”的世界，它的感情与日常生活相依相融。如果说，小说的基本要素是情节，诗歌的基本要素是意象，那么散文的基本要素就是情境。散文与日常生活有一种诗所不能及的契约，它总是与日常生活保持着一种共时状态。它通过一个个的带着人间烟火的生活情境或形象片断，将或明或暗、或直或曲的感情寄寓其间；而与此相适应，散文的情感抒发则是自由随意、陈述式的，它既没有小说的紧张，也没有诗歌的跳跃。总之，散文的笔路一方面是发散式的；另一方面又是平稳的。比如，同是写母爱，诗歌是：

慈母手中线，游子身上衣。临行密密缝，意恐迟迟归。谁言寸草心，报得三春晖。

---

① 孙绍振：《评陈剑晖〈中国现当代散文的诗学建构〉》，《文学评论》2006 年第 5 期。

在孟郊这首《游子吟》中，诗人通过两个意象（手中线、身上衣）和一个动作（缝）来表达深挚的母爱，再用两个比喻（寸草心、三春晖）抒发儿子感恩的心情。诗既是现实的，又是超现实的；既是单纯的、空灵的，又是高度凝练、浓缩的。正是在这种单纯而又丰富的感情抒发中，诗人表达出了人类共有的、普遍的生活情态和感情倾向，从而引起广大读者的共鸣。而在散文《我与地坛》中，史铁生在第二部分也集中写了母爱和儿子对这种母爱的感受，但它的表现方式却与《游子吟》大不相同。在《我与地坛》中，史铁生写道：“母亲无言地帮‘我’坐上了轮椅车，看着‘我’摇车拐出小院。有一次‘我’因事返身回来，看见母亲独自站在原地，还是送‘我’时的姿态，对‘我’的回来竟一时没有反应。”作品还通过母亲的自言自语和心理活动，通过母亲在园中找“我”时的急切步履和茫然焦急的神情，以及缓缓离去的背影，尤其是通过“我”的自责自省以及与朋友的对话，来表达“我”的忏悔和负疚的心情。总之，《我与地坛》正是通过一个个的生活情境和平稳舒缓、从容不迫的发散式叙述，写出了母亲的苦难与伟大，表现出了一种自然朴素、含蓄内敛、毫不张扬的母爱，以及“我”对早逝的母亲的痛彻心扉的思念与负疚之情。写母爱是如此，写“乡愁”同样可看出诗歌与散文的区别。明显的例子是余光中的创作。他的诗《乡愁》只借助了邮票、船票、坟墓、海峡四个意象，就高度概括浓缩了他那一代人的思乡之情，其感情特征显得空灵、纯粹、富于象征的意味。而他的散文《听听那冷雨》中的“乡愁”，却是渗透在金门街、厦门街的长巷短巷里，渗透在意大利导演安东尼奥尼的黑白片子里，渗透在美国丹佛山的森林和沙漠中。当然，这“乡愁”还来自于台北日式的瓦顶，来自于三轮车的油布蓬，来自于上班下班、菜市回来的人手中的雨伞……尽管同样有峭拔的想象，有大量的意象组合，有跳跃式的思维和纵情恣肆的语言，但与《乡愁》相比，《听听那冷雨》中还是有许多具体的生活细节和生活情境的描写，因而它更具象，更贴近现实生活，其感情的宣泄也更加淋漓尽致。

从《乡愁》与《听听那冷雨》的比较，我们还进一步发现：诗歌和散文虽然一般都只具备单维或双维的感情内涵，但由于诗受到篇幅、句式、韵律等的限制，在造境时，一般采用的是单视角、短镜头的展示方式。尤其是那些古典诗词，展示的往往是一些片断景色，有时一首诗甚至一句诗便是一幅画。而散文因为不受篇幅长短的制约，不受句式、韵律、节奏等的束缚，加之表达上极其丰富、自由、灵动，这样散文在写景时，往往采用“多角度、长镜头地摄入，展示宽广的、立体的表现空间”[1]。而且其意境往往由多幅色彩各异、景深不一的画面构成。最明显的例子莫过于写雨景。孟浩然的《春晓》、杜甫的《春夜喜雨》、杜牧的《清明》，或从听觉、或从视觉、或从雨的形态来写雨景，尽管这些诗语浅情深、意境感人，但若从表现手法上来看，它们所切入的视角都较为单一，所展示的画面的层次也不是十分丰富多样。而台湾散文家余光中的名篇《听听那冷雨》，他不但从视觉，还从听觉、触角、嗅觉、味觉等方面来写雨。因此他所创造的雨景不仅是多维视角，而且是长镜头和全方位的展示。再如写岳阳楼，杜甫的《登岳阳楼》里虽有“吴楚东南坼，乾坤日月浮”的名句，境界开阔雄浑，展示了诗人阔大的气度胸襟，但由于杜甫的诗只是单视角地展现登上岳阳楼所见到的洞庭湖景色，所以它的意境虽高度浓缩却不够丰富多样。而范仲淹的名文《岳阳楼记》所展示的意境虽分散却更有层次感。其间既有“衔远山，吞长江，浩浩荡荡，横无际涯”的雄浑壮阔，又有“淫雨霏霏，连月不开，阴风怒号，浊浪排空”的阴冷灰暗；既有“春和景明，波澜不惊，上下天光，一碧万顷；沙鸥翔集，锦鳞游泳；岸芷汀澜，郁郁青青”的澄明鲜亮和充满生机，又有“长烟一空，皓月千里，浮光跃金，静影沉壁”的空灵寂静的夜景；此外还有渔歌的对答等。正是这些色彩各异、纷缤多姿的画面，构成了散文《岳阳楼记》层次丰富、内涵深邃的意境，表现出喜与悲、明与暗、细腻与豪放相交织的感情色彩。

在中国现当代散文中，类似《岳阳楼记》这样运用多维的长镜头，通过几幅画面的叠合来构成意境、表现感情的作品并不少见。如冰心的《笑》，展示了三幅微笑的画面：一是在雨后“清光”的背景下，安琪儿向着“我”“微微的笑”；二是五年前，在古道边偶遇的孩子“抱着花，赤着脚，向着我微微的笑”；三是十年前，在茅舍中抱花依门的老妇人对“我”的“微笑”。三次微笑，三幅画面，三种情景叠合在一起，便构成一个“光明澄静，如登仙界，如归故乡”的散文艺术境界，表达出了深挚的“爱”的主题。再如朱自清的《冬天》，叙写发生在“冬天”里的三个生活情景：父子四人围着“小洋锅吃白水豆腐”；朋友三人月下泛舟游荡西湖；妻儿四人在台州过冬的经历。初看所叙三件往事，并没有什么联系。到了结尾，作者才点明了文章的线索和主旨：“无论怎么冷，大风大雪，想到这些，我心上总是温暖的。”三段往事，三种生活情景，在“温暖”

---

① 祝德纯：《散文创作与欣赏》，中国社会科学出版社 2002 年版，第 99 页。

这一感情线索的贯穿下，叠合构成了一个与自然界的“冬天”有着巨大反差的人类情感的温馨散文境界。这样的营造意境、抒写情感的方法，的确与诗歌大异其趣。

既然散文的感情表达与诗歌和小说有如此的不同，那么散文研究便不可避免地面临两个问题：一是如何根据各种文体的内质和外显特征，对文学中的感情进行有针对性的研究，而不是像以往那样“眉毛胡子一把抓”；二是在散文创作方面，作家应根据散文的文体特征和抒情的原则，尽可能地提高散文情感的质量。只有散文的情感质量提高了，散文才有可能获得质的飞跃。

三、如何提高新世纪散文创作的感情质量

从散文情感的特殊性出发，我们在创作散文时应如何提高感情的质量，表现出创作主体的“真情实感”呢？这里的答案也许有很多。比如，有研究者认为，散文“情贵真”、“情贵实”、“情贵深”①；有人提出散文要善于“借事传情”，要“以景结情”、“托物寄情”②；还有研究者呼唤新时期散文的感情应“由过去的‘传达型’向‘体验型’的整体性全面性转型”③。在笔者看来，这些见解都有其合理性和启示性，尽管有的没有充分展开分析（如王聚敏的“转型论”），但他们都或多或少启迪笔者进一步去思考散文感情的质量问题。

笔者认为，要提高当代散文感情的质量，必须处理好下面三组关系：

一是日常情感与审美情感。从文学创作的角度看，审美情感也就是艺术情感，它是对日常情感的审美提炼升华，是一种自我的感情，又是一种“有意味形式”的人类共有的感情。审美情感不同于日常情感。一个婴儿的啼哭，一对夫妇当街的叫骂，一个妇女在菜市场上与菜贩激烈的讨价还价，这些虽然都是生活的“原生态”，都流露出强烈的情感色彩，但它们并不是艺术，因为它们缺乏审美情感的提炼与升华。所以，苏珊·朗格说：“发泄情感的规律是自身的规律而不是艺术的规律。”她进一步质问：“号啕大哭的儿童恐怕比一个音乐家表现出更多的个人情感，可谁又会为

---

① 傅德岷：《散文艺术论》，重庆出版社 2006 年版，第 82、83、85 页。

② 王聚敏：《散文感情论》，中国文联出版社 2008 年版，第 50 页。

③ 于君：《散文讲稿》，群言出版社 2003 年版，第 275 ~ 277 页。

了听这样的哭声而去参加音乐会呢?"[①]可见，感情作为一种生理性并且往往与个人得失或利益联系在一起的心理表征，它不仅是人人都具有的，并且还常常是突发、零碎和芜杂的，因此并非所有的感情流露都能成为文学表现的对象。情感只有上升到美感的层面，即在作家主体的参与下，一方面保留那些杂乱无章但又充满生机的生活“原生态”，另一方面通过严格的选择和精细的艺术过滤，将零碎芜杂的生活表象凝聚起来并赋予思想、情调和色彩，这样“真情实感”才能得到提高和深化。

当代散文在情感表达上的最大问题，在笔者看来是许多散文作者不善于将日常情感转化为审美情感。比如我们读到大量的游记散文、谈茶论酒、种花养草、怀土恋乡，以及写我的猫狗、口红、项链、精品、酒吧，甚至我的厨房、我的卫生间、我的月经等，这一类散文之所以品味不高，读之令人生厌，最根本的原因，并不是这些作者过于自恋，也不尽是他们的取材过于细小琐碎（这当然也是原因之一)，而在于他们不懂得或不屑于将日常情感审美化或艺术化。这样，他们的散文自然便只有生活，没有情致；只有文字，没有韵味；只有表面的、浅层次的感觉的记录，而没有深层次的情感挖掘，更谈不上有审美人格和精神上的升华。正是有感于当代散文创作在情感表达上的这一致命缺陷，笔者认为当前的散文应从两方面来提升散文感情的质量：一是重情感而轻情绪；二是以体验取代传达。为什么要重情感而轻情绪？因为情绪主要源于人的生理性需求，而情感则建立于人的社会性需求之上；情绪是原始的、早发的，如出生不久的婴儿即会哭和笑，有痛苦和快乐的情绪表现，而情感是在人与人的交往、人与世界的关系中逐步形成的。此外，情绪来得快但易逝，表现极不稳定，而情感则既有情境又有稳定性，它是情绪的本质内涵，而情绪只是情感的外部特征。所以，散文在抒发情感时，务必立足于表现既有内在性、情绪性又有稳定性的情感；而不应迷恋于表现外在的、稍纵即逝的情绪，或只停留于表现一己的喜怒哀乐。如20世纪90年代流行的小男人散文、小女人散文以及一些晚报体散文，许多都停留于表现情绪这一层次。

至于说到以体验取代传达，也是立足于散文感情的特殊性和当前的散文创作而言的。感情的“传达说”较早见于托尔斯泰的《艺术论》，托翁认为抒发感情即传达感情。他说艺术家的任务是“在唤起这种感情之后，用动作、线条、色彩、声音以及言词所表达的形象来传达出这种感情，使

---

① ［美］苏珊·朗格著，刘大基等译：《情感与形式》，中国社会科学出版社1986年版，第51页。

别人也能体验到这样的感情——这就是艺术活动”[①]。应当说，托尔斯泰的“传达说”具有极为明确的内涵和鲜明的特点。首先，他强调情感的重要性；其次，他认为艺术只是“传达”而非“表现”感情；再次，他特别注意传达感情时让别人也能为这些感情所感染，能够分享到艺术家的感情。由于“传达说”具备了上述特征，因此当它传进我国后，就广受作家们尤其是散文家的欢迎。比如20世纪60年代前后杨朔、刘白羽、秦牧等人写的赞颂祖国和人民公社，赞颂茶花、红叶、蜜蜂和雪浪花等的散文，采用的就是“传达”感情的手法。这一类散文的共同特点是缺乏内心的体验，同时以公共感情替代个人感情。这是这些散文没有生命力的根本原因。因此，在当代散文已经发生了质变的今天，我们要大力提倡“体验性”的感情。所谓的体验，不是外在的镜子式的反映，不是自然科学的那种被动的经验认识。体验是感性个体本身的规定性，它是指人在自觉或不自觉的状态下所经历的一种独特的生命历程和感情的活动，它直达人的生存的深层，具有心灵性、内在性和知觉性的特征。诚如生命哲学家齐美尔所说：“没有无内容的生命过程和生命的形式。我们在自身的生活中‘体验’到生命的内容，这种体验实际上是心灵把握生命的活动。……生命根据包括在体验中的形式的原则来创造对象。它为世界创造了艺术、知识、宗教等对象，而这些对人都有自身的逻辑一致性和意义，独立于创造它们的生命。生命在这些形式中把自身表达出来，这些对象则是生命的审美、理智、实践或宗教的能动性的产物，它们也是生命的可理解的必要条件。”[②]也就是说，尽管体验在每一个人那里都有不同的表现形式，但体验却有其逻辑上的一致性，它的内容往往是命运、苦难、死亡、生命的意义等；它的思维形式具有极强的穿透力和创造力。换言之，体验是把人的心灵从现实生活的重负下解放出来，激发起心灵对生命价值的认识；同时，使创作主体与文学艺术的生命关联得以强化。就散文创作来说，生命体验的意义在于它可以穿透生活中晦暗不明的现象，并通过感悟使散文的境界得以澄明，使散文的诗意表达成为生活本质的表达。以史铁生的创作为例，他对苦难、死亡、生的意义以及差别、欲望的思考都离不开他的心灵体验，他以对宇宙人生的超常感情，以一颗经历过磨难的敏感心灵，去感知命运的无常、人生的惨痛以及人类的困境，正是这种生命的体验与生命的梦想，使他在有限中领略到无限，在虚空中感受到实在，把生命表现得辽阔、深沉而神秘，并使其与“心之家园”达到一种内在的和谐共振。此外，如张

① ［俄］托尔斯泰著，丰陈宝译：《艺术论》，人民文学出版社1958年版，第47页。
② 刘放桐：《现代西方哲学》，人民文学出版社1990年版，第202页。

承志、张炜、刘亮程、张锐锋、周晓枫等的散文莫不如此。

二是表现情感与显露情感。这是与上面一组关系紧密联系的另一组关系。也就是说，从体验而不是传达的角度上说，优秀的散文应是表现情感而不是显露情感，更不是煽动情感。因为显露的情感，一般来说不是浮情就是矫情，是一种浅层次的、没有含蓄美的感情。再说，文学的目的并不在于使读者“群情激昂”，而在于使读者在潜移默化中受到美的熏陶、获得人生的启迪。因此，要提高当代散文感情的质量，在笔者看来，很重要的一点就是要在“体验”的前提下，自然“表现”出创作主体起伏的情感流程，特别是要尽量写出统一和洽、复杂丰赡、含蓄内敛的情致。举例说，杨绛的《干校六记》为什么获得了不同层次和不同年龄的读者的喜爱？其中一个很重要的原因就是，杨绛散文的感情是一种含蓄内敛、表现了复杂人性内涵的感情，而不是显露的感情。我们不妨看下面这段文字：

> 据说，希望的事，迟早会实现，但实现的希望，总是变了味的。1972年3月，又一批老弱病残送回北京，默存和我都在这一批的名单上。我还没有希望回北京，只是希望同伙都回去。不过既有第一批的遣送，就该还有第二批第三批……看来干校人员都将分批遣归。我们能早些回去，还是私心窃喜。同伙为我们高兴，还为我们俩饯行。当时宿舍炉火未撤，可以利用。我们吃了好几顿饯行的汤圆，还吃了一顿苦菜肉馅馄饨——苦菜是野地里拣的。人家也是喜中，比我一年前送人回京的心情慷慨多了。而看到不在这次名单上的老弱病残，又使我愧汗。但不论多么愧汗感激，都不能压减私心的忻喜。这就使我自己明白：改造十多年，再加干校两年，且别说人人企求的进步我没有取得，就连自己这份私心，也没有减少些。我还是依然旧我。

作品表现的是自己将由干校返回北京前夕的情感波动。文字的表层看起来波澜不兴、平静从容，但文字底下却是潜流涌动、复杂弯曲、层层叠叠。第一层感情：希望的事实现了，“但现实的希望，总是变了味的”，为什么“变了味”？因为我为自己能早些回去而“私心窃喜”。这一层的感情既有对同类的体谅，也有对“私心”的自省和自审。第二层感情：同伙为我们饯行，但看到饯行的人们比之前“我”送人回京的“心情慷慨多了”，加之名单上仍有老弱病残“不能返京”，此情此景“又使我愧汗”，但不论“多么愧汗感激，都不能压减私心的忻喜”。这一层的感情表达更曲折复杂，其中既有“愧汗”、“感激”，更有“忻喜”，而这样的情感表达，十分符合人的内心真实情感，是心灵的真实展示，也是向人性的深层掘进。第三层感情：经历了一番感情的起起伏伏和明暗对比，原来多重交织、模糊不清、飘忽不定的感觉才清晰、稳定起来，于是作者又将我们带进对政治和人性反思的特殊“语境”：经过十几年的改造，我的这份“私心”也没减少些，“我还是依然旧我”。请看，一段短短的文字，折射出如此丰富的感情信息，包含着如此复杂的人性内涵和美学韵致。而这，正体现出了杨绛散文在感情表达上的高妙。她的散文写出了各种各样的情：其间有夫妻远隔的离情，母女送别的伤情，女婿之死的悲情，等等，但她的作品没有我们经常见到的那种激愤的控诉和狂躁的宣泄，而是以一种平淡自然的语言，以一种看似不动声色、踏雪无痕，实则波澜起伏、复杂交织的情感呈现，含蓄内敛但又诗性地揭示了“文革”中中国知识分子的生存状态和人格尊严，从而达到“哀而不伤，怨而不怒”①，阅读之后让人掩卷长思的艺术效果。事实上，中国现当代文学史上那些比较优秀的散文，其情感的描述都既是表现性的，同时又是含蓄丰富和复杂的，如何其芳的《画梦录》、汪曾祺和孙犁的散文、张洁的《拣麦穗》、史铁生的《我与地坛》等，大抵都是这样。相反，那些比较幼稚、意蕴比较浅露的散文，往往是作者表现的感情过于单一扁平，比如对老师的敬爱之情、对故乡的思恋之情、对友人的怀念之情，等等，这是一种情况。而另一种情况则是过于煽情，如余秋雨、周涛的某些文化大散文就犯有此毛病。

沿着上述思路，我们还可进一步作这样的思考：既然散文的情感以表现为上，以含蓄、丰富和复杂为佳，那么以往的科教书一直将其视为散文一大特征的“直抒胸臆”是否还有效？此外，应如何看待“含蓄表现丰富复杂的感情”与“直抒胸臆”的关系？笔者认为“直抒胸臆”作为散文的一种抒情途径或表达感情的方法，它只适合少数人，对大多数散文作家来说，采用这种抒情方式往往要冒很大的风险，这是其一。其二，“直抒胸臆”一般只在特定的时代和特定的情景中使用，在今天使用可能不会获得读者太多的掌声。举例说，抗日战争时期、解放战争时期的某些散文，以及“文革”刚结束时陶斯亮的《一封终于发出的信》，甚至巴金的《怀念肖珊》这类“直抒胸臆”的散文，在特定的年代都产生了很大的影响，但若置于今天，这种直接地倾吐自己的感情和裸露思想的散文就未必能感动读者，引起他们的共鸣。所以，从审美感情来源于“有意味形式”这一

① 钱谷融、吴宏聪：《中国当代文学作品选读》，华东师范大学出版社 1999 年版，第 229 页。

意义上来说，笔者倾向于《背影》、《干校六记》、《我与地坛》这一路的抒情，而不喜欢“直抒胸臆”的抒情方式。

三是“大感情”与“小感情”。由于散文是一种诉诸内心、倾向于自我表现的“主情性”艺术，所以散文的情宜克制而忌放纵，因为一个人是没有那么多情可以抒的。这正如贾平凹所说：“人的一生有多少情可以抒呢，如果为了写文章而写文章，为抒情而抒情，那怎么会不矫情呢？”①所以，如果一个散文作者见花就狂喜，见月就落泪，见人就悲情，见到一只蜜蜂就说蜜蜂蜜蜂我爱你，那么他的散文一定是失败的。因这是失去节制的滥抒情，而滥抒情正是散文的最大敌人。这样放纵的抒情最容易导致浮情与矫情，充其量只能是一种浅层次的抒情。不容忽视的一个事实是：20世纪90年代以来伴随着“大散文”而出现的不少抒“大情”的作品，正是犯了这一抒情的大忌。在这一类作品中，作者或慷慨激昂，指点江山，纵论古今中外史事；或悲天悯人，感叹中国的文化和中国知识分子的命运多舛；或是满纸的大话空话，如“人格操守”、“道德理想”、“人道情怀”、“精神家园”、“诗意栖居”等，可谓琳琅满目，不一而足。而事实上，诸如此类的“抒大情”、“宣大理”的抒情，与20世纪60年代前后杨朔、刘白羽等人的抒“大我”，抒“国家”、“集体”之情是一脉相承的，其深层是一种“‘感恩意识’、‘颂圣意识’或狭隘的‘国家意识’、‘民族自恋意识’和自适自足的‘封闭意识’在作祟”②。因此，在笔者看来，新世纪的散文若要有所前进，有大的发展，很重要的一点，就是在感情表达上要舍“大”求“小”，或“大”“小”互融。这是因为，散文说到底是一种心灵的写作，对于一个散文家来说，作品获得成功的关键不在于抒情架势的“大”和“小”，而在于作家是否有一颗真实、真诚且可以被读者触摸到的“散文心”。真正优秀的散文，正是这种“散文心”的自然、朴实和随意的流露。此外，正如王聚敏所说：“散文的好坏，质量的高低，不在于其情感和篇幅的大小，而在其情感质量的高低、层次的深广，高、深、广，则能与读者沟通共鸣。”③ 而高质量的感情，必定是一种既单纯又多元，既清澈明净，又包含着大爱大怜悯，同时还应是一个民族的健全心智和情绪的真实呈现。假若当代的散文创作拥有了这样高质量的感情，那么当代的散文自然就拥有了高品质、高境界。

苏珊·朗格在《情感与形式》中把艺术定义为“人类情感的符号形式

① 贾平凹、谢有顺：《贾平凹、谢有顺对话录》，苏州大学出版社2003年版，第247页。

② 王聚敏：《散文情感论》，中国文联出版社2008年版，第127页。

③ 王聚敏：《散文情感论》，中国文联出版社2008年版，第19页。

的创造”[①]，在《艺术问题》中又认为“艺术品是将情感（指广义的情感，即人所能感受到的一切）呈现出来供人欣赏的，是由情感转化成的可见或可听的形式”[②]。可见，文学说到底就是人类情感的符号，而文学创作包括散文创作就是创造这种符号的过程。只有将情感转化为可见可听的形式，文学才真正具备了文学的品格和美感。所以在上面，笔者从“感情转化为可见可听”的角度，对涉及感情表达的三组关系进行了探讨。在笔者看来，要提高新世纪散文的感情质量，除了要重视上述的三组关系外，还要研究散文究竟属于什么样的“符号”，还有什么样的符号才能承载散文情感的重负，以及“感情”与“文调”、“情”与“智”、“心”与“体”等的关系。不过这些已经不是本文要重点关注和阐释的命题，需另文探讨。

参考文献：

［1］陈柱：《中国散文史》，上海书店1984年版。
［2］郭预衡：《中国散文史》，上海古籍出版社1986年版。
［3］吴承学：《中国古代文体形态研究》，中山大学出版社1995年版。
［4］童庆炳：《文体与文体的创造》，云南人民出版社1994年版。
［5］诸斌杰：《中国古代文体概论》，北京大学出版社1990年版。

作者简介：陈剑晖，现为华南师范大学特聘一档教授、中国现代散文研究中心主任、第一批国务院特殊津贴专家、全国鲁迅文学奖散文奖终评评委。系中国作家协会会员，中国当代文学研究会理事，中国散文研究会理事，广东省现代作家研究会、广东省散文研究会副会长。主要从事散文理论与文学思潮研究。著有《新时期文学思潮》、《散文文体论》、《诗性散文》、《中国现当代散文的诗学建构》等9部专著，并在《中国社会科学》、《文学评论》等报刊发表论文180多篇，200多万字。

① ［美］苏珊·朗格著，刘大基等译：《情感与形式》，中国社会科学出版社1986年版，第51页。

② ［美］苏珊·朗格著，滕守尧译：《艺术问题》，中国社会科学出版社1983年版，第24页。

奥尼尔与斯特林堡[①]

杨　挺

［摘　要］斯特林堡是奥尼尔终生崇仰的导师。斯特林堡的自然主义戏剧及其理论对奥尼尔的影响很大，但对奥尼尔影响最大的还是斯特林堡那些表现主义戏剧及其理论。奥尼尔的表现主义戏剧及其理论深深打上了斯特林堡的印记。在奥尼尔向东方寻求精神出路和灵感的历程中，斯特林堡也是他的重要引导者之一。

［关键词］奥尼尔；斯特林堡；自然主义；表现主义；东方；影响

> 他（指斯特林堡——笔者注）对于我，就像是尼采对于他，始终保持大师的地位。直到今天，他仍然比我们之中的任何人更现代，仍然是我们的导师。[②]
>
> ——奥尼尔：诺贝尔文学奖获奖演说

斯特林堡是饮誉世界的文学家。就连对表现主义怀有偏见的卢卡契都给予他很高的评价：

> 在战前的几十年里，奥古斯特·斯特林堡在国际戏剧界占有重要地位，而且在多方面远远胜于易卜生。他晚年的剧作对象征主义戏剧的产生和形成，和由此向表现主义的衍生都具有十分重要的意义。[③]

斯特林堡是奥尼尔终生崇仰的导师。1936年，奥尼尔在接受诺贝尔文学奖的获奖演说中，以一半的篇幅来表达他对斯特林堡的景仰。他称颂斯特林堡为“一切现代戏剧家中最伟大的天才”，并承认自己的作品“受到

---

① 本文是笔者的博士学位论文《奥尼尔表现主义戏剧观比较研究》中的一节。

② ［美］尤金·奥尼尔著，荒芜等译：《天边外》，漓江出版社1985年版，第582页。

③ ［匈］卢卡契著，中国社会科学院外国文学研究所外国文学研究资料丛刊编辑委员会编：《卢卡契文学论文集》，中国社会科学出版社1980年版，第244页。

斯特林堡的影响，获益匪浅"[1]。正是读了斯特林堡的《死神之舞》，才使他了解到现代戏剧，并第一次产生了创作的冲动，决定做一个剧作家。[2]后来，他又读了斯特林堡的许多作品。仅在1912至1916四年间，奥尼尔就通读了斯特林堡戏剧的全部英文译本，共24部。在众多剧作家之中，只有斯特林堡和易卜生的作品是"他在少年时期就读过，后来又毕生反复阅读、赞扬和引用"[3]。这些作品对他一生的创作产生了极其深远的影响。奥尼尔的第二任妻子艾格尼丝在谈到斯特林堡对奥尼尔的巨大影响时曾说："尼采，斯特林堡——他总是随身携带着他们的书，讨论他们，引用他们的话。"[4]不止一次，当奥尼尔喝得微醺时，便滔滔不绝地朗读斯特林堡的剧作，背诵斯特林堡的诗作。他的第三任妻子卡洛塔也说奥尼尔对斯特林堡的崇拜简直到了五体投地的地步。奥尼尔曾对一位记者说他认为斯特林堡是"最后一位无可否认的伟大剧作家"[5]。据艾格尼丝说，奥尼尔甚至认为"《一出梦的戏剧》和《死神之舞》的作者是比易卜生更伟大、更深刻的剧作家，他因为易卜生过于传统和理想主义而小觑他"[6]。卡彭特对奥尼尔与易卜生和斯特林堡的关系有精辟的见解："作为读者和戏迷，他了解易卜生，并且崇拜他。但他最崇拜的还是奥古斯特·斯特林堡。由于斯特林堡不是很有名，也不那样受人崇拜，所以他对斯特林堡的崇拜主要还是个人的发现。"[7]

奥尼尔选定瑞典戏剧家斯特林堡作为他的"导师"，因为斯特林堡引领他走上了戏剧之路。这种戏剧能突破平庸的生活表面而揭示广阔的现实——在它们背后起作用的心理学的、生物学的、社会学的诸种因素。他不仅自己崇拜斯特林堡，还热心为美国公众推荐斯特林堡。奥尼尔为他刚刚和麦高文、琼斯组建的新戏剧团体选了斯特林堡最难演绎的表现"生活背后"的戏剧之一《鬼魂奏鸣曲》作为首演剧目。虽然他不喜欢写文章，但还是不惮其劳，亲自动笔为节目单写了阐释斯特林堡伟大意义的文字。这

---

① ［美］尤金·奥尼尔著，荒芜等译：《天边外》，漓江出版社1985年版，第581~582页。

② Gelb, Arthur and Barbara, *O'Neill*, New York: Harper and Row, 1965, pp. 142–143.

③ Chothia, Jean, *Forging a Language: A Study of the Plays of Eugene O'Neill*, Cambridge: Cambridge University Press, 1979, p. 43.

④ Boulton, Agnes, *Part of a Long Story, Eugene O'Neill as a Young Man in Love*, London: Peter Davies, 1958, p. 76.

⑤ Gelb, Arthur and Barbara, *O'Neill*, New York: Harper and Row, 1965, p. 585.

⑥ Boulton, Agnes, *Part of a Long Story, Eugene O'Neill as a Young Man in Love*, London: Peter Davies, 1958, p. 76.

⑦ ［美］卡彭特著，赵岑、殷勤译：《尤金·奥尼尔》，春风文艺出版社1990年版，第21页。

是用来教育观众的，其目的在于使观众做好精神准备去观看那些他自己的行将上演的一系列戏剧，以克服表面现实主义。

斯特林堡被认为是主观色彩最强的作家之一。他一生写了许多戏剧和小说，其中有很大一部分是以他自己的家庭和自身的经历为基础的。他从小就生活在一个没有乐趣的家庭里，少小就得独自谋生，从事过各种职业，有过三次不幸的婚姻，晚年身患重病，老景凄凉。奥尼尔的经历同斯特林堡十分相似，因此，斯特林堡的这些作品对他产生了极大的感染力，引起了他的强烈共鸣。奥尼尔的整个创作生涯中，对斯特林堡各个时期、不同风格的作品都有所借鉴、模仿。

奥尼尔早期的《早餐之前》是一出模仿斯特林堡的《强者》的独角戏。在两出戏中，沉默的倾听者和他对说话者的限制作用，使观众对场上人物的台词愈加敏感。在《上帝的儿女都有翅膀》中，有几处艾拉对吉姆所说的刺耳的话也可作为例证。

斯特林堡的自然主义戏剧对奥尼尔的影响也很大。曼海姆指出："当斯特林堡在他的著名的《朱丽小姐》的前言中，将其人物性格描述为'过去和现在阶段上的文明的聚集物'时，他触及了奥尼尔在《琼斯皇》中萦绕于心的一个观念，在该剧中，奥尼尔让琼斯经历了过去阶段的文明，既是属于他自己的过去，也是属于他的种族的过去。"①

特别值得注意的是，斯特林堡不仅创作了《朱丽小姐》、《父亲》等著名的自然主义剧作，而且对自然主义理论也有精辟的见解，他的戏剧理论集中体现在《朱丽小姐》的前言和《论现代戏剧与现代剧院》中。这两篇论文在戏剧理论史上有着重要的意义，也对奥尼尔的戏剧观产生了深刻的影响。

随着最近一百多年来形形色色的对人格的心理学和社会学描述，对虚构性作品中人物性格描绘的丰富性、自足性这样的观念的冲击接踵而来。发起这些冲击的作家们声称这些人物性格与现实的一致性是虚假的，所以歪曲了现实。斯特林堡的《朱丽小姐》的前言就是最早对这种观念发难的文献之一。在文中，斯特林堡提出如果戏剧家要对自己揭示自己，他必须通过没有性格的人物这样做。因为人是不可预知、优柔寡断的，远非舞台上通常描绘的那样首尾一致。他在《朱丽小姐》中如此描述自己的人物：我刻画的人物形象是游移不定的、分离解体的，把陈旧和新颖的东西熔铸在一起，因为他们是现代性格……我的那些生灵（性格）是过去和现在阶

---

① Manheim, Michael, *The Cambridge Company to Eugene O'Neill*, Shanghai: Shanghai Foreign Language Education Press, 2000, p. 27.

段上的文明的聚集物。点点滴滴来自书本和报纸的东西、人性的碎片、华美服饰的破烂布条，这些东西都拼凑在一起，如同人的灵魂是拼凑而成的一样。而且我加添了进化的历史，让那些弱者剽窃和重复强者的话，让那些人物彼此之间互相借用各自的观念和“启发”①。

从上述斯特林堡的观点可以看出，斯特林堡的戏剧观念已经不同于以左拉为代表的法国自然主义观念了。因此，当斯特林堡将自己的剧作《父亲》寄给左拉之后，左拉有所保留，还对斯特林堡提出了委婉的批评。在这封写于1887年12月14日的评论《父亲》的信中，左拉反对斯特林堡的那种人物图解式的特征，他们缺乏现实性，那位船长尤其是如此，“他甚至连名字也没有……”左拉对斯特林堡的戏剧所采取的新方向感到陌生。这种新方向就是趋于抽象，采用类型而非具体人物，毫不关心自然主义的真实性；这里没有什么“通过具有某种气质的眼睛所看到的自然的一部分”，但生活通过一个灵魂，通过自传材料的普遍化奔涌出来。②《朱丽小姐》的前言就是斯特林堡对左拉的指责的回答和为自己的戏剧理念所作的辩护词。

纵观《朱丽小姐》的前言和《论现代戏剧与现代剧院》等论文的主要观点，它不同于传统的自然主义之处，主要是认为后者“忽略了心理分析，性格描写肤浅”，“过于重视情节”，“包罗万象的照相术连相机镜头上的一粒尘土都不放过”，“只见树木，不见森林”。他嘲笑这种手法“陈腐不堪，无聊透顶，乏味之至”，他甚至直斥那些如此热衷于“客观”的人“缺乏气质”、“没有灵性”！

斯特林堡对传统的自然主义的批评确实击中了它的要害。在批评传统自然主义的同时，他提出了新的自然主义理念。他说：

> 以为艺术就是用自然的方法去描绘自然，这是误解了自然主义；伟大的自然主义在于寻求战斗交锋的要害之处，在于发现你平时看不到的东西，在于爱好自然力量之间的搏斗（不管这些力量是爱还是恨，是叛逆的本能还是社会的本能），在于发现你平时看不到的东西，至于美丑，则无关紧要。③
>
> 在新自然主义戏剧里，我们立刻感到作家是在寻求有意义的主题。因此行动通常集中在人生的两极，生与死，生的行动与死

① 朱虹等编译：《外国现代剧作家论剧作》，中国社会科学出版社1982年版。

② ［英］R. S. 弗内斯著，艾晓明译：《表现主义》，昆仑出版社1989年版，第5页。

③ 朱虹等编译：《外国现代剧作家论剧作》，中国社会科学出版社1982年版，第20页。

的行动，为情人、为生活条件、为荣誉作斗争，等等——战场上哭声号啕，伤的伤，死的死。这时候，我们听到了人生斗争的新哲学，领略到湿润的南风。①

斯特林堡以自己的《朱丽小姐》为例，来说明自己“既不单纯侧重于生理，也不单纯侧重于心理”；既不完全归咎于“母亲的遗传”，也不完全归咎于女主人公“当时的生理状况”，也不完全将主题归结为“不道德的问题”。这和传统自然主义强调生理、遗传因素对人的社会行为的决定性作用已有了很大的不同。

为使自己的自然主义更具科学性、真实性，他在创作和演出中引入了一些新观念、新手法、新技巧。他反对那种“简单的舞台性格”，声称（实际上是要求）“自然主义者知道灵魂的复杂结构所具有的丰富性”。他特别注重对人物心理进行深刻透彻的描绘，认为“对新时代的人来说，他们最感兴趣的是心理发展的过程，我们爱追根究底的灵魂不再满足于观察某件事的发生，而是要知道它究竟是如何发生的”②！从他对那些他感兴趣的心理的描述，如“人们的心思”的“不规则活动”，“一种思想可以在另一种思想中找到一个偶然的空当插进去”，“灵魂的战斗”等，以及他提到的“现代心理学的发现”，“在某种程度上和传统分手了”等，可以看出，他的兴趣主要不在于事件的描写，而在于内在的心理分析。他在独白、哑剧等戏剧手法，布景、灯光，演员的化妆、表演等方面都提出了许多新的、很有见地的见解。由于对传统自然主义的超越，他的自然主义被称为心理的自然主义。这种心理的自然主义重在表现人物的心理和精神分裂状态。

很多批评家都注意到了《朱丽小姐》等对奥尼尔的《悲悼》、《榆树下的欲望》等作品的影响。有的批评家甚至更重视斯特林堡的自然主义，而不是他的表现主义戏剧对奥尼尔的影响。如有论者认为：“斯特林堡对奥尼尔产生了巨大的影响，《父亲》、《朱丽小姐》——而不是《通往大马士革之路》和《一出梦的戏剧》，是对奥尼尔助益最大的范式。任何可称之为表现主义的因素都助长了奥尼尔的全部缺陷。”③

---

① 朱虹等编译：《外国现代剧作家论剧作》，中国社会科学出版社 1982 年版，第 22 页。

② ［瑞典］斯特林堡著，高子英等译：《斯特林堡选集 · 戏剧选》，人民文学出版社 1981 年版，第 222 页。

③ Cargill, Oscar, N. Bryllion Fagin, & William J. Fisher eds., *Eugene O'Neill and His Plays: Four Decades of* Criticism, New York: New York University Press, 1961, p. 368.

当然，上述说法未免过于偏激。毕竟斯特林堡是以他对表现主义戏剧的贡献才被载入文学史的，他对奥尼尔的影响最大的还是那些表现主义戏剧。

19 世纪 90 年代中期，斯特林堡经历了一次精神崩溃，一度精神失常，他将这段时间称为“地狱”时期。1898 年前后，他走出“地狱”，创作风格大变，写出了他的第一部表现主义戏剧《通往大马士革之路》，因此成为表现主义戏剧的先驱。他在 1899 年后创作的主要剧作，使用了各种舞台手法以探索人的无意识，试验了非连续的时间模式。但这个革命进程是缓慢的：经过 15 年，他才把《一出梦的戏剧》和他的第一部自觉的自然主义剧作《父亲》分开。

和斯特林堡并列为表现主义戏剧先驱的还有德国剧作家魏德金德，他们都对德国表现主义戏剧和奥尼尔产生了巨大的影响。对于奥尼尔来说，斯特林堡的影响尤为重要。

与魏德金德对表现主义戏剧的影响主要体现在他的人物与现实社会的矛盾冲突方面不同，斯特林堡的影响主要体现在他不加掩饰的绝望情绪。他把人类看做被境遇玩弄于股掌之上、背负着其并没有犯下的罪孽的可怜虫。他用他的戏剧探测了所有饱受折磨的人的灵魂的深度，表现了人的孤独、无助。传统的戏剧形式，在他的剧作中都销声匿迹；全剧被分解为一系列的小事件，每个事件都用来传达斯特林堡希望观众能够领会的寓意，即人类的无助处境。像他的《一出梦的戏剧》中的因陀罗那样，他见证了“欢乐的痛苦和悲伤的欢乐之间的斗争”。他给这个不可理喻的世界的痛苦所开的药方，用《通往大马士革之路》结尾忏悔者的话来说，就是“博爱和屈从的结合”。显然，在斯特林堡的世界观里，他没什么可以给那些向往实际改革的一代人。但是他揭示了非理性的经验的新的深度，探索了超越现实范围的新视野，特别是他的关于受难的理论，被那些宣称受难是新人胜利所必需的表现主义者改造、利用了。

此外，他的戏剧与传统形式的决裂也产生了巨大的影响。他在将现实与超现实相融合，摒弃心理学和逼真方面比魏德金德更甚。他尤喜诗体的独白，把舞台变成了一个揭示灵魂的受难、发出博爱的呐喊的论坛。他的剧作中，人物常常没有名字，剧中通常包括这些典型的人物——官员、忏悔者、乞丐、女儿。他用舞台揭示奇特的幻象、迷狂，不祥的预感和梦境，根据他在自传里的叙述，这些都是他自己体验过的。因此，在斯特林堡的剧作里可以发现几乎所有的表现主义戏剧要素。1913 至 1915 年，他的戏剧在德国的六十二个城市里上演了一千多场，由此可见他的巨大影响。

对于像奥尼尔这样由早期的现实主义转向中期的表现主义，又由中期的表现主义转向晚期的现实主义与表现主义相结合的作家来说，斯特林堡具有更加重要的楷模意义。因为正是斯特林堡向后来的表现主义者揭示了为了反叛现实主义模式首先要知道和理解现实主义模式的重要性。

奥尼尔的表现主义戏剧深深打上了斯特林堡的印记。笔者曾经说过《琼斯皇》在结构、梦幻色彩等方面受《通往大马士革之路》的影响很深。其他比较突出的还有《毛猿》、《悲悼》、《无穷的岁月》等，都受到过斯特林堡的《通往大马士革之路》、《鬼魂奏鸣曲》等的影响。

奥尼尔自己，像他自承的导师斯特林堡一样，在自己的戏剧生涯初期就感到自然主义模式限制了他的想象力，他开始试验其他的戏剧表现模式。但是，那些奥尼尔批评家，大部分仍热衷于自然主义模式而几乎没有注意到他为美国剧坛引进新形式所作的努力。例如，海伍德·布龙对《琼斯皇》的评论、亚历山大·伍尔科特对《毛猿》的评论、T. S. 艾略特对《上帝的儿女都有翅膀》的评论、还有吉尔伯特·加布里埃尔对《大神布朗》的评论，其中都没有出现过“表现主义”（expressionism）、“表现主义的”（expressionistic）这些词语。当然，这些评论家们意识到了这些似乎是新奇的技巧中的某些成分——例如面具的使用或特殊的音响效果，情节的“奇幻的”性质，在场景和姿势方面诉诸变形——但是强调的重心仍然放在“真实的谈话”（伍尔科特），“一个可能会有的黑鬼的惟妙惟肖的肖像”（艾略特），以及“非常出色的语言”（加布里埃尔）等之上。而加斯纳则较好地概括了奥尼尔创作的新特点：

> 然而，他不是一个“自然主义者”，事实上，他自成一格，反对那种认为纯粹的摹写生活就是艺术的领域的信念。他熔自然主义的细节和象征主义者的基调、暗示和象征于一炉。受他所崇仰的斯特林堡的启发，他诉诸“表现主义者”的动作、道白和场景的变形之类的戏剧风格，如在《琼斯皇》中琼斯穿越丛林时所遭受的那些神秘的巨大痛苦，以及《毛猿》中的第五大街那一场景。他不倦地寻求表达内心生活和形而上的理念的戏剧手段。在《奇异的插曲》中，他运用内心独白——以台词来表达不同层次的意识。他试验用面具作为戏剧化的手法，这种试验在《大神布朗》中获得了部分成功，在《拉撒路笑了》中实际上一无所获。[①]

---

① Cargill, Oscar, N. Bryllion Fagin, & William J. Fisher eds., *Eugene O'Neill and His Plays: Four Decades of Criticism*, New York: New York University Press, 1961, p. 326.

在奥尼尔晚期的自传性剧作《长日入夜行》和《送冰的人来了》中，明显地受到斯特林堡的戏剧《死神之舞》和小说《红房间》、《女仆的儿子》等作品的影响。然而尽管奥尼尔似乎认同斯特林堡的戏剧理论，但对他将人物性格类型化却颇有微词，他在创作《长日入夜行》时，还是牢牢把握住个性化原则。他赋予每个人物一种特殊的语言特色，使他们能互相区别开来，具有各自的特性。他继而改变，有时打断这些语言特色，以致每个人物都发出不同的、甚至是矛盾的声音。每个人物看来好像都是多面的，是一个不可预知的混合物，然而，不论什么特定的时候，又依然是他自己，和舞台上的任何别的人物都不同。①

奥尼尔和斯特林堡不仅生活经历相似，创作道路也有不少相同之处。斯特林堡以浪漫主义开始其创作历程，然后经过现实主义和自然主义走向象征主义。在他的《一出梦的戏剧》、《鬼魂奏鸣曲》等象征主义（也可以称作"前表现主义"）剧作中，为了更好地描绘和刻画人的心理，他大胆地"在微乎其微的真实基础上展开想象，形成新的图像：把记忆、经历、杜撰、荒唐和即兴混为一体"②，使时间和空间不再存在，人物被割裂、交叉、重叠，被蒸发、凝固、离散、会聚，甚至让鬼魂等超自然、超现实的现象出现在舞台上。斯特林堡这种标新立异的创作理论和实践对奥尼尔影响极大。奥尼尔的创作也经历了从早期带有浓厚自然主义色彩的现实主义向表现主义的变化。他盛赞斯特林堡是"现代派中最为现代的作家"，因为"他最善于用戏剧来解释具有时代特征的精神冲突，这种精神冲突构成了我们现代生活的戏剧，或者说是现代生活的血液"③。他将《死神之舞》这样的作品称之为"超自然主义"，认为这些作品克服了旧的"自然主义"，或者说"现实主义"只能反映表面真实而不能表现内在真实的缺点。他宣称自己要写探索"人物心灵"的"真正的现实主义戏剧"④，并把《死神之舞》奉为这种真正的现实主义的典范之作。其实，奥尼尔这里所说的"超自然主义"和"真正的现实主义"基本上等于我们所说的表现主义。奥尼尔在他的中期创作，特别是在《琼斯皇》、《毛猿》等表现主

---

① Chothia, Jean, *Forging a Language*: *A Study of the Plays of Eugene O'Neill*, Cambridge: Cambridge University Press, 1979, p. 146.

② ［瑞典］斯特林堡著，石琴娥等译：《戏剧选》，人民文学出版社 1981 年版，第 394 页。

③ ［美］尤金·奥尼尔著，郭继德等译：《奥尼尔文集》，人民文学出版社 2006 年版，第 244 页。

④ Törnqvist, Egil. *A Drama of Souls*: *O'Neill's Studies in Supernaturalistic Technique*, Uppsala, Sweden: Almqvist & Wiksells – Boktryckeri AB, 1968, p. 31.

义剧作中，大量运用了鬼魂、幻觉、时空主观化、梦幻与现实相混等手法。不过，如前所述，奥尼尔对斯特林堡并非全盘接受。例如对斯特林堡那种将人物过于抽象化，甚至抹掉人物名字的以象征失去个性的手法，他就不以为然。他认为“当观众从舞台上看到的只是抽象的‘男人’或‘女人’时，观众便失去了跟剧中主人公认同的这种人与人之间的联系”①。

和斯特林堡不同，奥尼尔在他的晚期剧作中又回到了现实主义创作道路。他在表现主义剧作中借用斯特林堡的一些手法，特别是那些超自然、超现实的手法，在晚期剧作中大都放弃了。显然，斯特林堡的影响在奥尼尔的晚期剧作中有所下降，而且这种影响更多地来自于斯特林堡的自传性小说，而不是戏剧。②因此，很难从戏剧艺术的角度将两者加以比较。但是，这并不意味着在奥尼尔的晚期剧作中，斯特林堡的影响就消失了。这种影响仍然是相当大的。不过它主要表现为斯特林堡激发了奥尼尔晚期的创作，在主题和题材选择等方面也启发了奥尼尔。斯特林堡在作品中赤裸裸地暴露了自己家庭的内幕和自身精神发展变化的过程，《死神之舞》等家庭悲剧致力于挖掘深藏在人的心灵深处的丑恶自私的欲念以及为这个社会的道德观念和习惯势力所不容的要求，使奥尼尔获得了在作品中暴露自己和家庭其他成员性格中最阴暗角落的勇气。正如谢弗所说：“也许他（指奥尼尔——笔者注）从斯特林堡那里所获取的最重要的东西是在他的作品中暴露他自己性格中最阴暗的角落的勇气。”③联想到奥尼尔初次读到《死神之舞》正是在《长日入夜行》中所描述的那些事件刚刚发生的1913年，可以推测奥尼尔很可能就是在那时萌发了将来写像《长日入夜行》这样的一部自传体剧作的念头。斯特林堡的“爱与恨”的主题，两性之间冲突的题材，以恶劣的环境和阴郁的情绪为背景的人物性格剖析，都可以在奥尼尔的晚期剧作中找到回声。就是在写作手法和技巧上，斯特林堡的影响也未完全消失。奥尼尔的晚期剧作中，对斯特林堡惯用的独白就并未完全放弃。《休吉》中虽然有两个角色，但值夜班的旅馆职员几乎不说话，无法形成交流，通篇基本上是赌徒伊利一个人的内心独白。《长日入夜行》中的玛丽经常陷入梦幻之中，意识不到别人的在场，或虽然意识到别人的

---

① ［美］尤金·奥尼尔著，郭继德等译：《奥尼尔文集》，人民文学出版社2006年版，第249～250页。

② 据艾格尼丝回忆，奥尼尔对斯特林堡在《女仆的儿子》等自传性小说中所描述的痛苦私生活，特别是他与那些似乎总是利用他的女人们的令人难以忍受的关系印象非常深刻。奥尼尔多年来一直保存着这些小说，并经常阅读，比读斯特林堡的剧本还勤。艾格尼丝还猜想奥尼尔一直到死都和斯特林堡同病相怜。见 Agnes Boulton, *Part a Long Story*, London: Peter Davies, 1958, p. 71.

③ Sheaffer, Louis, *O'Neill: Son and Playwright*, Boston: Little, Brown, 1968, p. 254.

在场，但只是把对方当做听众而不是交谈的对象，只顾自己说话而不管听者的反应，这实际上是变相的内心独白。著名戏剧理论家彼得·斯从狄在其《现代戏剧理论》中论述“内心独白”时，就以奥尼尔为样本。他认为：“旁白（斯从狄将旁白当做内心独白的一种表现形式——笔者注）在这里确实更多的是一种自言自语，甚至是内心自语，仿佛是没有话语的说话。旁白不再是情境中的功能，而是由于情境的缘由旁白泄露出人的内心，情境对人来说已是外在的东西。”[①] 当然，与斯从狄重点分析的奥尼尔中期的表现主义剧作《奇异的插曲》对旁白的运用相比，这样处理独白更接近现实，更符合生活的逻辑，艺术效果也就更强烈。

批评家多丽丝·亚历山大这样评论斯特林堡对奥尼尔的影响：“斯特林堡给了他遵循他们的符合逻辑的结论的勇气，而不管这是多么可怕。斯特林堡给他指示了如何挖掘人类关系表面下的紧张，最重要的是，如何完全抛弃现实主义手法以使决定人类生活的神秘力量形象化。”[②]这种评论是十分精当的。只是奥尼尔到了晚期在“完全抛弃现实主义手法以使决定人类生活的神秘力量形象化”这一点上，已经和他的导师分道扬镳了。

最后，斯特林堡对奥尼尔的影响，还有一个不容忽视的方面，即在奥尼尔向东方寻求精神出路和灵感的历程中，斯特林堡正是他的重要引导者之一。奥尼尔对东方，特别是对中国有着浓厚的兴趣。他深受东方思想，如中国道家思想的影响。他的剧作《马可百万》、《拉撒路笑了》等都是以东方为题材，前者更是中国题材，以马可·波罗为主人公。而据学者们考证，奥尼尔最初对东方的兴趣和了解是与斯特林堡的影响分不开的。斯特林堡曾在斯德哥尔摩皇家图书馆东方部工作，由于工作的关系，他对东方文化十分熟悉，甚至可以说造诣很深。东方文化对斯特林堡的思想和创作产生了巨大的影响。他经常称呼自己是“佛陀”，他的作品中经常出现东方题材和理念，如《一出梦的戏剧》中的因陀罗，就是印度神话中司雷雨及战争的印度教主神；他的不少剧作表达了“涅槃”、“空幻”的理念。对此，詹姆斯·罗宾森的《尤金·奥尼尔和东方思想》一书有很精到的考证和论述。罗宾森指出：“斯特林堡的技巧革新帮助了奥尼尔，使他能够为他的西方观众戏剧化他的东方直觉。对一个戏剧家来说，‘对斯特林堡的传承足感自豪’，最重要的传承无疑是这位瑞典大师发明的西方式运输工具，去承载东方的神秘领悟。”“更为重要的是，他从斯特林堡那里借来的

---

① ［德］彼得·斯从狄著，王建译：《现代戏剧理论（1880—1950）》，北京大学出版社2006年版，第125页。

② Alexander, Doris, *The Tempering of Eugene O'Neill*, NY: Harcourt, Brace and World, p. 184.

表现主义工具表达了（有时则是笨拙地）对人性与现实的东方主义人生观。”罗宾森高度评价了这种影响的重要性：“若非斯特林堡前卫性的戏剧探索创新，青年奥尼尔恐怕永远也不会找到一条美学之路以适合自己的东方倾向。”罗宾森还分析了这对奥尼尔悲观主义的深刻影响。①需要强调指出的是，东方文化的影响对奥尼尔并非无关紧要，它是奥尼尔人生哲学的有机成分之一。

就斯特林堡和奥尼尔在文学史上，尤其是表现主义戏剧史上的意义来说，以易卜生作为先驱，斯特林堡最终成为第一个既精通现实主义模式又精通表现主义模式的现代剧作家。同样，另外的，也是唯一可以完美运用这两种模式的作家想必就是奥尼尔了。

参考文献：

[1]［美］尤金·奥尼尔著，郭继德等译：《奥尼尔文集》，人民文学出版社2006年版。

[2]［美］尤金·奥尼尔著，荒芜等译：《天边外》，漓江出版社1985年版。

[3]［美］卡彭特著，赵岑、殷勤译：《尤金·奥尼尔》，春风文艺出版社1990年版。

[4]［美］詹姆斯·罗宾森著，郑柏铭译：《尤金·奥尼尔和东方思想：一分为二的心象》，辽宁教育出版社1997年版。

[5] 龙文佩：《尤金·奥尼尔评论集》，上海外语教育出版社1988年版。

[6] 汪义群：《奥尼尔研究》，上海外语教育出版社2006年版。

[7]［英］R.S.弗内斯著，艾晓明译：《表现主义》，昆仑出版社1989年版。

[8]［瑞典］斯特林堡著，石琴娥等译：《戏剧选》，人民文学出版社1981年版。

[9]［瑞典］拉格尔克朗斯著，高子英译：《斯特林堡传》，外国文学出版社1983年版。

[10] 吴竑：《简论斯特林堡的戏剧创作》，《戏剧》1996年第3期。

[11] 朱虹等编译：《外国现代剧作家论剧作》，中国社会科学出版社1982年版。

[12]［德］彼得·斯丛狄著，王建译：《现代戏剧理论（1880—1950）》，北京大学出版社2006年版。

[13] Alexander, Doris, *The Tempering of Eugene O'Neill*, NY: Harcourt, Brace and World.

[14] Boulton, Agnes, *Part of a Long Story*, *Eugene O'Neill as a Young Man in Love*, London: Peter Davies, 1958.

[15] Cargill, Oscar, N. Bryllion Fagin, and William J. Fisher eds., *Eugene O'Neill*

① ［美］詹姆斯·罗宾森著，郑柏铭译：《尤金·奥尼尔和东方思想：一分为二的心象》，辽宁教育出版社1997年版。

and His Plays: *Four Decades of Criticism*, New York: New York University Press, 1961.

[16] Chothia, Jean, *Forging a Language*: *A Study of the Plays of Eugene O'Neill*, Cambridge: Cambridge University Press, 1979.

[17] Gelb, Arthur and Barbara, *O'Neill*, New York: Harper and Row, 1965.

[18] Manheim, Michael, *The Cambridge Company to Eugene O'Neill*, Shanghai: Shanghai Foreign Language Education Press, 2000.

[19] Sheaffer, Louis, *O'Neill*: *Son and Playwright*, Boston: Little, Brown, 1968.

[20] Törnqvist, Egil. A Drama of Souls: *O'Neill's Studies in Supernaturalistic Technique*, Uppsala, Sweden: Almqvist & Wiksells - Boktryckeri AB, 1968.

作者简介：杨挺（1955— ）华南师范大学文学院教授，文学博士。广东省外国文学学会副会长。

胡先骕佚文《蜀雅序》考释

——兼论胡先骕词学观念的文化守成主义倾向

闵定庆

［摘　要］胡先骕《蜀雅序》一文，是为前辈词人周岸登《蜀雅》所作的序，刊于《蜀雅》卷首，张大为、胡德熙、胡德焜合编《胡先骕文存》失收。这篇佚文追述了周岸登的治词经历，真实再现了20世纪20年代旧体诗人的创作情境，同时也通过回顾自己的学词经历，肯定了密切关注时局、心怀民瘼的创作观念，以此对五四新诗探索作出了一个明确的回应。目前，无论是胡先骕遗作的辑佚，还是有关其词学观念的探讨，都较少为人所关注，因此很有必要作进一步的探讨。

［关键词］胡先骕；《蜀雅》；词学；文化守成主义；五四

一

胡先骕（1894—1968），字步曾，号忏庵，江西新建人，肄业于京师大学堂，曾两次留美，先后就读于加利福尼亚大学和哈佛大学，获植物学博士学位。1918年9月担任南京高等师范（后改名东南大学）农科教授，1926年6月组建北平静生生物调查所，1934年当选中国植物学会会长，次年任中央研究院评议员，1940年受命创办中正大学，1948年膺中央研究院院士，新中国成立后任中国科学院植物分类研究所三级研究员，被毛泽东同志称为“中国生物学界的老祖宗”①。他喜爱文学，旁及哲学，是知名的旧体诗词作家和评论家。张大为、胡德熙、胡德焜合编《胡先骕文存》，由江西高校出版社1995年印行，有功于学术，但偶有遗漏。例如，前四川大学中文系教授周岸登的词集《蜀雅》一书刊有胡先骕的《蜀雅序》，即可补《胡先骕文存》之遗。

现将胡先骕《蜀雅序》一文标点如下：

---

① 胡宗刚：《不该遗忘的胡先骕》，长江文艺出版社2005年版，第167页。

庚午岁暮得北梦翁书，以勘定词集《蜀雅》将竣，属为之序。余不文，何足序翁之词？然自丙辰邂逅翁于金陵舟次，有《大酺》之唱酬，忘年定交，忽忽十余载。关河阻隔，交谊弥挚，知翁之身世，嗜翁之词翰，环顾海内鲜有。余若则于翁以定稿问世之际，又乌能已于一言？翁，蜀人也。蜀本词邦，相如、子云导之先路，太白、东坡腾其来轸。自汉魏以还，迄于今世，言词赋者，必称蜀彦。而《花间》一集，岿然为词家星宿海，盖其名山大川，郁盘湍激，峰回峡转，亦秀亦雄，清奇瑰伟之气，毓为人灵，有以致之也。尝考风诗雅乐，本出一原，后世莫能兼擅。乐府与诗，遂歧而为二。隋唐嬗衍，倚声代兴，宋贤从而发扬光大之，体洁韵美，陵铄百代。元明以降，此道浸衰。有清初叶，重振坠绪，而斠律铸辞，则光宣作家乃称最胜，半塘、彊邨久为盟主，樵风、蕙风赓相鼓吹，至异军突起、巍峙蜀中者，则香宋与翁也。香宋词人禀过人之资，运灵奇之笔，刻画山水，备极隽妙，追踪白石，而生新过之，余夙有文论之矣。翁词则沈酣梦窗，裔皇典丽，与香宋殊轨而异曲同工焉。居尝自谓古今作家之所成就系于天赋者半，系于其人之身世遭遇者亦半。翁少年蜚声太学，博闻强记，于学无所不窥，壮岁游宦粤西，屡宰剧邑。退食之余，寄情啸傲，穷桂海之奥区，辑赤雅之别乘，柳州、石湖以后，一人而已。迨辛亥国变，更宰会理，抚循夷猓，镇慑反侧，暇则蒐讨其异俗，网罗其旧闻，歌咏其诶丽瑰奇之山川风物，一如在桂。已而客居故都，落落寡合，黍离麦秀之慨，悲天悯人之怀，一寓于词，风格则祖述梦窗、草窗，而气度之弘远，时或过之。盖翁之遍览西南，徼山水雄奇之胜，所遭世难，惝恍诪张之局，有非梦窗、草窗所能比拟者也。丙辰参赣帅幕，武夫不足以言治，乃益肆志为词，征考其邦之文献，友其士君子，酬唱谈燕，几无虚日。所作气格益苍坚，笔力益闳肆，差同杜陵客蜀以后之作。乙丙而还，世乱弥剧，翁乃避地海疆，谢绝世事。讲学之暇，闲赓前操，命意渐窥清真，继轨元陆，以杜诗、韩文为词，槎枒浑朴，又非梦窗门户所能限矣。余少失学，束发就傅，专治自然科学，于吟事为浅尝。乙卯自美利坚归，闲与旧友王简斋、然父昆季学为倚声，于宋人夙宗梦窗，近贤则私淑彊邨，与翁所尚不谋而合。自识翁后益喜弄翰，篇什渐多，终以不习于声律之束缚，中道舍去。十载以还，虽不时为五七言诗，而倚声久废，惟把卷遣日，尚时翻宋贤之遗编而已，视翁之老而益进、蔚为大宗者惭恧奚如。而翁不遗其偻陋，一篇脱手，千里写似，宁谓余知词无亦心神契合，有非形骸关塞所能外欤？余之叙翁之词，盖不仅述翁之所造，亦以志余与翁不谖之交云尔。民国二十年二月新建胡先骕。

围绕这篇佚作，有一些问题必须先行廓清。其中，以下两点尤为重要：

第一，关于周岸登其人其书。周岸登（1878—1942），字癸叔，号二窗词客、北梦翁。清同治十一年清明日出生于成都郊外十里处的白鹤湾，十六岁中秀才，十九岁中举人，历任广西阳朔、苍梧等县知县及全州知州。辛亥革命后任四川会理、蓬溪等县知事，1916 年赴赣军幕，后任宁都、清江、吉安等县知事及庐陵道尹。20 世纪 20 年代弃官，矢志作育人才，初任教于厦门大学中文系，主讲词曲。1931 年秋应安徽大学文学院聘讲授词曲。1932 年秋重庆大学创文学院，聘其为中国文学系主任，1935 年重庆大学文学院并入四川大学，周遂赴蓉主四川大学词曲学教席，1942 年秋九月，因病辞世。传世有《唐五代词讲稿》、《北宋慢词讲稿》、《曲学讲稿》、《蜀雅》、《韩民血泪史》、《能登集》、《南征日记》、《贤女传讲稿》、《管子故训甄》、《楚辞训纂》、《金石学讲稿》、《手批宋七家词钞》等。1931 年（辛未），门人包树棠等整理周岸登著作出版，名《二窗词客全集》。第一种即《蜀雅》，计十二卷别集二卷，分订二册，由王易、汪东题签，扉页有“重光协洽之岁择勘校印”字样。即辛未年，上海中华书局仿宋活字铸版代印，版权页上方贴“二窗”印记，上海南京路文明书局发售，实价三元。卷末署“门人上杭包树棠、玉环韩文潮校录”。其中，包树棠是周岸登执教厦门大学中文系时的得意弟子，周岸登序张秀民《宋椠经籍编年录》谈到了自己的这个弟子，略云：“岁丁卯，余教授厦门大学，诸生之潜心朴学者得二人焉，于文本科则嵊张秀民涤瞻，于国学专修科则上杭包树棠伯芾。二人者，日埋头于图书馆，瞑缗晨写，矻矻不休，视其状若泰山陨于前而不知，震雷发于后而不觉，世间万事万物，举无足以当其一属目一萦心者然。呜呼，何其专也！伯芾兼工诗文词曲，涤瞻间一为考据之文，他则不甚措意，而皆好为目录之学。伯芾所为《汀郡艺文志》，余既序而传之矣。”可见师生之间教学相长，结下了深厚的情谊，《蜀雅》一书自然由门生任校勘印行之责。笔者所见《蜀雅》，为周岸登亲笔题赠“广东国民大学图书馆”者，钤“癸叔持赠”印。据此推测，周岸登当时应曾将《蜀雅》赠给多个公私图书馆及大学图书馆。

第二，关于周、胡二人的交往过程与此序写作的时间。胡先骕小周岸登十六岁，自然在行文之中以晚辈自谦。序文提到“丙辰邂逅翁于金陵舟次，有《大酺》之唱酬，忘年定交”一事，即1916年邂逅于南京，周、胡二人的唱和作品均收入各自的集子，胡先骕《忏庵词》第四首即为《大酺》，题序为“舟中呈周癸叔先生”，而《蜀雅》卷七“南潜词一”的第一首就是《大酺》（金陵舟次酬胡步曾见赠），并附胡先骕原唱。从《蜀雅》按自然时序编排的体例看，胡先骕所提到的唱和，正好排在周岸登南下途经南京之时，“南潜词一”第二首则是次年中秋与胡先骕同作于南昌东湖的《莺啼序》，后面的作品按其游览江西各地的路线排序，相对集中地反映了居赣期间的游踪和唱和。周岸登《蜀雅》录与胡先骕相唱和的作品计7首，而胡先骕《忏庵词》则达28首之多，如胡首倡《大酺》（舟中呈周癸叔先生），周作《大酺》（金陵舟次酬胡步曾见赠），胡先骕还在次年秋天作《忆旧游》（金风薄人缅怀江亭旧游和癸叔丙辰重九之作）追忆这次唱和；周、胡于中秋月夜同游南昌东湖，用梦窗韵填《莺啼序》；胡读周词有感作《惜秋华》（锦字银笺），周则作《惜秋华》（忏庵读余近稿有赋，依韵酬之，并示二湘）以和之；周登临滕王阁，赋《江城子慢》（滕王阁晚眺），胡亦赓和《江城子慢》（远鸿影明灭）；胡得外祖父郑晓涵手稿，赋《齐天乐》（丁巳季秋于故纸中觅得先外王父郑晓涵先生手书自辑《晚翠轩词》残稿一卷，先外王父曾自刊《晚学斋集》，流传亦稀，仅存硕果，览物怆怀，赋此一解），周读手稿及胡词之后填《齐天乐》（得歙郑晓涵先生《由熙莲漪词》初刻及重刻二本，谂为忏庵外祖，举示之。他日，忏庵于故箧中蒐得先生手写自辑《晚翠轩词》残本一册，感而有作。余亦依韵成此，题《莲漪》卷后），并题在此卷之后。此外，胡先骕追和周词的作品更多，如《蓟门春柳词》三十首作《杨柳枝》（和癸叔蓟门春柳词仍借比竹余音韵）、《渡江云三犯》（净社拈题得雨意限第八韵，赓癸叔作即寄）、《春从天上来》（和癸叔再叠祀灶叶赋立春韵）、《扫花游》（吏事羁人，良人星散，重以风雨连夕，遂失三春花，时癸叔有宠瓶花之作，漫拈一解和之。用梦窗西湖寒食韵）等，均可看出胡先骕对周岸登的景仰之情。正是在这两三年间，胡先骕填词近30首，形成了平生仅有的一个词创作高峰期。随着周岸登离赣、胡家出现变故，胡先骕不得不为衣食奔走，渐渐疏远了词创作，“倚声久废，惟把卷遣日，尚时翻宋贤之遗编而已”。平心而论，1931年的胡先骕，无论是作为自然科学家，还是作为旧体词人，其声望均未达到巅峰，反倒是其为旧体文学“奔丧”的名声更大一些。[①] 周岸登自然不必借晚辈的序言以自重，这里更多地流露出他对南昌词缘的留恋，对旧体文学创作复兴的一份努力，是引以为同道的心灵共鸣。胡先骕也一反连年来批驳胡适之文尖锐、犀利、嘲讽杂作的笔调，《蜀雅序》通篇文字平和、静穆而理性，充分体现了对前辈学人的由衷敬意。

此外，还有一个非常重要的旁证材料，应予以注意。《蜀雅》由王易题耑，第二序也是由王易写的，接排在胡序之后，署“丁卯六月南昌王易”，其中有“今二窗将往教厦门，汇刊所谓倚声八稿，嘱余序端”的话。王易（1889—1956），南昌人，与胡先骕同时就读于京师大学堂，为其平生挚友。周岸登莅赣，王易、胡先骕与之唱和甚多，《蜀雅》卷七所录词就是1917年三人唱和的直接成果。1927年，王易执教于南昌心远大学，主词曲学教席，著《词曲史》，请周作序。周序也作于“丁卯六月”，是在他离开南昌的前夕，略云：“南昌王子简庵，十年来倚声挚友也。去年教授心远大学，撰《词曲史》一编，用作教程。”[②] 此书是在周、王二人“闭门论著，数有切磋”的情形下写出来的，其中所表达的词学思想与胡先骕《蜀雅序》的词学倾向契合无间。1964年，胡先骕与词学家龙榆生通信，4月19日致龙榆生信言拟寄周癸叔之《蜀雅》、袁克定词及王易词望予采录，亦请录后原件寄还[③]，颇可见胡先骕对南昌词缘的眷恋。

从周岸登的赠书行为、行年经历、作品编排次序及周、王、胡三人的唱和作品等方面的资料来看，我们可以确信《蜀雅序》必为胡先骕手笔无疑，可补《胡先骕文存》之遗。

二

胡先骕现存的最早词作，作于第一次留美期间。1916年，胡适发表《文学改良刍议》，其中批评胡先骕那首由“一堆陈词滥调”组成的《齐

---

① 胡适《五十年来中国之文学》：“这个‘古文死了两千年’的讣文出去之后，起初大家还不相信；不久，就有人纷纷议论了；不久，就有人号啕痛哭了。那号啕痛哭的人，有些哭过一两场，也就止哀了；有些一头哭，一头痛骂那些发讣文的人，怪他们不应该做这种‘大伤孝子之心’的恶事；有些从外国奔丧回来，虽然素同死者没有太大交情，但他们听见哭声，也忍不住跟着哭一场，听见骂声，也忍不住跟着骂一场。所以这种骂声至今还不曾完全停止。”见胡适：《胡适周作人论中国近世文学》，海南出版社1994年版，第93页。

② 周岸登：《〈词曲史〉序》，王易：《词曲史》，江苏教育出版社2005年版，第3页。

③ 胡先骕致龙榆生书手迹，转引自胡宗刚：《不该遗忘的胡先骕》，长江文艺出版社2005年版，第178页。

天乐·听邻室弹曼陀铃》，就是发表在先前的《留美学生季刊》上的。胡先骕于1916年回国，与王易兄弟、周岸登唱和不绝，居于《忏庵词》之首的《莺啼序》（咏荷用梦窗韵）、第二首《喜迁莺》（题王简庵镂尘词），系题王易词集之作，而《大酺》（舟中呈周癸叔先生）则排在《忏庵词》第三的位置上。这三首词明确昭示了胡先骕渊源于梦窗词、盘桓于友朋之间的词学祈向。胡先骕一方面进行词创作，另一方面又撰写了数篇极具影响力的词学论文，如《评赵尧生〈香宋词〉》、《评朱古微〈彊邨乐府〉》（1922）、《评文芸阁〈云起轩词钞〉王幼遐〈半塘定稿剩稿〉》（1924）等，皆“剖析精微，评骘得当”。经过多年沉潜与积淀，他对词创作的体认已相当深刻，词学观念更加成熟，至1931年作《蜀雅序》，可以说是一个阶段性总结的具体成果。如果我们将这篇《蜀雅序》与其词作、词学论文放在一起进行考察，就可以清楚地看到，他的词学观念是一以贯之的。现从以下三个方面进行考察：

第一，从传统儒家诗学观念出发，推重词的尊体观念，因而在词体重新定位的过程中沾染了“温柔敦厚”的传统诗教观的色彩。胡先骕认为，旧体诗词由四言发展为五七言，最后出现词曲，乃是中国诗歌五千年探索的历史必然，“五言古诗实为吾国高格诗最佳之体裁”，而七言古诗、五七言律绝与词曲为其辅。无论是五七言诗还是词曲，都体现了汉字一字一顿、句法整齐、平仄押韵的特点，反映了汉字的“自然”和诗性的“本能”。更重要的是，词曲系从乐府中衍生而来，在隋唐时期发展成为独立的文体，“尝考风诗雅乐，本出一原，后世莫能兼擅。乐府与诗，遂歧而为二。隋唐嬗衍，倚声代兴”，虽在形式上有所革新，“然不得谓为诗界之革命”，不能将其无限拔高，等同于五四新文化运动层次上的新诗革命绝对不能误以为词曲长短句一如胡适所渲染的那样是“白话再现”，词曲一方面要继承“风诗雅乐”内在精神，另一方面还要严守音律，还原其音乐文体的基本属性，突出其音乐美。其《评朱古微〈彊邨乐府〉》一文推重朱祖谋一生潜研词学、四校梦窗词，精于词律为“有清一代之冠”，就是明证。从词的发展历史来看，词常遭“诗余”、“小道”之类的非议，胡先骕在《评赵尧生〈香宋词〉》中指出，“人每谓词为诗余、雕虫小技之流亚，然技宁有大小？要在人为耳”，因此，要极力提倡词创作主体的“高超卓越之理想、想象与情感”，使词的社会地位和文学表现力得到彻底的改观和提升。词创作应继续发扬先秦诗歌“芳草美人”的寄托思致，“芳草美人之思，本为诗歌一要素”，“自有达之之道，不必取偿于肉体之快感”，如能将个人身世打入时代悲剧之中，“黍离麦秀之慨，悲天悯人之怀，一寓于词”，这样的词人方担当得起“词场屠龙手”之誉，这样的词作才能够真正体现“杜诗韩文”的真意。相对而言，周岸登《王易〈词曲史〉序》将这一“祈向”作了更为“现代”的阐释。他指出，词曲能够在“群言混淆”的当今世界挺立“国学”的声音，引导后来者，臻于“高尚纯洁要眇”的境界，又能以“忠厚恻怛，闳约深美”的体性移人性灵，“涵濡德性，反之于诗教”①。这是在传统文人对于词曲特性的普遍共识的基础上得出的结论，认为可通过体悟旧体诗词触摸到传统文化血脉的悸动，进而涵养德性，体现温柔敦厚的传统诗教观。因此，“感于废学新潮，群言淆乱，深愍晚学无所折衷，将以祈向国学之光大，牖启来者，导之优美高尚纯洁要眇之域焉”的境界，正是胡先骕一生努力不懈的方向，他觉得旧体诗词是他最拿手、最擅长的表情达意的工具之一，是他感觉到真正的文化归属感的“情感渊薮”，这恰是达到“优美高尚纯洁要眇”境界的最佳途径，是实现传统文化传承与再生的根本保证。

第二，天资与际遇的交错，地域性与时代性的融合，是词创作有所成就的关键，风云之气弥漫于词境，突出了词创作的现实取向。胡先骕从词史的高度，提炼出了词创作之所以获得成功、词人之所以有所成就的关键要素：天赋、际遇、大文学传统、师承渊源、地域文学影响、时代风云的际会等，并特别阐述了地域文学传统和个人遭遇的重要作用。在这里，他浓墨重彩地描绘了“蜀本词邦”的地域文学传统。自汉朝开始，“相如、子云导之先路”，司马相如、扬雄以赋名满天下，而唐宋时期“太白、东坡腾其来轸”，李白、苏轼天才踔厉，诗歌成就之高令人难以望其项背，以至“迄于今世，言词赋者，必称蜀彦”。而在词创作的领域，《花间集》作为词体成熟的标志，作为中国词史上第一部真正意义上的文人词集，“岿然为词家星宿海”，垂范后世词家，影响深远。无论是在文学史的纵轴上，还是在诗词文体嬗替的横轴上，蜀地文学的内在精神都贯穿其中、始终如一，究其原因，最重要的是蜀地文人“得山川之助”。“盖其名山大川，郁盘湍激，峰回峡转，亦秀亦雄，清奇瑰伟之气，毓为人灵，有以致之也”，蜀地优美的自然条件无与伦比，也是不可复制的，因而营造了蜀地文学的特殊气质与精神氛围，最后凝定为文学遗传因子，产生了深层次的限定性影响。身为蜀人，周岸登被赋予了这种“亦秀亦雄”的先天禀赋，以此为其词创作的底色，故能开张犀利，对周遭的自然美景会然于心，对自己所处的时代和环境有着高度的敏感与共鸣。胡先骕在《蜀雅

---

① 周岸登：《〈词曲史〉序》，王易：《词曲史》，江苏教育出版社2005年版，第3页。

序》中提出了“古今作家之所成就系于天赋者半，系于其人之身世遭遇者亦半”这一极具兴味的命题，强调了作者与时代的紧密联系。他指出，周岸登以文学家“哀乐过人”的天性遭逢国变，时代风云之气奔来笔端，“客居故都，落落寡合，黍离麦秀之慨，悲天悯人之怀，一寓于词”，气度之弘远时或超越二窗；为西南小吏时一方面盘桓瑰丽山水，深得柳宗元、韦应物澹远醇厚的诗歌灵魂的熏染，另一方面“所遭世难，惝恍诪张之局，有非梦窗、草窗所能比拟者也”；参赣帅幕时“乃益肆志为词”，“所作气格益苍坚，笔力益闳肆，差同杜陵客蜀以后之作”；退居海滨之后，发现国事难为、民生日艰、个人闷遁，种种思绪一齐涌上心头，自觉继承了杜韩传统，“以凄悲为骨”，抒写了时代的悲哀与人生的凄凉，使其词作打上了鲜明的时代烙印。这些都不是周邦彦、吴文英“门户所能限”的。因此，任何作家都不可能完全脱离自己所处的时代，先天地注定了“时代之子”的命运。

第三，推尊二窗，扬榷晚清，标举“雅”、“悲”之美，突显了密切关注时局、心怀民瘼的现实创作观念。众所周知，梦窗崇拜是在晚清才渐成气候的，“梦窗由平行的诸家数中的一家，而迥然拔于诸家之上，吸引了校勘家、注释家、谱牒家和鉴赏家的特别注意，由此导引一时词学潮流”①，形成了清末民初词坛的一般认知与整体氛围，映射在胡先骕心灵深处，产生了极大的回响。而与周岸登、王易论词的经历，促使他更加认同梦窗词和晚清四大家词。这一词学环境便构成了胡先骕词学观念的“预设”性前提，所以，他在《蜀雅序》中回顾了整个词史发展历程并梳理出了“导源碧山，复历稼轩、梦窗，以还于清真之浑化”的词学路向，将梦窗词设置为词史纵横两条轴线上的坐标，突显其三重“角色”：一是遵循南宋雅词派的路线，既可视梦窗词为“词学高标”，学词、品词一以为准，又可将其提升为从王沂孙词入门、最后臻于周邦彦词的境界的过渡航梯和整合要素，从而表现词创作“裔皇典丽”、“隽妙”的美感，自能避免“花间之恶调”、“淫词之俗艳”；二是由于梦窗词与苏辛两派之间在表现对象、风格范型、音律等方面有着极大的分别，可以将其与苏辛词分隔开来，两峰并峙，双水分流，照顾到后学者的实际情况，不盲目追求两种风格的“整合”与“融合”，把词创作实践过程中的“干扰因素”和“迷茫心态”最大限度地降低下来，走上一条相对“纯净”的创作道路；三是更为积极的态度，将梦窗词视为一个融合性的“平台”，熔王、吴、周、苏、

① 彭玉平：《朱祖谋与晚清和民国时期的梦窗词研究》，《词学》第十五辑，华东师范大学出版社2004年版。

辛于一炉，进而自成面目，使得词创作臻于“化境”。显而易见，他试图在这一词学传统下建构“模仿与创造”的互动模式。也正是在这一观念的指导下，他明确表达了对晚清四大词人的服膺，认为晚清四大词人兼善王、吴、辛、苏、周之长，突破藩篱，达到了“杜诗韩文”的极致，如其《评文芸阁〈云起轩词钞〉王幼遐〈半塘定稿剩稿〉》评王鹏运“所治为两宋”，“自南追北，既得梦窗之研炼，复得稼轩之豪纵，工力、才华互相为用”，不屑为侧艳之语；又如《评朱古微〈彊邨乐府〉》评朱祖谋《金缕曲》、《夜飞鹊》诸什“可见其蒿目时艰之忠忱”，《水龙吟》寓“易代之思，悲凄入骨”，“黍离麦秀之感，只以唱叹出之也”。他以同样的口吻肯定了周岸登“感时伤世”的词创作，指出词人“于宋人夙宗梦窗，近贤则私淑彊邨”，迭经国变，“黍离麦秀之慨，悲天悯人之怀，一寓于词，风格则祖述梦窗、草窗，而气度之弘远，时或过之”，最后超越梦窗词。从这个意义上来看，从梦窗词入而又自梦窗词出，将身世遭逢打入词创作，由此臻入杜诗韩文之境，才是他最坚信且最向往的。

胡先骕在其《文学之标准》中列举了“文质之节制”、“情感之中正”、“文形之优美”和“议论之客观”四个标准，这四者互动关系的“度”的精确把握，是考验文学家的“试金石”，也是“欲创造新文学者所宜取法”的。在他看来，周岸登的词作完全符合这一复合型标准，理应得到充分的肯定。我们发现，剔除个人情感不说，他坚持用传统文学的美感特征来观察和评判研究对象，能从词史的宏观高度来对个体词家的创作进行定位，同时又能从西方文学中借鉴新理论、新方法加以灵活运用，而不唯西方理论马首是瞻，体现出相当清醒的历史眼光。然而，他始终未跳出传统的“藩篱”，未能往前再踏出一步。这也正体现了其理想“自限畛域”的文化姿态。

三

胡先骕是在浓郁的传统文化和白璧德新人文主义氛围中成长起来的，文化守成主义的倾向深深沁入了他的每一个毛孔，成为其人格心态的底色，内化为其立身处世的行为准则。他以一种近乎严酷的方式将自己分割成两个自我形象，一个是作为植物学家的自我，一个是作为旧体文学家的自我，前者以纯粹的技术服务社会，后者寄情于旧体诗词。就在他写作《蜀雅序》的1931年，新文化运动已经大获全胜，五四主将竞相欢呼“反对党已经破产了”，但是，他依然故我地延续着这个“过时”的论争，似乎早已预知自己必将受到不公平的待遇，却偏偏旗帜鲜明地表述自己皈依传统文化的“文化遗民”心态以及志在高扬旧体文学的祈向，充分体现出一个文化守成主义者的坚持与理想。这一文学姿态的形成，个中原因很复杂，既有内在的，也有外部的，这里，我们可先从以下三个内部条件来进行观察：

第一，旧式大家族的文化渊源。新建胡氏是一个非常典型的封建官宦家族，胡先骕的曾祖父胡家玉于道光廿一年探花及第，官都察院左都察御史；祖父胡庭凤早死，叔祖胡湘林中二甲第六十一名进士，授翰林编修，后两度署两广总督，辛亥革命之后寓上海，以遗老终；父亲胡承弼，举人出身，官内阁中书。胡先骕四岁入家塾，读四书五经，九岁时父亲亡故，母亲督教极严。他过早地尝尽了人间的辛酸，重复着许多传统文人忠孝传家的心路历程，因而对传统文化有着刻骨铭心的体认。他一辈子谨守传统纲常，没有根本的改变，晚年曾自述道：“我因为出身于官僚地主家庭，封建主义成为我的基本思想，无论如何发展，这是万变不离其宗的。”① 因此，维系传统、光大国学，成为胡先骕一生努力不懈的方向，而旧体诗词作为他最拿手、最擅长的表情达意的工具之一，恰是达到“优美高尚纯洁要眇”境界的最佳途径，寄托着无限幽思，进而在这一弥漫着浓郁传统气息的氛围中孕育真正的文化归属感。

第二，教育经历的特殊性，烙上了深深的保守印记。胡先骕曾短暂入读家塾，但随着学制转型，他系统地接受了新式教育，先后就读于南昌中学、京师大学堂、加利福尼亚大学和哈佛大学，新式的科学教育反而使得他将科技与文化截然分隔开来，在情感层面无条件地倾向于传统文化。终其一生，他都在感念几位传统意义上的老师，如启蒙教师熊子干先生授四书五经、诗词音韵，将他引入了古典文学的殿堂。他更受到时任南昌知府的“同光魁杰”沈曾植的关照，相继荐入南昌中学和京师大学堂。就读于京师大学堂时，几位桐城派末代大师，如林纾、柯劭忞等主文学教席，他在林、柯的指点下赋诗作文，以诗名列“太学十君”。求学哈佛大学时，他接受了白璧德教授的新人文主义思想。他译述《白璧德中西人文教育谈》一文，其中有这样一段话：“中国之人为文艺复兴运动，决不可忽略道德，不可盲从今日欧西流行之学，而提倡伪道德。若信功利主义过深，则中国所得于西方者，止不过打字机、电话、汽车等机器。或且因新式机器之精美，中国人亦以此眼光观察西方之文学，而膜拜卢骚以下之狂徒。

① 胡先骕晚年自述，转引自胡宗刚：《不该遗忘的胡先骕》，长江文艺出版社 2005 年版，第 51 页。

治此病之法在勿冒进步之虚名，而忘却固有之文化，再求进而研究西洋自希腊以来真正之文化，则见此二文化均主人文，不谋而有合，可总称为邃古以来所积累之智慧也。”这可说是胡先骕文化史观的总纲，一生奉行不渝。这几位典型的文化守成主义者，既是他的文学引路人，更是他的精神导师，影响了他的一生。

第三，交游网络的文化指向性。胡先骕交友有两个圈子，一是科学界、教育界同人，一是旧式文人，前者多限于学科研究与教学领域，后者则深入到其精神生活乃至日常生活的层面，进而产生了思想上的共鸣。他对这批旧式文人有着深刻的“同情之了解”，认同清末文人的政治作为与气节，在《评朱古微〈彊邨乐府〉》一文中指出，“清末文人与政局多有密切关系。甲午之役，一时号为清流者，如张佩纶、陈弢庵、文芸阁、张季直辈，皆拥常熟相国为魁，率纷纷主战。戊戌政变，参加者尤夥，谭复生、林墩谷辈至菜市之惨戮，陈伯严、文芸阁则降谪窜逐，郑太夷、严几道亦与之同声气”。这些人多半与胡家有着这样那样的关系，对他产生了极其深刻的影响。他又曾撰专文深入系统地评价了影响自己最深的几位前辈，于诗有沈曾植、陈三立、赵尧生、俞恪士、陈仁先等，于词则有文廷式、王鹏运、朱祖谋、周岸登等，如赞沈曾植为“觥觥维新魁”，认为沈氏维护帝制是基于“爱国与忠君，国俗古如此”的传统，本无可厚非；他又指出陈三立先后赞襄其父陈宝箴、张之洞、刘坤一施行新政，辛亥革命后“绝不以遗老自居”，乃是进步的表现。他还在《与吴宗慈论陈三立传略意见书》中深情地回忆起卢沟桥事变之后谒见陈三立的情景，“先生对于我国抗战，具莫大信心，盖先生平生负豪气，其忠于国家之枕至死不衰有如此者”。显而易见，这是一种充满温情的文化氛围，造就了胡先骕对中国文化的文化认同，守成主义情绪从家学领域漫延至政治、思想、学术、文学、人物品评等层面，由仰慕现实政治人物的风骨，生发出弥漫历史天际的万千感慨。他终生都在感念这些文化守成主义的代表人物，在这些人物身上更多地看到了思想巨人的精神投影和人格感召力，更映射出对于传统文化日渐沦亡的焦虑与伤悼。他将旧体文学视为中国文化的命脉、中国传统的“根柢”，加以热情的讴歌，以此发扬光大国学的“祈向”。

与此同时，五四新文化运动的历史语境从反方向刺激了胡先骕的道德情感。就在五四运动风起云涌之时，他积极应对胡适的挑战，这就非常自然地建构了他所思考词学问题的时代主题，逐步形成并完善了较为系统的文学观念，进而将这一观念渗透、落实到具体的词学活动之中，直接回应了五四新诗探索者所提出的种种问题，尖锐地批判了胡适词学观念的偏激与不足。这应视为理解《蜀雅序》的情感底色和理论倾向最关键的切入点。

胡适以“八不主义”和白话文学史观为前提，构拟了一个新的词学体系，其中有几点是专门与传统词学“唱反调”的，令胡先骕深感不安。首先，胡适认为白话文学（或曰“活文学”、“平民文学”）古已有之，“白话的文学种子”伏于唐宋“小诗短词”之中，白话词便成了白话文学发展及白话文学史建构的重要资源。他在《留学日记》写到，李后主、黄庭坚、向镐、辛弃疾等人的近乎白话的词作恰是“活文学之样本”，代表了白话文学史第三期的成就。其次，胡适依据自己设计的文学新方式出自民间→文人参与→文人创作“匠人化”这个“逃不了”的运动模型，将整个词史的发展建构为“三步曲”：“第一时期：自晚唐到元初（850—1250），为词的自然演变时期；第二时期：自元到明清之际（1250—1650），为曲子时期；第三时期：自清初到今日（1650—1900），为模仿填词的时期”，创作主体亦随之划分为“歌者”、“诗人”和“词匠”，他还对早期的民间词、白话词予以高度肯定。最后，胡适将苏辛词推尊为词的巅峰，认为苏辛词最鲜明的特点就在于创作范围的极度扩张与语言近乎白话的“自然”，这就使得他与当时词坛崇尚梦窗词的风气拉开了距离。他抨击南宋雅词“往往因音节而牺牲内容”，“至多不过是晦涩的灯谜，没有文学的价值”，以晚清四大词人为代表的“这五十年的词”“都中了梦窗派的毒”，“没有情感，没有意境，只在套语和古典中讨生活”，“很少有价值的”，完全可以不予“讨论”。①

对此，胡先骕直斥胡适“于诗所造甚浅”，“本未升堂，不知名家精粹之所在”，只知拾掇“一般欧美所谓新诗人之唾余”，谈的都是“肤浅之改革”，“八不主义”、“白话文运动”仅触及“作诗之方法”，“不得谓为精神”，“但知诗面而不知诗骨”，因而“大有可讨论之处”。胡先骕撰《评〈尝试集〉》对胡适的《尝试集》进行了“肢解”式的剖析，以系统批判新诗尝试理论的缺失和实践的苍白：《尝试集》不过是一个172页的“小册子”，自序、他序和目录已占去44页，旧式诗词复占去50页，在所余78页中，“似诗非诗、似词非词之新体诗”须复除去44首，“至胡君自序中所承认为真正之白话新诗者，仅有14篇。而其中《老洛伯》、《关不住了》、《希望》三诗尚为翻译之作。真正成为新诗的只有13首”，集中“最佳”的《新婚杂诗》、《十二月一日奔丧到家》在题目上“易于有真挚之

---

① 胡适：《五十年来中国之文学》，《胡适周作人论中国近世文学》，海南出版社1994年版，第21页。

语”，但“尚微嫌纤”、“尚微嫌不深切”，《送叔永回四川》“佳处在描写景物与运用词曲之声调”，短处则在“无真挚之语”，其余诗作都逃不了这样那样的讥讽，如《人力车夫》的“枯燥无味之教训主义”、《一颗遭劫的星》的“肤浅之象征主义”、《蔚蓝的天上》的“肉体之印象主义”、《一笑》的“纤巧之浪漫主义”和《我的儿子》的“无谓之理论”。如此微薄的成就怎能打倒黄鹤楼、踢翻鹦鹉洲呢？又怎能“上追李、杜，远拟莎士比亚、弥尔敦”呢？

在他看来，“文白之争”以及由此产生的“活文学”与“死文学”之嬗替，都是伪命题。旧体诗词之不易被打倒，自有其理由，那就是文学之美在于“以中正之态度，以平情之议论”，可为“人生之师法”，而非语言工具本身。他运用比较文学的方法，将中国的五七言诗比作西方的 meter 诗，关于此类诗体，华兹华斯、柯勒律治、德莱登、德昆西、爱伦·坡等西方诗学巨擘都有“诗与文之别，即在整齐之句法与叶韵”、“整齐之句法，可辅助思想之表现”、“若使诗之媒介物，完全与普通言语之用法同，则不成为诗”一类论述，由此可见，“古往今来大诗人大批评家”“靡不以整齐之句法为诗所不能阙之性质”，与中国旧体诗词一样是起“增加诗之美感”的作用的。胡适仅以“俗话”、“明白如话”、“干干净净没有堆砌涂饰的话”这三点来界定白话文学，说明他根本不了解汉字特征，更漠视汉语的特殊美感，漠视声调、音韵和格律对诗歌音乐美的重要性。

胡先骕觉得，既然语言不是诗歌改良的根本问题，那么，讨论就应被拉回到文学的起点即“诗之精神”本身。他认为，文学可以表现闲情雅致，更应表现“高超卓越之理想、想象与情感”，以求“修养精神、增进人格之能力”，培养一种优美的、有自制力的、中庸的君子风范。反观“今日”文坛，却存在着两种“不良”倾向，一为“崇尚功利主义之习”，“近日之新文化运动者，虽自命提倡艺术哲学，骤视之，似为今日功利主义之针砭，实则同为鄙弃节制的道德之运动”，直接导致“吾国固有文化今日之濒于破产”，“将有最后灭于西方文化之恶果”；二为“卢梭以还之浪漫主义”，一味废弃文学规律，“全任感情之冲动”驱使文笔，以同情心取代道德尺度，“不求中庸节制之训练”，以致文坛弥漫着“人性之恶”。他认同白璧德的观念，“中国之人为文艺复兴运动，决不可忽略道德，不可盲从今日欧西流行之学，而提倡伪道德”，要杜绝功利主义，“勿冒进步之虚名，而忘却固有之文化”。他指出，文学表现不能跨出这一步，要立足于古典诗词的抒情范式，“运灵奇之笔，刻画山水，备极隽妙”，“歌咏其诙丽瑰奇之山川风物”，“黍离麦秀之慨，悲天悯人之怀，一寓于词”，立象言志，修辞立诚。他批评胡适新诗“尚感情而轻智慧”，追求感觉上的美感，除与肉体有密切关系之外，都没有精神上之“独立之美感”。他在《蜀雅序》中重新把词创作纳入传统词学的范畴，并将其提升到了杜诗韩文的高度，“取径少陵，发扬忠爱”，强调时代风云之气对于词创作的内在规范性影响，强调词创作的“词史”性质，集中体现了传统士大夫文人“民物胞与”的精神追求和“温柔敦厚”的诗教观念。

基于这一认识，胡先骕循着晚清民初词坛梦窗崇拜的习气，尊奉南宋雅词派及晚清四大词人，从继承与创造的辩证关系出发，强调传统词学的线性传承谱系，建构以雅词为核心的中国词史的骨骼与脉络，极力反对胡适所建构的白话词史。他在《评〈尝试集〉》中系统地论述了模仿在个人成长与发展过程中的“预设”作用，认为任何个人都是在前人所创造的思想、文化、文学环境中成长起来的，一则能培养相应的技巧，二则能接受其理论，三则能“领略其佳处”，就像是亚里士多德所说的“模仿艺术”那样，既模仿天然景物，又模仿“事实上之人情”，更模仿“理想上可能之最高格之人情”，从而塑造出词人的人格模式和审美范式。但“模仿既久，渐有独立之能力”，模仿有着“自异于古人”的创造力，这一能力养成的表现主要体现在以下四个方面：一是“兼揽众长”，二是另辟意境，三是“发扬光大古人之一长”，四是将现代文人、科技知识导入诗作，虽然体裁模仿古人，实质上却有着明显的区别。因此，只有正视基本史实，从文学现象入手，才能真正明白文学创作继承与超越的辩证关系，建构真正符合历史真貌的词史，穷尽“正变之理”。如此看来，胡适所构拟的白话词在中国文学史上的“正宗地位”以及对梦窗词的攻击，反而显得缺乏生动活泼的成功例证和足够的历史依据了。

胡适与胡先骕在美国接受新式教育的同时都受到了欧美最新诗潮——“意象主义”的熏染，但胡适过于激进，注重“历史”的解析，导致了“诗性”的全面缺失，而胡先骕止步于传统诗教观，囿于“执古”的守望，未能把西方的新理论运用于文学的转型，五四诗歌建设与英美诗歌新潮擦肩而过，留下了历史的遗憾。二胡文学观念的不完备和文化情感的偏差，是那个时代极其典型的表征，也正是时代的局限性部分导致了五四先驱努力耕耘诗歌、小说却收获散文的尴尬。孙绍振在《“五四新诗”：胡适与胡先骕》中作了这样一个评价：“胡先骕反对五四新诗的立场，在根本方向上肯定是错误的，但是，他的错误不是一般粗浅的谬误，而是一种深刻的错误，有时，深刻的错误比之肤浅的正确有价值得多。”① 显而易见，胡先骕对传统的坚持、对旧体诗词“神髓”的领悟、对旧体诗词的生命力的深信不疑，正是其“深刻”且“有价值”的地方，却也不免流露出了些许“堂吉诃德”式的悲凉。也正是基于这一观察，我们对沈卫威关于胡先骕1922年以后转向情绪化一途的论断也是有所保留的。②

参考文献：

［1］张大为等：《胡先骕文存》，江西高校出版社1995年版。

［2］胡宗刚：《不该遗忘的胡先骕》，长江文艺出版社2005年版。

［3］沈卫威：《回眸“学衡派”——文化保守主义的现代命运》，人民文学出版社1999年版。

［4］谢桃坊：《中国词学史》，巴蜀书社2002年版。

［5］曹辛华：《20世纪中国古代文学研究·词学卷》，东方出版中心2006年版。

作者简介：闵定庆，1964— ，江西人，华南师范大学教授，近代文学教研室主任。

① 孙绍振：《“五四新诗”：胡适与胡先骕》，《江苏行政学院学报》2002年第1期。

② 沈卫威：《回眸“学衡派”——文化保守主义的现代命运》：“事实上，胡先骕的文学观念有一个变化的历史脉络，即1922年前后的不同。1922年，他高举反对新文化的保守的旗帜，文学思想有意与《学衡》同人的整体倾向趋同，在批评新文化运动的文章中，多了些有意识的偏至和情感上的成分……但1922年以后的言辞，便有了明显的偏颇和有意识的守旧，对欧美近代文学几乎全盘否定。”见《回眸“学衡派”——文化保守主义的现代命运》，人民文学出版社1999年版，第184页。

中国古典诗歌风神论

马茂军

［摘　要］作为七子派殿军的胡应麟，在继承前辈格律声色理论的基础上，提出了诗歌风神理论。风神论的理论内涵包括对才情、气象、神情的重视，既是高华的风格、朗畅的风貌，同时还是率意的抒写与含蓄蕴藉的表达的统一体。风神论是七子派最大的理论创新，它与清人的神韵说代表了两个时代的审美精神，且截然不同，它揭开了中国古典诗歌理论史上新的一章。

［关键词］盛唐风神；盛唐气象；含蓄蕴藉；主体精神

随着明代浪漫主义运动的深入发展，明代诗论家胡应麟提出了具有划时代意义的诗歌风神理论。对风神理论，学界研究较少，认识模糊不清，当下的一些论作往往将风神论等同于神韵说，甚至有人认为风神论只是神韵说的一个发展阶段，不能理解风神论的深刻理论价值。① 笔者认为拟人化的诗歌风神论表现了对人的主体精神和情感的崇尚，对个性和个体生命力的弘扬。它是尊唐派标举盛唐诗歌之美的核心概念，是中国古典诗论中比风骨、意境等概念更具审美创造力、更有现代指向性的范畴。它揭开了中国古典诗歌理论史上新的一章。

一、风神论的理论源头——魏晋时期人的主体精神的觉醒

风神一词，与韵味说、境界说等中国古典诗论其他重要范畴不同的是它拟人化的批评方式源于人物批评。以风神批评人物，最早见于《宋书·后废帝纪》，宋明恭皇后《斥后废帝令》："骠骑大将军安成王体自太宗，天挺淹睿，风神凝远，德映在天。"值得注意的是，这并非是品评一位文人，而是评论一位将要君临天下的人物，它强调的是一种禀赋、一种涵蕴，并由此而表现的外在风貌。《宋书》是梁代文人沈约所作，实际上，以风神品评人物是南北朝时期的一种风气。《晋书》中对许多人物的批评

① 孙绍振：《给艺术革新更加自由的空气》，《诗刊》1980 年第 9 期，第 50、51 页；《诗的想象》，《文学评论》1983 年第 5 期，第 89 页。

都使用到了这一概念。《晋书》卷三十五："裴楷风神高迈，容仪俊爽，博涉群书，特精理义，时人谓之玉人。"裴楷之子裴攒"风神高迈，见者皆敬之"。《晋书》卷七十九：谢安"风神秀彻"。《晋书》卷八十三：王恭"风神简贵"，桓玄"风神疏朗"。在晋宋之际的人物评论中，风神往往表示内在精神与外在仪容的统一之美。魏晋时期是道家思想、道家美学对儒家的颠覆时期，这里的风神不是一种道德评判，而是一种审美评判，是人的精神美、体态美、姿容美的发现与审美，风神说到底是魏晋名士的精神美与神采美，风神是魏晋名士的审美典范。

对人物风神的重视是魏晋人性觉醒的重要表现，也是生命意识高涨的体现。风神这一人物审美范畴在唐代被借鉴到书法和诗歌评论中。风神作为评论人物的用语，进而运用到评论以人物画为中心的绘画中、运用到评论反映出人品的书法中，则是自然而且顺理成章的事了。唐代孙过庭《书谱》"然后凝之以风神，温之以妍润"，强调书法之美不仅在于形式，更在于凝聚了一种精神之美，传达了一种精神风貌。在风神艺术理论的发展史上，宋代姜夔具有重要的地位，姜夔的《续书谱》专门有"风神"一章。"风神者，一须人品高，二须师法高，三须纸笔佳，四须险劲，五须高明，六须润泽，七须向背得宜，八须时出新意，则自然长者如秀整之士，短者如精悍之徒，瘦者如山泽之臞，肥者如贵游之子，劲者如武夫，媚者如美女，欹斜如醉仙，端楷如贤士。"姜夔的风神论体现了宋代美学特点之一是人品高，不过我们也看到了他的世俗情怀，而更多的则是文人意趣，尤其是一个江湖文士，一个纯粹艺术家的文人意味和美学追求。

二、诗歌批评中的风神论

明代浪漫主义运动中关于人性解放的理论，带动了小说理论中对故事、情节、思想、主题之外的人物形象的分析理论。与李贽同时或稍后的叶昼，评论《水浒传》①，第三回回评，"描画鲁智深，千古若活，真是传神写照妙手。且《水浒传》文字妙绝千古，全在同而不同处有辨"。叶昼的小说批评强调传神，传人物神采。

散文理论中，茅坤直接抬出风神论评价散文。茅坤《唐宋八大家文钞》卷九十二《临川文钞》评《给事中孔公墓志铭》："荆公第一首志铭，

① "当温陵焚、藏书盛行时，坊间种种借温陵之名以行者，如《四书》第一评，第二评，《水浒传》、《琵琶》、《拜月》诸评，皆出文通手。"见周亮工：《因树屋书影》卷一，四库全书本。

须看他顿挫纡徐，往往叙事中伏议论，风神萧飒处。”① 后来归有光、茅坤、何焯也大量以风神评论散文。如“风神机轴，逼真太史公”，为归有光《欧阳文忠公文选》卷五《唐书兵志论》评语。桐城派、林纾、陈衍等人对散文理论中的风神论进行了阐释和发展，形成了一套完整的风神理论体系，成为中国古典散文美学的核心理论。风神被用得较多的是六一风神，但也有论者所言风神特指欧阳修的散文风格，此外还有司马迁、王安石、苏洵、苏轼、曾巩、归有光等皆被评为有风神。茅坤《唐宋八大家文钞》卷九十二《临川文钞》评王安石《给事中孔公墓志铭》“往往叙事中伏议论，风神萧飒处”；《唐宋八大家文钞》卷一百〇九《老泉文钞》评苏洵《上欧阳内翰书》“何等意气，何等风神”；《唐宋八大家文钞》卷一百四十《东坡文钞》评苏轼文“而风神也自典刑”。

最早将风神引入诗歌评论的是韩愈《酬裴十六功曹巡府西驿途中见寄》：“遗我行旅诗，轩轩见风神。譬如黄金盘，照耀荆璞真。”该诗中见出诗人强烈的精神风貌，它既是评诗又有评人的成分。明代胡应麟等人在提倡个性解放的浪漫思潮影响下，大力章举风神理论，将中国古代诗歌理论提高到一个新的层次、新的境界。在这种重传神、重人物、重人物形象与精神个性的大理论环境下，诗歌风神论的出现成了水到渠成的事。

风神论解决了诗歌要不要塑造人物形象，要不要传达诗人主体精神，以及如何传达诗人主体精神的诗学命题，在中国古代诗学史上具有重大的理论价值。

三、风神论的理论内涵

1. 才情、个性之美

胡应麟的风神论受明代浪漫主义个性解放思潮影响，重视人、关注人，从儒家伦理政教本位回归到世俗人的本位，将诗人的才情韵度、精神风韵提升到审美之本体的地位。胡应麟《少室山房笔丛》卷二十五有：“琵琶……后世徒据纸上以文义摸索之，不几于齐东下里乎。西厢虽饶本色，才情逸发处，自是卢骆艳歌、温韦丽句……西厢主韵度风神，太白之诗也。琵琶主名理伦教，少陵之作也。”② 认为西厢的本色在于韵度风神，而这种韵度风神正如李白之诗，在于才情逸发处。

① 茅坤：《唐宋八大家文钞》卷九十二《临川文钞》评《给事中孔公墓志铭》，四库全书本。

② 胡应麟：《少室山房笔丛》卷二十五，四库全书本。

在胡应麟看来："初唐七言古以才藻胜，盛唐以风神胜，李杜以气概胜，而才藻风神称之，又加以变化灵异，故遂为大家。"(《唐音癸签》卷九）以才藻概括初唐之美，以风神概括盛唐之美，盛唐之美既包括才藻又包括主体风神之美。

胡氏风神论对才性韵度的重视，其源头发端于魏晋之人性觉醒，以及魏晋作家对个体才情气质的弘扬。曹丕《典论·论文》"文以气为主，气之清浊有体"，"徐斡时有齐气"，"孔融体气高妙"，"公干有逸气"。这种才情说又影响了刘勰《文心雕龙》的风骨说，其《体性篇》"然才有庸隽，气有刚柔，学有浅深，习有雅郑，各书成心，其异如面"。而风神之风即可释为气，《广雅·释言》："风，气也。"《庄子·齐物论》："大快噫气，其名为风。"唐代古文运动领袖韩愈的"文以气为主"，也是直承了魏晋的才气说，并且进而以风神论诗。曹丕、刘勰鼓吹气之清浊不同的结果是才情的不同，导致了徐、孔、干风格的各具特色。刘勰的《文心雕龙·体性篇》强调了体性不同，"各师成心，其异如面"。姜夔《风神》说更言"则自然长者如秀整之士，短者如精悍之徒，瘦者如山泽之矍，肥者如贵游之子，劲者如武夫，媚者如美女，欹斜如醉仙，端楷如贤士"。各有各的风神，而不是千人一面的风神。

所以，孟浩然有孟浩然的风神，"格韵双绝"；王维有王维之风神，"摩诘之风神"；李白有李白的风神，"风神气概"；杜甫有杜甫的风神，它是和悲凉激壮的气骨联系在一起的。《御选唐宋诗醇》卷十六《西山三首》"仇兆鳌曰：公抱忧国之怀，筹时之略，而又荐逢乱离，故在梓阆间，有感于朝事边防，凡见诸诗歌者，多悲凉激壮之语，而各篇精神焕发，气骨风神并臻其极，熟复长吟，知为千古绝唱也"。《御选唐宋诗醇》卷七评李白《秋登宣城谢脁北楼》"风神散朗，五六写出秋意郁然苍秀"，李白风神散朗，杜甫则气象激越，有"气骨风神"，有一种令人自失的气度。评杜甫《奉赠韦左丞丈二十二韵》"此篇起语兀傲，甚愧丈人原二句叠语，归题别有风神"，这首诗带有自传性质，足见杜甫风神。"杜'吴楚东南坼，乾坤日夜浮'，气象过之，'弓抱关西月，旗翻渭北风'，嘉州壮语也；杜'北风随爽气，南斗避文星'，风神过之，读唐诗诸家至杜辄令人自失。"(《历代诗话》卷四十一）

又以"王李之风神"概括李白、王昌龄的风神韵姿。"李词气飞扬，不若王之自在，然照乘之珠，不以光芒杀直；王句格舒缓，不若李之自然；然连城之璧，不以追琢减称。""李白故极自然，王亦和婉中浑成，尽谢炉钟之迹；王作故极自在，李亦飘翔中闲雅，绝无叫噪之风，故难优劣。然李词或太露，王语或太流，亦不得护其短也。”[1]（《诗薮内编》卷六绝句）“太白《长门怨》，江宁《西宫曲》，李则意尽语中，王则意在言外。然二诗各有至处，不可执泥一端。大概李写景入神，王言情造极。王宫词乐府，李不能为；李览胜纪行，王不能作。”（《诗薮内编》卷六绝句）

唐宋诗之别在于唐人各有风神，千人千面，个性张扬；宋诗讲宗派、法度、章法、形成模式，千人一面，所以风神顿减。

2. 盛唐气象之美

明人强调诗必盛唐，盛唐风神的基本底色就是盛唐气象。在胡应麟心目中，初唐人物气象局促，盛唐人物气象恢宏，具有从容自由之风度，即所谓全盛风流。就初、盛唐过渡期二张而言：“二张五言律，大概相似。于沈宋陈杜景物藻绘中，稍加以情致，剂以清空。学者间参，则无冗杂之嫌，有隽永之味。然气象便觉少隘，骨体便觉稍卑。品望之雌，识此故耶?”（《诗薮内编》卷四）胡氏认为诗歌到二张仍未能入盛唐，主要是气象狭隘。

盛唐气象万千，中晚唐则气象衰飒。“（短歌）但盛唐前，语虽平易，而气象雍容，中唐后，语渐精工，而气象促迫，不可不知。”（《诗薮内编》卷三）盛唐语虽平易，而气象雍容；中唐后，语渐精工，而气象促迫，无盛唐气象。“盛唐气象浑成，神韵标举，时有太实太繁处。中唐淘洗清空，写送浏亮，七言律至是，殆于无可指摘，而体格渐卑，气韵日薄，衰态毕露矣。”（《诗薮内编》卷五）盛唐虽时有太实太繁的毛病，但是气象浑成，神韵标举。中唐虽然淘洗清空，而体格渐卑，气韵日薄，是时代气运使然。“唐人之诗虽主乎情，而盛衰则在气韵。如中唐律诗，晚唐绝句，也未尝无情，而终不得与初盛相较，正是其气韵衰飒耳。”（许学夷《诗源辨体》卷三十二）。这里第一次提出了盛唐气象的问题，过去很多论者以为盛唐气象是林庚先生的提法，其实是明人的理论。在大明文人眼中，盛唐气象不仅仅是情的问题，而且关乎气，即气势、气度、气韵、气概、气骨，所谓文以气为主。

王世贞《石羊生传》评价他的学生胡应麟说：“元瑞诗才高气雅。”《明诗综》也说：“王元美云元瑞才高而气充，象必意副，情必流畅。”可见胡应麟本人在理论、实践两方面都崇尚气势，虽然他也主张“气雄调逸”。

盛唐风神主要是时代的原因，离开那个盛唐时代，便学习不来盛唐气

---

① 胡应麟：《诗薮》，上海古籍出版社1979年版，第118页。

象了。就宋人而言："宋人学杜得其骨，不得其肉；得其气，不得其韵；得其意，不得其象，至声与色并亡矣。如无已《哭司马相公》三首，其瘦劲精深，亦皆得之百炼，而神韵遂无毫厘。"（《诗薮内编》卷四）"初唐七言古以才藻胜，盛唐以风神胜，李杜以气概胜，而才藻风神称之，加以变化灵异，遂为大家。宋人非无气概，元人非无才藻，而变化风神，邈不复睹，固时代之盛衰，亦人事之工拙耶！"（《诗薮内编》卷三）宋人虽有气概，元人也有才藻，时代之盛衰，盛唐风神不再。风神在乎时代、人事，哪怕是大家苏轼之学唐也不脱宋气，"苏子瞻《定慧寺海棠》、郭功父《金山行》等篇，亦尚有佳处，而不能尽脱宋气。欧学韩，黄学杜，用力愈多，去道愈远"。（《诗薮内编》卷三）宋气与唐气截然不同，唐气是豪迈情怀，宋气是理性精神；一张扬，一收敛；唐气是诗人之气，宋气是腐儒之气。虽欧、黄辈大家也无能如何。

3. 风神朗畅之美

风神借自绘画理论中的造型艺术，造型艺术直接塑造人物形象，最高境界是传达人物精神。明代诗歌风神论则进一步要求传达一种具有盛唐气象的主体精神之美，要求传达出人物朗畅俊爽的精神风貌："汉祖大风雄丽宏远，鸿鹄恻怆悲哀。魏武沉深古朴，骨力难侔。唐文绮绘精工，风神独畅"。（《诗薮内编》卷二）"康乐风神华畅，似得天授，而骈丽已极。至于玄晖，古意尽矣。"（《诗薮内编》卷二）风神是对人物精神面貌朗畅、华畅、阳光的要求，要求塑造的人物形象鲜明、突出。

胡应麟有时干脆用丰神指代风神，表达对精神焕发的精神境界的推崇："延之与灵运齐名，才藻可耳。至于丰神，皆出诸谢下何论康乐。"（《诗薮外编》卷一）"六朝歌行可入唐者，卢思道《从军行》、薛道衡《豫章行》，音响格调，咸自停匀，体气丰神，尤为焕发。"（《诗薮内编》卷三）丰神，其字面意思就是多神、神足。卢、薛歌行多神采、多精神，故曰风神焕发。丰神要求诗歌能够传达出充裕的人物主体精神之美。

"盛唐继起，孟浩然、王维、储光羲、常建、韦应物，本曲江之清澹，而益以风神者也。"（《诗薮内编》卷二）曲江本身有点古拙，清淡是偏于玄远清淡的神韵，而耽于世俗享受的唐人、明人喜爱富于情致的风神，故盛唐诸子益追求张扬个性的风神，与宋清理学家暗淡、枯槁、内敛的精神世界（神韵）是相对的。

"（杜排律）诸作，格调精严，体骨匀称，每读一篇，无论其人履历，咸若指掌，且形神意气，踊跃毫楮。"（指赠李白、汝阳、可舒，见素诸作）唐诗写人传神，塑造人物形象，能够写出人物的形神意气，人物形象仿佛踊跃毫楮。从人物主体精神而言，风神论就是性灵说；但是从鉴赏论来说，风神论强调诗歌传达出人物内在精神与外在神采之美的统一，无疑比性灵说更高一筹。

胡应麟风神论的一个重要特点是不仅适合抒情诗，而且适合写景诗。就状物而言，风神则是传风物慷慨之神。“悲哉秋之为气也，憭慄兮若远行，登山临水兮送将归”（《诗薮内编》卷一），摹写秋意入神，皆千古言秋之祖。《唐音癸签》卷九：“唐人于良史诗风兼残雪起，河带断冰流，古今绝唱也，今人酷尚标格，步趋盛唐，此等句绝不复睹。然此句虽极精工而风神遒朗，气骨雄厚，不失开元。晚唐兼有此精工而神气委弱。”极精工而风神遒朗，气骨雄厚，是一种很阳刚的美。“风兼残雪起，河带断冰流”，状物极精工，传尽风雪、冰河的神气气骨。又评杜甫《赠花卿》“绝句独主风神，此则音韵铿然矣”；“仇兆鳌曰：风华流丽，顿挫抑扬，虽太白、少伯无以过”。杜甫写曲全从传神写起，完全脱略于音乐的声响，故曰独主风神而太白、少伯无以过。风神论的慷慨激越之景与神韵论的清空缥缈之景有天壤之别。

4. **盛唐高华之美**

从审美风格、修辞才藻来看，与盛唐气象对应，盛唐风神论提倡一种气象万千、风华绝代的盛唐高华之美。“唐人澹名者，张、王、韦、孟四家。今读其诗，曷尝脱弃景物？孟如‘日休采摭’之语，备极风华；曲江排律，绮绘有余；王韦五言，秀丽可挹。盖富硕则格调易高，清空则体气易弱。至于终篇洗削，尤不易言。（唯杜甫能如此）第肉少骨多，意深韵浅，故与唐盛稍别。”（《诗薮内编》卷四）胡应麟的盛唐风神是高华、多肉、富硕，即使是清淡的山水田园诗派，他也强调华丽、风华的美。因为唐人偏爱浓墨重彩、富庶华丽之才藻美。“读盛唐时排律，延清、摩诘等作，真如入万花春谷，光景烂漫，令人应接不暇，赏玩忘归。”（《诗薮内编》卷四）盛唐是如入万花春谷，光景烂漫，是令人应接不暇，赏玩忘归的高华气象、富贵气象。盛唐人物青春浪漫、热情洋溢，具有执著的热爱才藻华美的禀赋。

中唐以后则气骨顿衰，高华尽失。“唐大历后……钱、刘以降，篇什虽盛，气骨顿衰，景象既殊，音节也寡 。”（《诗薮内编》卷四）中唐气骨景象顿衰。“七言律滥觞沈、宋。其时远袭六朝，近沿四杰，故体裁明密，声调高华，而神情兴会，缛而未畅。《卢家少妇》，体格丰神，良称独步。惜颔颇偏枯，结非本色。”（《诗薮内编》卷五）初唐神情兴会，体格丰神具备，但是欠丰满肥美。“杨《浑天》模仿《三都》、卢《王悲》趋步

《九辨》，近体气骨有余，风华末极。”（《诗薮内编》卷五）批评初唐风华不足，提倡气骨风华并举。“盛唐排律，杜外，右丞为冠，太白次之，常侍篇什空澹，不及王、李之秀丽豪爽。”（《诗薮内编》卷四）胡应麟认为高适篇什空澹，不及王、李之秀丽豪爽，表现了其尚秀丽豪爽，不尚空澹（神韵）的审美倾向。“襄阳时得大篇，清空雅淡，逸趣翩翩。然自是孟一家，学之必无精彩。”（《诗薮内编》卷四）胡应麟推崇王、李之风流俊爽，不十分推崇孟浩然的清淡、清空之美（神韵），认为学孟必无精彩。“（七言律之难）思欲深厚有余，而不可失之晦，情欲缠绵不迫，而不可失之流。肉不可使胜骨，而骨又不可太露，词不可使胜气，而气不可太扬。”（《诗薮内编》卷五）推崇明亮丰满之美，提倡思与情、深厚与缠绵、肉与骨、词与气的统一之美。胡应麟提倡气雄调逸之美，推崇盛唐富贵高华的盛世风尚，对清空、清淡一派有所保留。

5. 人物神情、情致之美

风神的风，本有情的含义，所谓“深乎风者，述情必显”。风神论本来是风神并举的，为了强调情感，胡应麟特别拈出“神情”一词指代风神。“唐七言歌行……太白、少陵，大而化矣，能事毕矣。降而钱、刘，神情未远，气骨顿衰。”（《诗薮内编》卷三）认为神情要有远意，气骨要昂扬。“盖歌行不难于师匠，而难于赋授；不难于挥洒，而难于蕴藉；不难于气概，而难于神情。”（《诗薮内编》卷三）神情难于气概，蕴藉难以挥洒。“（杨巨源）此君中唐格调最高，神情少减耳。”（《诗薮内编》卷四格调）神情高于格调。“盖齐梁代降，沿袭绮靡，非大有神情，胡能荡涤。”（《诗薮内编》卷四）唯有大神情能够涤荡六朝绮靡柔弱之风气。师匠学形，赋授传神，气概气骨是外在的，而风神是神与情的奇妙合一体。魏晋强调精神，唐、明强调俗世的大有神情，有精神、意态，又有表情，是比较具象化、比较兴象的诉求。

生于重情的明代的胡应麟特别强调真情。“《紫玉》一歌，实开后世情感之祖。”（《诗薮外编》卷一）“平子《四愁》，优柔婉丽，百代情语，独畅此篇。”（《诗薮外编》卷二）“《大风》千秋气概之祖，《秋风》百代情致之宗。”（《诗薮外编》卷三）“（汉代）即李、枚数子，亦真写胸臆而已，而未尝以诗人自命也。”（《诗薮外编》卷一）

神情是情感处理和情感表现的艺术，是传神与传情，胡应麟强调委婉的抒情，强调情致。“桃叶答大气《团扇》四章，甚足情致。”（《诗薮外编》卷一）“六朝小诗，有‘罗敷初总角，蕙芳亦娇小。月落始妇船，春眠恒著晓’，情致婉约可爱。”（《诗薮外编》卷一）“杜牧‘江涵秋影雁初飞，与客携壶上翠微’，虽意稍疏野，亦自一种风致。”（《诗薮内编》卷五）“然律以盛唐，则气骨有余，风韵少乏。”（《诗薮内编》卷五）情致就是一种含蓄蕴藉的神情。

6. **风神是率意抒写与婉曲蕴藉的统一**

风神美虽然是率意的抒写，却不同于风骨的直露筋骨美，它是真性情、真精神的婉曲表达。明人非常推崇汉魏古诗直抒胸臆、风神超迈之美，《明文海》卷二百十六沈恺《六朝诗序》叙曰：“汉之苏李，因心师古，独超玄乘，故其为诗，辞质而腴，兴近而远，虽慷慨激烈，犹有三百篇之遗。魏则直举胸臆，闲旷清适，虽存之隐冥而风神犹振。”①《明文海》卷一百六十彭辂《与友人论诗书》曰：“夫六朝虽曰绮丽，而阴何庾薛十数公传而弥永者，其风神高俊，不专雕镂句字之末，故古法废而古意存。”格调是古法，风神是古意。“……盛唐浑脱变化，不相沿袭，赋其所见，物无遁形，意未到而词已属，不暇凿元始之窍也，虽风神稍刊而兴象攸寄，中唐有弗逮焉。”② 崇尚不专雕琢，直赋所见。《明文海》卷二百六十九程嘉燧《唐叔达咏物诗序》曰：“至于偶然游戏之作，一何其健而富，率而工也，诗皆放笔而成，语不加点，故风神跌宕，思致飚涌，势不可御乃其体物多变，用事无迹，窈眇浩瀚。”③ 强调风神率意而工、放笔而成、语不加点、无意为文的特点。

胡应麟以为唐诗，尤其是绝句最具语直意深、语近意远的风神。“盛唐绝句兴象玲珑、句音深婉、无工可见、无迹可寻，中唐遽减风神，晚唐太露筋骨。”（《唐音癸签》卷十）胡氏对风神的解释是不能太露筋骨，应该“绝句兴象玲珑、句音深婉、无工可见、无迹可寻”。明代李梦阳《空同集》卷四十九《浩然堂记》“几微则风神，风神则沨沨”，形容乐声舒徐婉转。《御选唐宋诗醇》卷十五评杜甫《和裴迪登蜀州东亭送客逢早梅相忆见寄》“幽情婉调，别有风神”，“黄生曰，此诗直而实曲，朴而实秀，暗映早梅，婉折如意，往复尽情，笔力横绝千古”。因为幽情婉调，才别有风神之美。风神之美就是直而实曲、朴而实秀、婉折如意、往复尽情之美。胡应麟说“绝句最贵含蓄”（《诗薮内编》卷六）。“乐天诗世谓浅近，以意与语合也。若语浅意深、语近意远，则最上一乘。”（《诗薮内编》卷六）浅近与语浅意深，语近意远的风神正好相反。“江宁《长信词》、《西宫曲》、《青楼曲》、《闺怨》、《从军行》，皆优柔婉丽、意味无穷、风骨内

① 《明文海》卷二百十六，沈恺《六朝诗序》，中华书局 1987 年影印本。
② 《明文海》卷一百六十，彭辂《与友人论诗书》，中华书局 1987 年影印本。
③ 《明文海》卷二百六十九，程嘉燧《唐叔达咏物诗序》，中华书局 1987 年影印本。

含、精芒外隐，如清庙朱弦，一唱三叹。”（《诗薮内编》卷六）风神是优柔婉丽、意味无穷、风骨内含、精芒外隐，一唱三叹之美。

宋代以后由于文人和文学的专业化，文学体现了有意为文的倾向。明人看到了这种作文的弊端，力图追慕上古诗风，回到无意为文、率意天成的境界。

7. 风神论是明人直承盛唐的审美理想

明人提出诗必盛唐的高蹈要求，直契本源，为自己树立了崇高的诗学理想。“七言律开元之后，便到嘉靖。”（《诗薮内编》卷五）“退之《桃源》、《石鼓》，模杜陵而失之浅；长吉《浩歌》、《秦宫》，仿太白而过于深。惟献吉宗师子美，并夺其神；间作青莲，亦得其貌，然为初唐则远。仲默、李同调，气稍不如《明月》、《帝京》，风神朗迈，遂过卢、骆。元美后起，并前诸子奄而有之。千古宗工，五君而已。”（《诗薮内编》卷三）胡应麟认为学盛唐很难，中晚唐人物已经不能得盛唐风神，唯大明李攀龙、何景明能够直接盛唐风神。“王维气极雍容而不弱，李颀词极秀丽而不纤，此二君千古绝技。……国朝仲默类王，整密过之，而闲远自得弗如，于鳞类李，雄峭逾之，而神秀天然少让。至于精华鸿丽，政自相当。”（《诗薮内编》卷五）胡应麟认为明人在精华鸿丽的高华之美上，能够与盛唐相当。“国朝学杜，若袁景文、郑继之、熊士选，其表表者。要之所得声音相貌耳，又皆变调。唯李观察得其风神，王太常得其骨干，汪司马得其气格，吴参知得其体裁。李之高华、王之沉实、汪之整健、吴之雄深，皆杜之正脉法门，学者所当服习也。”（《诗薮内编》卷五）明人在自我评价上体现了充分的文化自信，他们认为自己能够跨越宋元，直接盛唐。李、王、汪、吴诸人能够得杜之正脉法门。“唯于鳞一以太白、龙标为主，故其风神高迈，直接盛唐。”（《诗薮内编》卷六）“太白五七言绝，字字神境，篇篇神物。于鳞谓即太白不自知，所以至也。斯言得之。”（《诗薮内编》卷六）在明人看来他们诗必盛唐的理论诉求在李献吉、何仲默身上得到了实践，甚至认为“唯于鳞一以太白、龙标为主，故其风神高迈，直接盛唐”。直接盛唐风神反映了大明文人的文化复兴理想和文化自信。这种盛唐气象、盛唐风神中无疑寄托了明人经过百年大发展的那种文化复兴、民族复兴的高昂气势和昂扬的时代精神。

关于盛唐气象、盛唐风神，胡应麟有时表述为“得唐人气韵”、“全盛风流”、“盛唐遗响”。“然何、谢古体，入此渐启唐风。”（《诗薮内编》卷四）“阴又有《夹池竹》四韵……若《安乐》则通篇唐人气韵矣。”（《诗薮内编》卷四）得唐人气韵，是风神成功的标志。“晚唐姚合《早朝》、许浑《潼关》、李频《送裴待御》尚有全盛风流，全篇多不称耳。”（《诗薮内编》卷四）追慕全盛风流“钱远不及刘，然其诗仍有盛唐遗响，刘即自成中唐与盛唐分道矣”。（《诗薮内编》卷五）中唐则是直、露、白、衰面目。“晚唐句……河势昆仑远，山形菡萏秋，皆有盛唐余韵。”（《诗薮内编》卷四）从“渐启唐风”到盛唐风神，再到中晚唐的“盛唐遗响”、“盛唐余韵”的思路，似乎为学习唐诗、为明代再造盛唐打开了一条通道。

四、余　论

顺着“韵味风神”、“才有刚柔”、“气雄调逸”的思路，清代王士禛将风神论延伸为神韵说，推崇王、孟山水田园诗一派，其可取之处在于抓住人物淡泊之精神旨归，而缺点是剑走偏锋，舍阳刚而取阴柔，以偏概全。故《四库总目提要》云：“国初多以宋诗为宗，宋诗又弊，士禛乃持严羽余论，倡神韵之说以救之，故其推为极轨者，惟王、孟、韦、柳诸家。然《三百篇》尼山所定，其论诗一则谓归于温柔敦厚，一则谓可以兴观群怨，原非以品题泉石，摹绘烟霞。洎于畸士逸人，各标幽赏乃别为山水清音，实诗人一体，不足以尽诗之全也。”

滋味说如品味佳肴，不远庖厨，未免形而下；神韵说过于避世、老气、清冷；风神说拉近了文学与人学的距离，体现了对生命意识的重视，追溯到人物精神气质的审美，上升到传神的高度，体现了中国古代美学人文主义的特质。王国维说有客观之诗人，有主观之诗人。意境说、境界说、兴象说偏于客观，而风神说偏于主观；宋诗偏于客观冷静，唐诗偏于主观才情，故评唐诗以风神，评宋以后的诗歌用意境、境界。风神说是具有现代指向性的诗歌理论，相信它在解决中国古代文论失语症、在未来的中国诗学构建中必将大放异彩。

参考文献：

［1］胡应麟：《诗薮》，上海古籍出版社 1979 年版。
［2］胡应麟：《少室山房笔丛》，四库全书本。
［3］茅坤：《唐宋八大家文钞》，四库全书本。
［4］《明文海》，中华书局 1987 年影印本。
［5］胡震亨：《唐音癸签》，古典文学出版社 1957 年版。

作者简介：马茂军，男，安徽滁洲人，1966 生。1995 年博士毕业于陕西师范大学，现任华南师范大学文学院教授，中国古代散文研究会常务理事，主要从事古代散文理论和宋代散文研究。出版《北宋儒学与文学》、《宋代文人心态史》、《宋代散文史论》、《中国古代散文思想史》、《唐宋散文研究》、《唐宋八大家散文》等著作。

雅俗制衡与文学的价值重建

——以中国近现代四组历史个案为例

姚玳玫

［摘　要］20世纪的10至30年代是中国文化系统发生根本性变革、文学被重新定义的时期。这一时期，文学的雅俗碰撞尤为激烈，雅俗内涵变化尤为频繁。从《新小说》到《玉梨魂》，从《小说月报》到《礼拜六》，从京派到海派，每一次文学雅俗内涵的变化、雅俗身份的重新确认，都是文学对自身的一次再定义，是该时期文学价值重建的一种方式。正是一系列“雅”与“俗”的碰撞、制衡和转化，构成中国近现代文学阶段性演进的轨迹。

［关键词］雅俗制衡；价值重建；意义生成

实际上，要对文学的雅俗含义作严格界定是非常困难的。作为人为地为文学附加上去的两种属性，雅与俗是事关文学的价值品质、运作方式、文体风格、读者群族身份诸内容的一种似是而非的说法。自东汉曹丕《典论·论文》规定文学是“经国之大业，不朽之盛事”的总目标之后，出自封建时代士大夫文人笔下的诗文，不论巨作还是小品，都怀有“安邦定国”的抱负或“修身养性”的雅兴。文人普遍趋雅而避俗，雅或俗成了衡量文学艺术品格高低的尺度。经史诗文，是士大夫文人表达经国理想、修养趣味的最佳文体，是高雅文学；小说、戏剧，主要供平民百姓娱乐消遣，只流行于市井民间，是鄙俗的文字。直至晚清，后者依然难登大雅之堂。在长期界线分明的运作中，雅、俗文学形成不同的文学意义体系及相应的传播机制。

从某种意义上说，文学的雅俗概念是一组不断被重新定义的概念。文学的雅俗划分及其身份确认包含着价值判断意向，它其实是每个时代文学的意义建构及其权力划分的一种方式，是拥有话语权的主流文化给予不同类型的文学一个不同等级的说法。在20世纪的中国，每一次文学雅俗角色的纠结、雅俗局面的调整及重新形成，都是文学对自身的一次重新定义。本文以20世纪10至30年代的四组历史个案为例，论析近现代中国文化的雅俗制衡与文学价值重建的问题。

一、从《新小说》到《玉梨魂》：20 世纪初文学雅俗系统的重建

晚清至民国初年，是中国传统文化体系发生根本性变革、文学被重新定义的年代。人本意识的悄然苏醒，城市的出现，市民阶层的形成，国门洞开后外来文化的渗入，由民族危机而带来的救亡图存重负的压迫，近代印刷出版业的兴起，商业经济的起步……所有的一切把中国带进一个新阶段。中国近代新的文化、文学系统构建也于此时拉开序幕。与文学相关的一切含义在重新界定之中，包括雅俗含义。在这种背景下，何谓雅俗，必须放到新的意义系统中来考量。重新划分文学的雅俗界线并确认其含义，是这一时期文学构建无法绕开的问题。

梁启超出现在20 世纪初的中国文坛别具意味。这位流亡国外的戊戌变法志士，凭着他的政治改革家的抱负和魄力、文学家的才情和敏感，在文学界发起一系列的文学革命，从而拉开近代文学改革的帷幕。梁启超对传统中国文学格局的打破，是从小说开始入手，他将小说摆在诗文之上，称之为“文学之最上乘”，从而带来文学雅俗界线的一次重新划分。

梁启超的改革，以 1902 年于日本横滨创刊的《新小说》为阵地。在该刊创刊号上，梁以其著名论文《论小说与群治之关系》和长篇政治小说《新中国未来记》左右开弓，亮出其要为小说重新评功摆好的态度：“欲新一国之民，不可不新一国之小说。故欲新道德，必新小说；欲新宗教，必新小说；欲新政治，必新小说；欲新学艺，必新小说；乃至欲新人心，欲新人格，必新小说。何以故？小说有不可思议之力支配人道故。”① 同时，他推出政治小说《新中国未来记》，称之为“新小说”，以便与旧小说划清界限。创刊当月，《新小说》编者在《新民丛报》（十四号）上发表《中国唯一之文学报〈新小说〉》启事，表明《新小说》有三大目标：一是借小说“启民智”；二是让小说成为“精心结构”的雅文学；三是确立小说在各文学门类中最显要的位置。这场小说革命改变了小说的“小道”身份，赋予它以觉世新民的重任，使它由俗文学变为雅文学，从而确立了 20 世纪中国文学以小说为重头戏的基本格局。

然而，刊物的具体运作比文学观点的倡导要复杂得多。从《新小说》

---

① 梁启超：《论小说与群治之关系》，《新小说》第一号，1902 年。

第一至第七期刊载的作品来看，小说如何雅化包含两方面内容：一是小说题旨宏大化、精英化、政治化；二是小说形式的欧化处理。该刊设“政治小说”、“科学小说”、“侦探小说”诸栏目，从人物形象、语言到文体处理上多模仿汉译西洋小说。其实，梁启超创办《新小说》之初，就已面临这样的矛盾：他发现小说能熏、浸、刺、提，即能浸淫、熏染普通百姓，又能觉世新民。因此他发动小说界革命，将小说从市井文人的手中夺过来，交由“硕学鸿儒”之士来运作，使之由俗而雅。问题是，若要启民智，小说就不能太雅。反之，俗之体若只着意于启蒙，其“俗”也颇可疑。实际上，梁启超陷入了雅俗背离的困境之中。加上他的新小说实验一开始就缺乏审美自觉，《新中国未来记》一类小说在技巧上的生硬和粗糙，使《新小说》在营销上很快就面临窘境。当时的书商看得最明白：“小说书也不销者，于小说体裁多不合也。不失诸直，即失诸略；不失诸高，即失诸粗；笔墨不足副其宗旨，读者不能得小说之乐趣也。”“所谓开口见喉咙，又安能动人？”①

因此，从第一年第七、八号开始，《新小说》作了调整，趋俗的意图变得清晰。第七号辟“写情小说”栏，载平等阁的《新聊斋》。第八号起以吴趼人的《痛史》和《二十年目睹之怪现状》等为重头戏。之后，吴的小说一直撑着《新小说》的门面。这一变化颇有意思：从侧重于刊登政治小说到侧重于刊登谴责讽刺小说，《新小说》的主讲人已由表达建立民族国家理想的精英知识分子（维新派改革家）让位给了揭露现实黑暗的城市文人（小报编辑兼自由撰稿人），刊物由乌托邦式的启蒙表达，变成城市文人的揭丑写真；谴责小说的娱乐性取代了新小说的政治性，后者以“觉世”、“醒民”为表，以揭黑幕、暴露内丑、拆烂污、迎合市民窥伺癖为里，使刊物呈挂羊头卖狗肉的迹象。当时被称为“《新小说》群体”的另外几份刊物《绣像小说》、《月月小说》、《小说林》等，转向更快。表面上，刊物多有一席堂而皇之的“缘启”，表明其“唤醒人民，改革弊俗，刷新政治，富强国家”② 的宗旨，实际上却千方百计地投合世俗趣味。《绣像小说》开绣像插图体例，以李伯元、遽园、刘鹗的谴责小说为卖点；《月月小说》开设“写情小说”栏目，重张言情旗鼓，为民国初年鸳鸯蝴蝶派（简称鸳蝴）小说的登场作了铺垫。包天笑在《小说林》第七期上登广告，收集“近三年来遗闻轶事为碧血幕之材料”，意在为读者“酒后茶

---

① 公奴：《金陵卖书记》，陈平原、夏晓虹：《二十世纪中国小说理论资料》第一卷，北京大学出版社1989年版，第48页。

② 范伯群：《中国近现代通俗小说史》（下），江苏教育出版社2000年版，第534页。

余鼓吹兴味”[①]。至此，晚清小说期刊几乎都走上了通俗的道路。

20世纪初由梁启超发起的这场涉及重新划分文学的雅俗范围、将小说推上大雅之堂的“小说界革命”，最终以雅小说的重新俗化而告终。在内忧外患的历史际遇中，士大夫知识分子觉世新民、救亡图存的主题压倒一切，政治文化改革的力量影响着文学局面的形成。小说借助于政治改革之力，脱“俗”而出，一跃成为20世纪“最上乘”的文体。对小说雅身份的确认，其实是对其作为20世纪中国文学之“正宗”、“正道”、“正统”身份的确认。在雅俗等级差别中，“雅”始终代表着正当的、主导的、合乎价值原则的一方。从这一角度看，“小说界革命”确立了20世纪以小说为中心的文学新秩序。

如果将梁启超的小说界革命，看成是近代雅文学身份的一次重新确认，那么，民国初年问世的徐枕亚的《玉梨魂》，则可视为近代俗文学意义生成的“始作俑者”。作为鸳鸯蝴蝶派小说的开山之作，《玉梨魂》以“私人言情”取代梁启超的“觉世新民”，试图重建小说叙事的新秩序。在辛亥革命失败、近代知识分子建立共和制国家理想破灭之际，市井文人乘虚而入，推出言情小说。以“小我”情感的极致张扬，将人们的注意力由对国家前途命运的忧虑转移到对“小我”情感的关注上，顺理成章地完成了社会话题的转换：个人私生活进入人们的视野，成为社会叙事的焦点。从某种意义上说，《玉梨魂》使私人言情合法化。

徐枕亚缠绵、夸饰的“言情”道出了一个时代的人的痛苦。“玉梨魂”体以其散发性的诉说方式，充当了“社会/个人”心理宣泄的代言人，并且再次把问题引到了小说的雅俗问题上来。首先，它使小说文体重新雅化。传统士大夫的言说方式——四六骈骊韵文体式被搬进小说，变小说的客观叙事为主观抒情，构建抒情小说的言说方式，使小说成为失意文人的言说之文。其次，“玉梨魂”体之雅未必真雅，从它的风靡一时及其后来在书商运作下酿造出“鸳鸯蝴蝶”体看来，“玉梨魂”体与其说是趋雅，不如说是附俗，它的雅致是为了可读。它借骈骊之体，做情感游戏文章，用徐枕亚论吴双热《孽冤镜》的话说就是“能以至情发为妙文以赚人眼泪”[②]。如果说，这种文体在徐枕亚笔下还不乏审美真诚，那么，到了李定夷、吴双热、周瘦鹃手里，那种“著书都为稻粱谋”的特点就更加明显了。“玉梨魂”体其实包含了文学雅俗两极相克相生、互为转化的复杂内容。

---

① 《小说林》第七期，小说林社1908年版。

② 徐枕亚：《〈孽冤镜〉序》，吴双热：《孽冤镜》，民权出版部1914年版。

从“玉梨魂”体到“礼拜六”体，民国早期通俗文学又发生了一次质变。“礼拜六”体脱胎于“鸳鸯蝴蝶”体，却对正宗的“鸳鸯蝴蝶”体发起了一场改道换辙的革命。创刊于1914年的《礼拜六》明显受美国《礼拜六晚邮报》的启发，以“娱乐”、“消闲”为方针。它将“情”编制成多个栏目：“艳情”、“哀情”、“惨情”、“怨情”、“忏情”、“苦情”、“痴情”、“侠情”，这些栏目成了一个个套子，各类小说被塞进不同的套子里，“情”成了一种可以标示及制作的东西。戏仿情感，使言情不再较真，被当做一个可以把玩的故事。《礼拜六》试图充当的，不再是文人士大夫的代言者，而是都市大众娱乐消闲的经纪人。

早年梁启超借《新小说》而发动小说界革命，其实是以小说为突破口，重新确认了文学的雅俗范围和身份特征。与此相对的是，落魄文人徐枕亚借《玉梨魂》的缠绵、典雅，使鸳鸯蝴蝶文学一纸风行，为近代俗文学的生成和发展争得了一席之位。雅俗文学平分秋色、各有市场。更有意思的是，这个时期雅俗文学在各自的实践中形成各自的路径，雅文学以启蒙觉世为己任，形成文学主题思想先导的深度模式，并在“五四”知识分子那里获得推崇和延续。俗文学则与商业大众媒体联手，以消闲为特征，借助于新兴的出版业而在民间流行。

二、《小说月报》与《礼拜六》：“五四”精英文化语境中的雅俗制衡

文学的雅俗界线划分和身份确认，其实是不同时期文学意义建构及权力划分的一种方式。从某种意义上说，1917至1925年文学的主要矛盾发生在“五四”新文学与鸳蝴或礼拜六旧文学之间。摧毁旧文学、建设新文学是当时新文学家的共同使命。其时文学的雅俗之分也是新旧、正反之分。在“五四”新文学价值坐标系中，雅俗代表了正反两种价值形态，有着各自的文化编码和运作系统，从文学资源、审美趣味到传播途径、读者圈子都各有渠道和范围，河水不犯井水。“小说”依然是雅俗双方竞夺的对象。进入20世纪以后，深怀社会改革抱负的新文学家们发起了一次次小说文体改革，其目的在于将作为大众读物的小说变成可以承载启蒙文化意图的小说。先是在梁启超的《新小说》上，后是在沈雁冰的《小说月报》上，一次次地被冠之“新”的小说革新实践不断地进行着。后者比前者高出一筹的是，它经由目标明确的编辑实践，不仅确立了现代小说的意义体系，而且使现代小说脱离“旧体”，形成各行其道的局面。《小说月报》在

20世纪20年代的运作，可视为两种文学力量相对垒、相制衡的一个典型个案。

1920年秋，审时度势的商务印书馆老板决定改革其属下的老牌鸳鸯蝴蝶派刊物《小说月报》，并将这个重任交给该馆年轻的编辑沈雁冰。1920年第12期起，改革有功的沈雁冰正式接任《小说月报》主编，并顺理成章地使《小说月报》成为文学研究会的会刊。沈一上任，立即扣下该刊数十万字的林纾译作和一批鸳鸯蝴蝶派作家的存稿。从改革后的《小说月报》第十二卷第一号看来，沈雁冰的改革是卓有成效的。首先，刊物换上一批新文学的作者。活跃于“五四”前后的一批新文学家几乎都在上面亮相了。沈雁冰在《小说月报》的《改革宣言》中称“将文艺当做高兴时的游戏或失意时的消遣的时候，现在已经过去了，我们相信文学是一种工作，而且是于人生很切要的一种工作”。这一办刊宗旨从根本上改变了小说的消闲定位。其次，该刊用近乎三分之二的篇幅刊载外国文学作品，“译丛”、“书报介绍”、“海外文坛消息”等构成该刊的核心内容，之后这种格局一直被保持着。《小说月报》对外国小说的极力推介，体现出“五四”新文学家决心以西方小说为摹本创立新小说范式的思路。在这种思路之下，从形式到内容，“五四”新小说被创作成一种欧化色彩浓重的精英小说。

问题是，《小说月报》毕竟不是名实相符的同人刊物①，而是书商刊物。出资者永远是平衡各方力量的唯一操控者。当涉世不深的沈雁冰完全按照同人刊物的思路来运作《小说月报》，抵制鸳鸯蝴蝶派作家的稿件，刊发抨击鸳蝴文学的文章，清一色地刊登新文学家的作品时，他很快受到了制裁。一年之后，他被撤去主编职务。与此同时，与《小说月报》的改革唱对台戏的是停刊数年的《礼拜六》，其于1921年3月再度复刊。后一百期的《礼拜六》将被《小说月报》排挤出来的鸳蝴作家全部网罗于羽下，复刊号版权页上列出的一份撰稿人名单②，可见它复兴鸳蝴文学的决心。复刊后的《礼拜六》并不直接与“五四”新文学比高低，而是另辟空间——把小说写得像散文，在生活情感领域做文章，创造新生活风尚，朝

---

① 1921年1月文学研究会成立时，在沈雁冰的努力下，《小说月报》成为文学研究会的会刊，但实际上出资者依然是商务印书馆。

② 《礼拜六》复刊号上列出的撰稿人有：天虚我生（陈蝶衣）、王西神、王钝根、朱鸳雏、朱瘦菊、李涵秋、李常觉、陈小蝶、徐半梅、许指严、张碧梧、张舍我、张枕绿、程瞻庐、程小青、叶小凤、刘磷生、刘凤生、刘云舫、刘豁公、严独鹤；绘画者丁悚、张光宇、扬清磬、谢之光；海外通信记者王之一（奥国）、江小兼（法国）、腾若渠（日本）、傅颜长（美国）。见《礼拜六》复刊号，1921年3月。

生活化、时尚化刊物发展。同时，商务馆的另一份大型通俗小说刊物《小说世界》也隆重出台，后者由持中立立场的叶劲风任主编。创刊号上既有林纾、徐卓呆、李涵秋的作品，也有沈雁冰、王统照的作品——互为平衡之意显而易见。至此，雅俗共存及互相制衡的局面已经形成。

从某种意义上说，《小说月报》割掉鸳鸯蝴蝶派尾巴的举措，导致了20世纪20年代雅俗文学的彻底分流——两者形成自己的意义系统、话语方式和运作理念。作为现代文化启蒙运动的组成部分，“五四”新文学是从观念层面来构建的。从“启蒙文学”到“无产阶级革命文学”，再到“救亡文学”，文学始终与政治、文化改革，与社会主题捆绑在一起。不论是人生派或是艺术派，不论是左翼阶级论作家还是自由主义文人，他们的创作必须放在观念的阐释之中才能显其意义。他们活跃在《小说月报》、《创造》、《语丝》一类不太追求经济效益的刊物上，以文学为桥梁，努力将封建落后的中国改造成现代的中国。与之相反，《礼拜六》、《紫罗兰》、《红玫瑰》、《良友》等，则以市场为靠山，干脆从观念层面上剥离开来，回避宏大话题，回到日常生活领域，从饮食男女说起，热衷于“新生活”言说。

在舆论上，沈雁冰们是胜利了。他们占据了该时期主流话语的制高点，制定了这个时期的文学价值秩序，规定了雅俗文学的不同等级。但一直令他们愤愤不平的是，新文学没有市场优势，而被他们贬为“文丐”、“文娼”的《礼拜六》等却拥有一个稳定而广泛的读者市场，这种情形挫伤了新文学家的自尊心。1928年以后，大批新文学家迁居上海，显示了他们对上海图书出版市场的兴趣。这一迁徙，带来了20年代末雅俗文学的一次次纠缠。

三、先锋性与通俗性的交叠：沪上唯美/颓废派、新感觉派的雅俗同体

20世纪20年代下半叶，拥有市场优势的海派文学媒体开始着手改革，他们分两步走：一是守住“旧派”领地，对老鸳蝴、礼拜六文学作改头换面，却换汤不换药，依然唱“一对鸳鸯，一双蝴蝶”的老调；一是新派作家——留洋归国或活跃于城市、深受西方现代主义思潮影响的年轻作家，如叶灵凤、滕固、邵洵美、林徽因、刘呐鸥、施蛰存、穆时英等，则另立门户，办杂志，做出版，从事现代主义文学实验。他们将海派言情小说推到一个新台阶上。

20世纪20年代中期，上海滩上出现一批纨绔公子型的文学作者。其代表人物是靠《幻洲》而大出风头的叶灵凤。叶灵凤毕业于上海美专，是一位带有浓厚的唯美、颓废主义气息的新潮艺术家。1925年他与创造社出版部的一群小伙计创办了一份只有巴掌大的微型刊物《幻洲》。办刊者自称是城市的“青年鳏夫”、“独身的‘男爵’”①，其身份颇带有本雅明称波德莱尔为城市的“游手好闲者”那样的特征。《幻洲》从版式到插图都花哨而洋气。由叶灵凤绘制的各式黑白线条画穿插于文字中间，这些画面活脱脱是英国唯美、颓废主义画家比亚兹莱装饰画的翻版。在办刊理念方面，《幻洲》也走英国唯美、颓废主义刊物 *Yellow Book* 的路子，分“象牙之塔”和“十字街头”两个部分。上部刊载抒情文章，格调唯美、优雅，略嫌矫情；下部刊载言论文章，语言粗俗，带暴力色彩。几位作者以“泼皮”、“流氓”、“下流人”为署名，以“放屁刊物”自我标榜，字里行间充斥着“我入他妈的”之类的粗口。以《幻洲》为阵地，叶灵凤们发动了一场泼皮式的言说暴动。这是新一代海派作家的集体登台。其实，不论是手法上的追求潮流或是言论上的惊世骇俗，都是一种媒体运作，借助传媒而把自己推销给社会，叶灵凤们走的依然是媚俗的路。

有意思的是，青年海派作家一登场，就与“五四”模式和“鸳蝴”模式拉开了距离。于他们而言，乡土中国已经难以给他们提供任何灵感。他们更热衷于从国外作家那里获得文学表达方式的启发。他们向往巴黎、维也纳、伦敦和柏林，追逐西方的各种文学艺术新潮，尤其推崇维多利亚晚期出现的唯美、颓废主义文学潮流。这个时期，几乎每一位青年海派作家都是王尔德的崇拜者。他们不仅感兴趣于王尔德的艺术思想，更感兴趣于他的生活方式。后者追求生活的艺术化与艺术的生活化，尤其能投合正处于物质生活上升期的中国城市海派作家的口味，他们正是从王尔德那里获得生活经验的印证和文学表达的启发的。先有叶灵凤、周全平和《幻洲》，紧接着有滕固、章克标、邵洵美和《狮吼》、《金屋》，再接着有刘呐鸥、施蛰存、穆时英和《无轨列车》、《新文艺》、《现代》。如何标新立异地“说”，成为青年海派作家用心琢磨的重点所在。文学形式的先锋化，使他们的创作具有雅的一面。

青年海派作家的先锋化文学追求的背后，有复杂的文化含义。在一个集生存焦虑、商品膜拜与欲望放纵于一体的消费年代，文学的先锋外表往往包裹着媚俗的内核。邵洵美的诗集《花一般的罪恶》从名字到诗的意象

---

① 骆驼：《我们的〈幻洲〉》，《幻洲》周刊第一期，1926年6月。

都模仿波德莱尔的《恶之花》，但比起波德莱尔那些语调阴冷刻毒、带形而上意味的诗句，前者的意象显得世俗而具体，以官能感受和欲望表达为依归，带有世俗色情的意味。当时以《狮吼》、《金屋》为阵地的唯美、颓废主义作家群，被称为“颓加荡”作家群。将体验生命荒诞底蕴的“颓废”一词译为“颓加荡”，一个“荡”字把海派文人放荡形骇的本相暴露无遗。稍后的新感觉派，以感觉主义的方式呈现城市荒诞怪异的人生影面，的确将现代主义小说带上中国的文学舞台。但不论是刘呐鸥还是穆时英，他们的感觉主义先锋实验最终还是搁浅于都会的声色景观里。经由感觉化修辞，他们浮现了现代人生不可捉摸、难以理喻的本相。然而这种笔触并没有向深处延伸，而是搁浅于感觉化的声色叙述上。海派作家对光怪陆离生活表象的兴趣，超过了他们对生存底蕴的兴趣，他们更乐意去袒露一种非理性的感性经验——在熙熙攘攘、声色犬马中放情纵欲。与其说他们是城市囚阱里的困兽，不如说是城市摩登浪潮中的弄潮儿。作为现世生活玩主，其文字依然以“俗”为质地。

20 世纪 30 年代海派先锋文学潮流具有雅俗同体的性质，它显示出以下内容：首先，中国最早的先锋文学是以与城市大众时尚文化“暗送秋波”的方式面世的，或者说，城市在酿造时尚文化的同时也催生了先锋文学——城市环境给现代主义文学表达提供了必需的资源，同时又使后者无法摆脱流行文化的世俗性缠绕。先锋性与世俗性的一体化注定了 20 世纪 30 年代的海派作家会陷入一种悖论式的困境之中：现代主义文学表达试图从文化的、人性的、生命的角度追问人自身的问题，这种追问决定表达者必须站在精英文化立场上来面对世俗社会，经由对城市的现代文明作荒原式的体验而呈现现代个体的生存困境及相关的焦虑性感受。问题是，现实生活的世俗性缠绕又使海派作家无法成为纯粹的现代主义者，他们的现代主义探询很快搁浅于日常享乐之中，最终，以物质性的沉迷消解了文学的精神性向度，小说题旨由心理、精神探询又回到世俗生活叙述上来。从某种意义上说，新感觉派小说在沪上的出现及其与城市流行文化的互相纠缠的关系，显示了舶来的现代主义文学在中国的一种处境和命运。

其次，这个时期海派先锋文学很难为原来的雅俗概念所界定。20 世纪上半叶中国文学的雅俗界线，主要在近代上海及沿海通商城市兴起后的市民文化与同一时期致力于构建现代民族国家的精英文化之间进行划分，也就是说，文学的雅俗定位取决于与其相关的文化意识形态内容而非其他，形式上的“先锋”无法从根本上改变其雅俗的既定身份。因此，带有精英文化的精神探询倾向的海派现代主义文学，在构建民族国家的精英文化尺度之下，依然是一种市井文学，在沈从文等人的描述中依然是一种带有“商业竞卖”性质的文学。依照这种身份界定，新感觉派作家在文学技法上的先锋追求，只能成为他们“标新立异”、“见风使舵”的证据，却很难使他们因此而变成雅文学家。

四、“京”、“海”二维：乡土之雅与城市之俗

从某种意义上说，“五四”以后文学的雅俗冲突，体现在建立现代民族国家的精英路线与建立现代商业城市的平民路线之间的冲突上。“五四”新文学是民族文化体制改革的产物。面对一个农业古国，在新文学家笔下，从批判“国民性”到反映工农大众的斗争生活，从鲁迅、台静农等人的乡间陋俗描写到周作人、沈从文等人的世外桃源颂歌，民族乡土始终是新文学家关注的对象，是“五四”一代知识分子演绎社会理想的起点。在乡土中国，文学历来以“采菊东篱下，悠然见南山”一类抒情文字为高雅。20世纪以后出现的港口城市，基本被描述成世俗的“市井”、“商埠”，“城市”始终与“商业”捆缚在一起，呈现出一副俗骨俗相。

20世纪30年代，在以左翼文学为主流的格局中，新文学家对文学雅俗的判断，大致达成这样的共识：城市为俗，乡土为雅。“五四”以后的所谓“乡土文学”也是一个内涵和外延不断变化着的术语。最早有鲁迅批判国民性的乡土作品，如《祝福》、《阿Q正传》等。在这批作品里，乡土是一个被批判的对象——启蒙主义者要改造的、藏纳国民性污垢的一片旧土壤。这一批判国民性主题在稍后的台静农、王鲁彦、彭家煌、许杰、许钦文等的小说中得到延续。不同的是，后者更着意于写乡俗，其对地方志式的民俗兴趣有时超过了批判国民性的兴趣。这个时期，从审美形态上看，真正体现着“五四”乡土文学的正面价值的是20世纪20年代中后期周作人、废名、沈从文等人的一批田园诗式的乡土文学作品。后者一改批判国民性题旨，从更为纯粹的人与乡土田园的诗意关系角度去摹写乡土。这批作品不仅以乡土颂歌的方式与20世纪30年代日益高涨的民族本位精神相呼应，而且以蕴涵作者个人恬淡、隐逸、超然情怀的乡土诗意抒写与中国传统雅文学获得一种沟通。它更具有审美意义上的雅文学特征。

仔细辨识，沈从文等人对乡土的理解，有着与鲁迅等人不同的参照系和推演逻辑，沈的参照对象是充满铜臭味和异化感的城市。也就是说，沈从文始终将乡土与城市摆在一个对立的位置上来观察，没有城市的恶浊，就没有乡土的纯情。这是事物的两个面。沈从文比前段的新文学家更能看

清楚城乡的差异，他甚至将两者处理成文学表达上的一组互为对立和反衬的意象。正是在沈从文的描述中，20 世纪 30 年代文学的两种形态清晰地浮现出来：田园诗式的京派乡土文学与标新立异的海派城市文学形成鲜明的对照。京、海文学的命名其实是这个时期雅、俗文学的一次重新划分。而 1933 年由沈从文的《文学者的态度》等文章挑起的京、海文学论争，则再一次将城市大众商业文化与民族国家启蒙文化之间的矛盾作了尽致的演绎。

20 世纪 30 年代初期的京、海论争，实际上是将 20 世纪以来文学的乡土精英路线与城市通俗路线摆到桌面上来，进行正与反、优与劣的价值论证，并且论争始终在沈从文富有道德感、正义感的评述引导下展开，讨论的焦点一直放在“名士才情”、“商业竞卖”、“投机取巧”一类事关社会道德和文化风气的现象上面。与前段沈雁冰等人对鸳鸯蝴蝶派、礼拜六派的批判极其相似，沈从文也是从商业化、无聊、恶俗、低级趣味几个角度来讨论海派的问题。他最终将结论落实在“乡下人”与“城市人”的矛盾上：“在都市住上十年，我还是个乡下人。第一件事，我就永远不习惯城市人所习惯的道德的愉快、伦理的愉快。”[①] 他不仅以乡下人的姿态对抗城市，更将能否改变海派的恶浊风气与民族存亡联系在一起：“一个民族是不是还有点希望，也就看多数人对于这种使民族失去健康的人物与习气的态度而定。”[②] 在这种价值论定中，京派有着正面的价值而海派则只有负面的价值。

从周作人到废名，再到沈从文，他们都有意无意地将乡土文学的书写不断地雅化。周作人将体现个人性情的文学表达与乡土描写结合在一起，让两者互衬互喻、虚实相间，乡土成为他表达人文理想的诗意符码。废名也沉湎于乡土诗意抒写之中，以平淡的笔法呈现安天乐命的田园境界。沈从文与他们略为不同，这位身上流淌着苗族、汉族、土家族血液的边地作家，有着更强悍、野性、浪漫、耽于幻想的气质，他的乡土世界撑满原始勃发的生命张力，他对乡土的领会更侧重于对健康、完美人性的呈现上。他努力复原人与自然和谐共处的景观。京派作家对乡土的雅化，主要从两个方面着手：一是形式笔法上的抒情化、诗意化；一是意象内涵上呈现文人雅士的人生趣味和生命境界。他们经由乡土而体悟人生，体会人、自然、社会同源同构互感的关系。乡土作为一个彼岸世界，成为他们精神之

---

① 沈从文：《〈篱下集〉题记》，萧乾：《篱下集》，上海商务印书馆 1936 年版。

② 沈从文：《论“海派”》，《沈从文文集》第十二卷，花城出版社、香港三联书店 1984 年版，第 159 页。

根，个人性情寄托的处所。借助乡土意象，他们重建了被文学政治化和商业化蚕食了的文学的诗性。20 世纪 30 年代，新文学经由乡土诗意的张扬而确立了自己的雅文学样式。

也许，文学原本并没有所谓雅俗的含义，是文化的构造者构建并赋予了这种含义。文学的雅俗界定，包含着价值判断的意味，它其实是各个时期文学的意义体制建构及权力划分的一种方式。在 20 世纪前 30 年的中国，雅俗文学的每一次相遇、冲突、调整，形成雅俗新局面，都是文学对自身的一次重新定义。正是这种冲突和调整，构成了 20 世纪中国文学阶段性的演进。

参考文献：

[1] 范伯群：《中国近现代通俗小说史》（下），江苏教育出版社 2000 年版。
[2] 萧乾：《篱下集》，商务印书馆 1936 年版。

作者简介： 姚玳玫，女，1959— ，广东人，华南师范大学文学院教授。

语言学研究

出土战国文献中的助词“所”

张玉金

［摘　要］出土战国文献中的“所”不是代词，而是结构助词。它有附着和替代作用，是名词化的标记。结构助词“所”源于意义是处所的名词“所”。“所”字短语有“所＋动＋（者）”和“所＋介＋动＋（者）”两种类型，都是名词性短语。“所”和“者”虽同为结构助词，但是两者是有区别的。

［关键词］出土战国文献；所；结构助词

文言文中“所”的词性如何？最早对这一问题提出说法的应该是马建忠（1898）。他认为“所”是接读代字。陈承泽（1922）首先向代词说发难，他认为“所”是“助字之含有指示作用者”。此后的学者，有些信从代词说，有些信从助词说。认为“所”是代词的学者如黎锦熙（1924）（他称其为联接代名词）、何容（1942）　（他称其为“代词”）、王力（1962）（他称其为特别的指示代词）、郭锡良（1992）（他称其为“辅助性代词”）、方有国（2000）（他认为是指示代词）。认为“所”是助词的学者如金兆梓（1922）（他认为有“所”字的词组是“静子句”）、吕叔湘（1942）（他认为“所”兼有指示和完形两种作用）、周法高（1959）（他认为“所”是代词性助词）、王克仲（1982）（他认为是结构助词）、张其昀（1990）（他认为是结构助词）、郝维平（1996）（他认为是助词）、何乐士（2004）（她认为是结构助词）。朱德熙（1980）、姚振武（1998）都认为“所”是名词化标记，他们还把“的”、“者”、“之”也看成是名词化标记，这些词在现代汉语语法学界一般都被看做助词，所以名词化标记说其实等于助词说。

我们认为应该把“所”看做助词，且属于结构助词这一小类；而不应该认为它是代词。

为什么不把“所”看成代词呢？王克仲（1982）做过论述。他谈了三点理由：第一，马建忠认为“所”必居宾次。如果是这样，那么对于“所”字与动宾词组相结合这种形式就难于解释，例如“其北陵，文王之所避风雨也”（《左传・僖公三十二年》）、“吏者，民之所悬命也”（《管子·明法解》)。第二，如果“所”必居宾次，那么“所”字就将跟它后面的动词或介词构成动宾关系，而这都与语言的实际情况不相符。例如“此六子者，世之所高也”(《庄子·盗跖》)，难以理解为：此六子者，世高六子。第三，如果把“所”看做代词，那么代词可以换上它所代的词语，而“所”不能。例如“子之所慎：齐、战、疾”(《论语·述而》)，不能解释为：子之齐、战、疾慎：齐、战、疾。对王克仲的上述论述，我们基本同意。

“所”不能看成是代词，首先是因为它不是实词。从汉语来看，代词是属于实词的。代词不是一个独立的词类，而属于不同的词类。根据语法功能可以把代词分为以下几类：谓词性代词、名词性代词、数量词性代词、副词性代词。无论哪一类，都属于实词，都能作句子成分。所以可以说代词是能代替、指示实词性成分的词。既然如此，我们就不应把“所”看成代词，因为“所”不能独立运用，不能单独作句子成分，不属于实词。

“所”不能看成代词，还因为它不具备代词的基本功能。代词其实是从各类实词中把一些具有指示、区别、替代功能的词抽取出来而形成的一个类别，没有这种作用的词不能归为代词。“所”根本不具备指示、区别作用，把它归到指示代词一类显然是不合适的。“所”跟代词不同，不是独立发挥替代作用的，而是附着于其他词语，跟其他词语一起发挥这种作用。一些学者之所以这么执著地把“所”看做代词，最根本的理由恐怕就在于“所+动”、“所+介+动”中的“所”有替代作用。但是，有替代作用的并不一定就是代词，比如现代汉语中的“的”，学者们一般都认为它有替代作用，特别是“的”字词组中的“的”。可是研究现代汉语语法的学者们，都不把“的”看成代词或特别指示代词。文言文中的“者”，跟现代汉语中的“的”一样，也有替代作用，依据我们的研究，它也不是代词。“所”跟现代汉语“的”字短语中的“的”、文言文中的“者”应该是同一性质的词，都不应看做代词。“所”除了有替代作用外，还有附着性，是名词化的标记，这是其本质属性、基本功能。给一个词定性，要依据其本质属性、基本功能。

“所”不能看成代词，还因为它不具备代词的语法特征。不少学者都把“所”看成指示代词，指示代词的语法特征是在否定句中作宾语要前置(而“所”在任何时候都放在动词前)，是出现在实词性成分之后加以复指，等等。这些特征“所”都不具备。所以“所”不应看成代词，而应视为结构助词。

“所”在现代汉语中还存在。它直接附着在及物动词的前面组成“所”字短语。“所”字短语是体词性的，可以作主语、宾语以及中心语，例如“所说未必正确”、“学非所学”、“各取所需”、“有所发展”、“人心之所向”等。这种“所”，研究现代汉语语法的学者一般都视为结构助词。前边说过，朱德熙（1980）把“的”、“者”、“之”跟“所”一样视为名词化标记，而“的”、“者”、“之”学界一般也都视其为结构助词。

为什么要把“所”视为结构助词呢？这是因为它有“的”、“者”这类结构助词所具有的语法功能。

“所”具有附着作用。它不能独立使用，必须直接附着在动词性词语的前面（可见“所”是粘着、定位的）。“所”原是名词性的词，这时可以独立使用，但是虚化成结构助词之后，就失去了独立性，已不能单独作句子成分，必须附着在动词性词语之前组成“所”字词组之后才可以作句子成分。“所”字的这一作用十分突出，显示出了它的虚词性质。

“所”是名词化的标记。朱德熙（1980）、姚振武（1998）都说“所”是名词化标记。王克仲（1982）也说“‘所’字在造句中起着把动词、动词性词组或主谓词组改变为名词性词组的作用”。何乐士（2004）也说“‘所’在其中（指‘所’字短语中）的作用是改变动词或动词结构的性质使它具有名词的功能”。

这里我们要提出一个问题，即动词性词语是必须加“所”才能名词化呢，还是不加“所”也可以名词化呢？前述几位学者好像是倾向于前者。这里涉及另一个问题，即汉语的名词化是否都需要有标记，是否有零形式名词化。朱德熙（1980）的回答是否定的，他说：“凡是真正的名词化都有实在的标记，所谓‘零形式名词化’对于汉语来说，是人为的虚构。”

我们认为，朱先生的说法有待商榷。先请看下引几例：（a）胡能有定？（《诗经·邶风·日月》）（b）若不生得以戮于群众，犹未得请也。（《国语·齐语》）（c）子路有闻，未之能行。（《论语·公冶长》）

对于前引（a）例，郑玄笺云：“何能有所定乎”；对于（b）例，韦昭注曰：“犹未得所请也”；对于（c）例，邢昺疏云：“前有所闻，未得及行。”可见，前引三例中的“定”、“请”、“闻”都在句中名词化了，意思分别是“所定”、“所请”、“所闻”，但都是无标记的。

这种例子在出土文献中就更常见了。例如：（a）陈子皮之造戈。（《陈子皮戈铭》，《集成》17·11126）（b）蔡侯产之用剑。（《蔡侯产剑铭》，

《集成》18·11604）（c）曾侯乙之用戈。（《曾侯乙戈铭》，《集成》17·11169）（d）坪（平）夜君成之用戈。（《平夜君成戈铭》，《汇编》575）（e）十三年，相邦义之造。（《十三年相邦义戈铭》，《集成》17·11394）（f）陈侯因資之造。（《陈侯因資戈铭》，《集成》17·11129）（g）玄翏夫吕之用。（《玄翏夫铝戈铭》，《汇编》1185）（h）坪夜君成之用。（《平夜君成戈铭》，《汇编》574）

上引例（a）中的“造戈”，是“所造戈”的意思，（b）、（c）、（d）例类此；例（e）中的“造”，是“所造”的意思，（f）、（g）、（h）类此。这些例子足以说明，汉语中确实存在所谓“零形式名词化”。从汉语史发展的角度来看，“所”、“者”、“之”这类所谓名词化标记，都产生得比较晚，在商代根本没有。那个时候的名词化都是零形式的，是无标记的。只不过随着语言的发展，为了表意的明晰，才发展出这些“名词化标记”。

所以我们认为，即使没有“所”，动词性词语也可以名词化。动词性词语名词化后，易与表示陈述的动词性词语相混，加上“所”可以把它的名词性显示出来。所以我们说“所”是名词化的标记。“所”跟同性质的“之”类似，“之”是定语的标志，在商代根本没有，但商代有大量的定中结构。所以说不加“之”也是定中结构，加“之”只不过更明确地显示出这一点，不会让人误解。陈承泽（1922）说助词有添显作用，这话很有深意。从“所”、“之”来看，的确如此。

“所”有替代作用吗？对于这个问题，学者们有不同的回答，如马汉麟（1962）认为有，而姚振武（1996）则认为没有。我们认为，单独一个“所”字，很难说有替代作用，因为它不独立运用；但是在“所”字短语中，“所”字具有替代作用。例如“非所取而取之谓之盗”（《穀梁传·哀公四年》）中的“所取”，从意义理解的角度是所取之物的意思（从本质上来说，是“所”后的动词性词语转指了动作的有关方面，而“所”把这一点明确地显示了出来）。“所”字短语中的“所”能替代什么？我们认为有两种“所”，即“所+动”中的“所”和“所+介+动”中的“所”。

“所+动”中的“所”最常见的是表示受事，例如“智（知）天所为，智人所为，虐（然）句（后）智道”（《郭店楚简·语丛一》）、“此王者，明君之所疑也，而圣之所禁也”（《韩非子·说疑》）。

“所+动”中的“所”也可以表示施事。王克仲（1982）明确地说，“所+动”中的“所”可以表示施事。他在21部先秦典籍中找出129个“所”表示施事的例子。他共举出了5个例子：“二公命邦人，凡大木所偃，尽起而筑之”（《尚书·金縢》）、“五谷所生，非麦而豆”（《战国策·韩策一》）、“是故其兵不修而戒，不求而得，不约而亲，不令而信，禁祥去疑，至死无所之”（《孙子·九地》）、“夫所借衣车者，非亲友则兄弟也”（《战国策·赵策一》）、“人主之所惑者则不然，以其智强智，以其能强能，以其为强为”（《吕氏春秋·分职》）。王克仲（1982）认为第一个例子中的“大木所偃”可以理解为“大木所偃者”，“大木”与“所偃者”之间是全体与部分的关系，“所偃者”对“偃”而言是施事者。其他各例亦如是。

在出土战国文献中也可以见到这类例子：（a）㓝敂（令）壴围㑹（命）之於王大子而㠯（以）隥㓝人所幼未隥。（《包山楚简》2－3）（b）辛㠯之日不㠯（以）所死於亓（其）州者之居凥（处）名族至（致）命。（《包山楚简》32）（c）凡宫厩之马所入长坛之宔五乘。（《曾侯乙墓竹简》208）

上引（a）例中的“隥”是登记的意思。“㓝人所幼未隥”可训为“㓝人之幼未隥者”，意即㓝人中年幼而未登记的。（b）例可与下引一例相比较：“乙亥之日不㠯（以）死（死）於亓（其）州者之諓（察）告，阩门又（有）敗（败）。”（《包山楚简》27）很明显，（b）例中的“所死於亓（其）州者”可训为“死於亓州者”，意即死在那个州的人。“所死於亓（其）州者”是“死”的施事。这种“所＋动＋者”词组与通常的“所＋动＋者”不同，是指施事而不是指受事。（c）例中的“宫厩之马所入长坛之宔”可训为“宫厩之马之入长坛之宔者”。

“所＋动”中的“所”还可以表示处所、凭借、原因、时间等。表示处所的例子如“山林菹泽草莱者，薪蒸之所出，牺牲之所起也”（《管子·轻重甲》）、“冀北之土，马之所生，无兴国焉”（《左传·昭公四年》）。表示凭借的例子如“大宫大邑，身之所庇也”（《左传·襄公三十一年》）、“夫祀，国之大节也；而节，政之所成也”（《国语·鲁语上》）。表示原因的例子如“政之所兴，在顺民心；政之所废，在逆民心”（《管子·牧民》）、“凡民之所疾战不避死者，以求爵禄也”（《商君书·君臣》）。表示时间的例子如“九月，辛丑，用效。用者何？用者，不宜用也。九月，非所用效也”（《公羊传·成公十七年》）。

在出土战国文献中也可以见到这类例子：下之事上也，不从丌（其）所命，而从丌所行。（《郭店楚简·尊德义》）试把此例与下例比较：“子曰：下之事上也，不从丌所以命，而从丌所行。”（《郭店楚简·缁衣》）很明显，上例中的“所命”，是所以命的意思。

当“所＋动”表示处所、凭借、原因、时间时，可以把“所＋动”理解为“所+介+动”，也就是说可以按在“所”和“动”之间添加一个“介”来理解。但是，不能认为这种“所”后有省略，不是先有“所+介+动”而后省略为“所+动”，恰恰相反，是先有表示处所、凭借、原因、时间的“所+动”而后有“所+介+动”。原来，“所+动”不但可以表示受事（偶尔表示施事，是有条件的，表示施事常用“所+动+者”），还可以表示处所、凭借、原因、时间等。这样“所+动”就是一个歧义结构，出现于句中时容易引起误解。所以，后来当“所+动”在表示处所、凭借、原因、时间时，就在“所”和“动”之间加上相应的介词，构成“所+介+动”式。这样，由于介词的作用，意义便不容易被误解了。从“攸”字结构也可以看出这一点。“攸”与“所”性质相同，比“所”古老。但是“攸”只有“攸+动”式，没有“攸+介+动”式，“攸+动”除了表示受事之外，也可以表示原因、凭借等。由“攸”字结构来看，确实应先有表示原因、凭借的“所+动”，而后有表示原因、凭借的“所+介+动”。

“所+动”中的“所”可以表示受事，所以朱德熙（1980）认为“所”提取宾语，因为在“所+动”结构中，“动”的受事一般是不出现的。但是在出土战国文献中可以见到这样的例子：（a）虗（吾）所旻（得）地於膚（莒）中者，无有名山名溪。（《上博楚简四·柬大王泊旱》）（b）王所舍（予）新大厩目（以）啻苴之田：南与郲君执疆，东与菱君执疆，北与鄝君执疆，西与鄱君执疆。（《包山楚简》154）

前引（a）例中动词“得”的受事已经在动词后出现，可是在动词前仍然用“所”。“所旻地於膚中者”，可训为“所得於莒中之地”。（b）例“所舍（予）新大厩目（以）啻苴之田”可训为“所予新大厩以啻苴之田”，动词“舍”后受事、与事都出现，但动词前仍然用“所”。可见，如果“所”的作用是提取宾语，那么不该有（a）、（b）这类例子。所以，“所”的作用很可能仅是一个谓词性词语名词化的标记。当一个谓词性词语名词化之后，就需要一个标记来从形式上标明这一点。如果名词化后转指施事，一般用“者”（在一定的条件下可以用“所”）；如果名词化后转指受事以及处所、凭借、原因、时间等，则用“所”。在谓词性词语转指受事后，受事一般不再在“动”后出现；即使出现，“所+动+宾语”中的“动+宾语”所表示的意义也跟表示陈述的“动+宾语”不同了。

文言文“所+介+动”中的“所”不能表示受事、施事，可以表示凭借、原因、处所、时间、目的、伴随等。

表示凭借的例子如“夫金鼓旌旗者，所以一人之耳目也”（《孙子·军争》）、“易一则强，易使则功，易知则明，是治之所由生也”（《荀子·正论》）。表示原因的例子如“桀、纣、幽、厉之所以失措其国家、倾覆其社稷者，已此故也”（《墨子·尚贤中》）、“所为贵骥者，为其一日千里也”（《吕氏春秋·贵卒》）。表示处所的例子如“楚人有涉江者，其剑自舟中坠于水。遽契其舟曰：是吾剑之所从坠”（《吕氏春秋·察今》）、“所由入者，隘；所从归者，迂”（《孙子·围攻》）。表示时间的例子如“兵所自来者久矣”（《吕氏春秋·荡兵》）、“音乐之所由来者远矣”（《吕氏春秋·大乐》）。表示目的的例子如“孟尝君顾谓冯谖：先生所为文市义者，乃今日见之”（《战国策·齐策四》）、“今修兵而反以自攻，则失所为修之矣”（《吕氏春秋·本生》）。表示伴随的例子如“能以从击寡者，则吾之所与战者，约矣”（《孙子·虚实》）、“大臣廷吏，人主之所与度计也”（《韩非子·八奸》）。

出土战国文献中的“所＋介＋动”中的“所”则可以表示工具、凭借、原因、处所、时间、伴随等。

表示工具的例子如：（a）其所以埱者类旁凿。（《睡虎地秦简·封诊式》）埱：挖洞。旁：宽。（b）帀（幣）帛，所以为訐（信）牙（与）證（徵）也。（《郭店楚简·性自命出》）表示凭借的例子如：（c）诗，所以会合古含（今）之恃（寺）也。（《郭店楚简·语丛一》）（d）凡君子所以立身大法晶（三）。（《郭店楚简·六德》）表示原因的例子如：（e）丹所以得復生者，吾犀武舍人，犀武论其舍人□（“□”为原文缺字处，下同）命者，以丹未当死，因告司命史公孙强。（《放马滩秦简·墓主记》）（f）江海所以为百浴（谷）王，以其能为百浴（谷）下。（《郭店楚简·老子甲本》）表示处所的例子如：（g）以孤虚循求盗所道入者及臧（藏）处。（《周家台秦简·日书》）（h）悬（仁）义，豊（礼）所由生也。（《郭店楚简·五行》）表示时间的例子如：（i）凡五亥，不可目（以）畜六牲朋（拢），帝之所目（以）翏（戮）六朋（拢）之日。（《九店楚简》40）（j）凡君子所以立身大法晶（三）……晶（三）者，君子所生牙（与）之立、死牙（与）之遙（敝）也。（《郭店楚简·六德》）

出土战国文献中“所＋介＋动”的总体情况见下表：

种类 内容		所以	所由	所道	所与	合计
楚简	表示工具凭借	36				36
	表示原因	6				6
	表示处所		3			3
	表示时间	1				1
	表示伴随				1	1
秦简	表示工具凭借	2				2
	表示原因	1				1
	表示处所			2		2
	表示时间					0
	表示伴随					0

对于“所＋介＋动”这种结构，我们也认为是有“所”这种标记的名词化结构。即使没有标记，“介＋动”也可以名词化。在文言文中，存在着名词化了的“介＋动”结构，例如：“悚者，亡又（有）［ ］自逨（来）也”（《郭店楚简·语丛一》）、“此济上之所以败，齐国［ ］以虚也”（《吕氏春秋·行论》）、“狱之患，非在所以诛也，［ ］以讐之众也”（《韩非子·难四》）、“故用兵之法，无恃其不来，恃吾有［ ］以待也；无恃其不攻，恃吾有所不可攻也”（《孙子兵法·九变》）、“其妻问所与饮食者，则尽富贵也……问其［ ］与饮食者，尽富贵也”（《孟子·离娄下》）。在上引各例中“［ ］”的位置上都可以加上“所”。如果说“所＋介＋动”中的“介＋动”是有标记的名词化；那么上引五例中的“介＋动”则是无标记的名词化。

与“所”字词性有密切关系的问题是，在先秦时代有没有“为……所……”式被动句。先看以下两例：（a）弊邑为大国所患。（《吕氏春秋·审应》）（b）人为人之所欲，己为人之所恶。（《吕氏春秋·贵因》）

对于这种例子，学术界有不同的看法。《汉书·霍光传》有“卫太子为江充所败”一句，马建忠（1890）认为此句“犹云卫太子为江充所败之人”，这是把它看成陈述句，“为”是动词；杨树达（1955）却把它理解为“卫太子见败于江充”，将之看成被动句，“为”为介词。

王克仲（1982）认为，在先秦时代，“为……所……”还不是被动式，他赞同马建忠的观点。张其昀（1990）则是用演化的观点看问题，他认为“为……所……”式早期是判断形式，后来变为表被动的句式。他列出下列公式：

$$为+[名+(所+动)]\xrightarrow{由表判断转为表被动}为+名+(所+动)$$

董秀芳（1998）认为，由语义因素诱发的重新分析在由表判断的句式向表被动的句式的转变过程中起了关键性作用。那么是什么时候发生了这种转变呢？董秀芳举了下引四例：（a）公子敖出代郡，为胡所败七千有余。（《史记·匈奴传》）（b）骞曰：为汉使月氏而为匈奴所闭道。（《汉书·张骞传》）（c）食於道旁，乃为鸟所盗肉。（《汉书·黄霸传》）（d）司徒九江朱伥以年老为司隶虞诩所奏耳目不聪明。（《风俗通·十反》）

她认为上面的例子已经完成了重新分析。“所+VP”由名词性成分变成了动词性成分，“所”已变为被动标记，“为”由动词（准系词）变成了介词，NP由“所+VP”的定语变为介词“为”的宾语，“为+NP”成为“所+VP”的状语。从董秀芳所举的例子来看，完成转变的时间是汉代，特别是东汉时代。

方有国（2000）也有类似的观点。他认为“所+动”有的有被动性，“所+动”和“为”配合，构成“为+名+所+动”格式，意思是成为“名”的被“动”的人或事物，“所+动”仍是名词性的，大约在西汉，这种句式受“见+动”、“被+动”、“被+名+动”等被动式的类化，“为”变为被动词，“所”字失去作用，随之“所+动”变成动词性的结构，有的还带上了宾语、补语。

上述学者的论述，大都是可取的。“为……所……”式被动句在先秦时代尚不存在，下引两例很说明问题：（a）臣为王之所得鱼也。（《战国策·魏策四》）（b）故乐之所由来者尚矣，非独为一世之所造也。（《吕氏春秋·古乐》）

在（a）例中，“为+名+之+所+动”之后还出现一个名词，“所得”作“鱼”的定语。（a）的意思是臣成了大王所获得的鱼。由此看来，其他“为+名+（之）+所+动”都可做类似的解释。（b）例后一小句的意思是这不单是一个时代创造的，明显不能看成被动句。在先秦时代，“为……所……”这种句式很少，王克仲（1982）从先秦的21部代表性著作中仅仅找出了11例。

既然先秦时代还没有“为……所……”式被动句，那么当时就不存在作为被动标记的“所”。

结构助词的“所”是怎么来的呢？对此学术界也有不同的看法。

王克仲（1982）列出了一个“所”字演变图：（动＋）所^{1}→所^{2}（＋动）→所^{5}＋动。也就是说，最初是动词加于名词“所”之前，如“死所”、“居所”，后来可移到“所^{2}”之后作“所^{2}（＋动）”，最后直接加在“所^{2}”后边，形成所字结构“所^{5}＋动”。

张其昀（1990）认为“所”字作为名词表示处所义是其最早用法，是作为结构助词“所”字最本源的用法。将表示处所义的“所”字参与构成的“居其所”之类的结构变成“其所居”之类的结构，就实现了由动词性结构向名词性结构的转换，“所”也就由名词转变为结构助词了。

郝维平（1996）认为“所”可以作介词，表示原因、凭恃，还可以表示对象。“所”可以和后边的成分构成介词结构。“所”字结构原本是由介词结构演变而来的，其表义重点原也在前边。介词“所”虚化的结果是“所”成了助词，同其后的动词结合日益紧密，“所”的表意重点也相应地移向后面，成了一个只表示动作指向的词，所字结构也就形成了带有指向性的动作这一意义。

方有国（2000）认为“所”是指示代词。根据黄盛璋先生的研究，上古汉语指示代词的来源大半跟时间观念有关，一部分跟空间观念有关。名词“所”表示具体的空间，任何人或事物都是存在于一定空间的，由此“所”转而表示这一空间所存在的人或事物之后，处所义转为指代义，从而名词转化为指示代词。他认为所字结构最初的形成可能是：所→所＋动，即在独用“所”后面直接加动词而成的。

我们认为，下述的观点是正确的：结构助词“所”源于意义是处所的名词“所”。在文言文中，“所”有处所的意义，例如“襢裼暴虎，献于公所”（《诗经·郑风·叔于田》）、“公朝于王所”（《春秋·僖公二十八年》）、“譬如北辰，居其所而众星共之”（《论语·为政》）。这种“所”是如何演变成结构助词“所”的呢？

首先是语言的需要。在上古汉语前期的语言当中，已有一些动词发生了名词化的转变。这时一般是无标记的，如“《旹（诗）》，又（有）为为之也。《箸（书）》，又（有）为言之也”（《上博楚简一·性情论》）。上例中的“有为”，是有所为的意思。有时结构助词“攸”作名词化的标记，但不常用，例如“女不忧朕心之攸困”（《尚书·盘庚》）、“乃民攸训（顺），非天攸若”（《尚书·无逸》）。这样语言中就需要一个常用的名词化标记。

适宜“所”字虚化的具体句法环境应是：“无/有＋所＋VP”式句。例如：（a）由（使）先王亡所逿（归）。（《上博楚简六·平王问郑寿》）（b）亡人不佞，失守社稷，越在草莽，寻子无所辱命。（《左传·昭公二十年》）（c）齐国之政将有所归。（《左传·襄公二十九年》）（d）智（知）丌以又（有）所逿（归）也。（《郭店楚简·六德》）（e）而大王之计，有所失也。（《战国策·秦策三》）

例（a）中的“亡所逿（归）”可以有两种解释。一是把“所”看成意义是处所的名词，这时“所”是“亡”的宾语，“亡所”的意思是没有地方；“归”是运动动词，可以以“所”为处所宾语，“无所归”是说没有地方可以回去。二是把“所”看成结构助词，把“所归”看成“所”字短语，这个短语作宾语，“无所归”是没有可归去的地方。例（b）中“无所辱命”也有一个“所”是上属还是下属的问题。如果是上属，那么应切分为“无所/辱命”，意思是没有地方可以让您执行君王的命令；如果是下属，那么应切分为“无/所辱（君）命”，意即不致辱君命。例（c）、例（d）、例（e）都可作两种分析。

认为“所”是上属，“所”就是名词；认为“所”是下属，“所”就是结构助词。这种可此可彼分析的例子，恰好可以证明结构助词“所”的来源以及“所”所由虚化的具体语法环境。如果历史地看，可以认为“所”原是上属的，后来变为下属了。

俞敏先生有类似的看法，他在《〈经传释词〉札记》中举“无所不知”为例，认为所字结构是古人对这类句子分段理解有差错形成的：

第一阶段：无所不知＝没 地方 不懂。

第二阶段：无所不知＝没 不懂的地方。

可见，俞敏也认为“无＋所＋VP”是结构助词“所”所由产生的具体语法环境之一。

“无所VP”、“有所VP”这样的句法格式十分常见，以至于形成了“无所”、“有所”这样的固定格式。因为使用频率增加，所以可以成为诱发“所”语法化的环境。

跟“所”类似，结构助词“攸”其实也是由意义为处所的名词“攸”虚化而来。结构助词“攸”所由虚化的具体句法环境也应是“无/有＋攸＋VP”，例如“民有寝庙，兽有茂草，各有攸处”（《左传·襄公四年》）。

类推是“所”语法化的原动力。在结构助词“所”产生之前，已经有结构助词“攸”的存在。例如：（a）隹苟（敬）德，亡逌违。（《班簋

铭》）（b）君子有攸往。（《周易·坤卦》）（c）乃民攸训，非天攸若。（《尚书·无逸》）

“攸”字结构中的“攸（逌）”附着于其后的“VP”，与“VP”构成名词性的短语。受“攸”和“攸”字结构的类化，“所”发生了语法化的变化。“攸”字结构可以表示动作的受事及有关方面，受此规定，“所”字结构也是如此。

受类推这种原动力的作用，“无/有＋所＋VP”发生了重新分析。原来，在“无/有＋所＋VP”中间，边界在“所”之后；重新分析发生之后，边界则处于“所”字之前，“所”与后面的“VP”密切地融合在一起，形成了“所”字结构。本来，“无/有”后边的“VP”就容易发生名词化的变化。当重新分析发生之后，“VP”成了“有/无”的宾语，即名词化了，“VP”前的“所”自然变成名词化的标记。

能表示动作的受事及有关方面的名词性“所”字短语产生之后，用处扩大了，不仅可以作动词“有/无”的宾语，举凡名词性短语可以作的句子成分，“所”字短语都可以充当。

“所”可以跟动词性词语构成“所”字短语，根据“所”后动词语的不同，可以把“所”字短语分成两大类型，一是“所＋动＋（者）”，二是“所＋介＋动＋（者）”。

“所＋动＋（者）”之后的“者”可以出现，也可以不出现；可以表示动作的受事，也可以表示动作的有关方面。

用法＼文献		战国金文	战国简牍			战国帛书	战国玉石文字	合计
			楚简	曾简	秦简			
所＋动词		17	138	21	89	0	1	266
所＋介＋动词	所以＋动词	0	46	0	3	0	0	49
	所由＋动词	0	3	0	0	0	0	3
	所与＋动词	0	1	0	0	0	0	1
	所道＋动词	0	0	0	2	0	0	2
合计		17	188	21	94	0	1	321

“所＋动＋（者）”中“动”的种类有：单个动词、状中短语、中补短语、动宾短语、并列短语、连谓短语和复句形式。

“动”是单个动词的例子最多，例如：

(1) 凡孯(学)者隶(求)丌心为难，从丌所为，𨒥(近)㝵(得)之壴(矣)。(《郭店楚简·性自命出》)

(2) 皇天之所弃，而句(后)帝之所憎。(《上博楚简五·三德》)

(3) 律所谓者，以丝杂织履，履有文，乃为“锦履”。(《睡虎地秦简·法律答问》)

(4) 门有客，所言者急相穷事也。(《周家台秦简·日书》)

(5) 右敒(令)建所乘(乘)大𨏈。(《曾侯乙墓竹简》1)

(6) 金石刻，尽始皇帝所为也。(《峄山刻石》)

(7) 献鼎之岁，兼(养)陵公伺之睘(县)所造。(《兼陵公戈铭》，《集成》17·11358)

(8) 十一年，库啬夫肖(赵)不绎、贮氏大令所为，空(容)二斗。(《十一年库啬夫鼎铭》，《集成》5·2608)

“动”是状中短语(以动词为中心语)的例子如：

(9) 此天之所不能杀，陸(地)之所不能釐(埋)，侌(阴)昜(阳)之所不能成。(《郭店楚简·太一生水》)

(10) 王室所当祠固有矣，擅有鬼立(位)殹。(《睡虎地秦简·法律答问》)

(11) 善政者必㠯亓所又(有)，㠯攻人之所亡又(有)。(《上博楚简四·曹沫之阵》)

(12) 舉(举)而(爾)所智(知)，而所不智(知)，人丌(其)㩜(舍)之者？(《上博楚简三·中弓》)

(13) 臣事君，言丌所不能，不訂(辞)丌所能，昊(则)君不㒸(劳)。(《郭店楚简·缁衣》)

(14) 不韦(讳)所不孝(教)於帀(师)者三：弜(强)行、忠謈(谋)、信言，此所不孝(教)於帀(师)也。(《上博楚简六·天子建州甲》)

“动”是中补短语的例子如：

(15) 辛巳之日不㠯(以)所死於亓(其)州者之居凥(处)

名族至（致）命。（《包山楚简》32）

（16）所諨（属）於发尹利：荆层壬申，鄗人胡佢余、瘳野。（《包山楚简》171）

（17）左尹𠂤王命告子郜公，命溓上之识狱为郐人舒𡌤盟，亓所命於此书之中𠂤（以）为证。（《包山楚简》139）

（18）是虗（吾）所皇（望）於女（汝）也。（《上博楚简六·竞公瘧》）

（19）虗（吾）所𧰼（得）地於膚（莒）中者，无有名山名溪。（《上博楚简四·柬大王泊旱》）

（20）王所舍（予）新大厩𠂤（以）啻苴之田，南与郚君执疆，东与菱君执疆，北与鄝君执疆，西与鄱君执疆。（《包山楚简》154）

“动”是动宾短语的例子如：

（21）虗（吾）又（有）所䎽（闻）之。（《上博楚简四·曹沫之阵》）

（22）毋以戊辰、己巳入（纳）寄者，入（纳）之所寄之。（《睡虎地秦简·日书乙种》）

（23）古（故）君子所復（报）之不多，所求之不远，戠（察）反者（诸）吕（己）而可以智（知）人。（《郭店楚简·成之闻之》）

（24）又（有）所又（有）舍（馀）而不敢𦘔（尽）之，又（有）所不足而不敢弗□。（《上博楚简二·从政甲》）

（25）君子亡所不足，无所又（有）余（馀）。（《上博楚简五·弟子问》）

（26）凡宫厩之马所入长坛之审五乘。（《曾侯乙墓竹简》208）

“动”为动词性的联合短语的例子如：

（27）此君子从事者之所适趋也。（《上博楚简五·季庚子问於孔子》）

(28) 告众之所畏忌，请命之所緖，而言語（语）之所记（起）。(《上博楚简六·用曰》)

(29) 可定名事里，所坐论云可（何)? 可（何）罪赦。(《睡虎地秦简·封诊式》)

“动”为连谓短语的例子如：

(30) 及臣邦君长所置为后大（太）子，皆为后子。(《睡虎地秦简·法律答问》)

(31) 轻车、趆张、引强、中卒所载傳（傳）到军，县勿夺。(《睡虎地秦简·法律杂抄》)

(32) 剁敏（令）喜围夌（命）之於王大子而㠯（以）隓剁人所幼未隓。(《包山楚简》2-3)

“动”为复句形式的例子如：

(33) 所又（有）责於寢戱五师，而不交於新客者，豕玟苛欿（吝）利之金一益剘益。(《包山楚简》146)

(34) 所又责於剁寢戱、寢戱、繇戱五师，而不交於新客者，佶让六令李䍃之金五益。(《包山楚简》146)

从内部结构来看，“所+动”是什么性质的结构呢？方有国（2000）认为，“所”是指示代词，而“所+动”结构是按照“中+定”语序组合起来的。方有国此说不可从。“所”在现代汉语中还存在。研究现代汉语的学者，基本上都认为“所”字结构是助词短语，是由助词“所”粘着在动词性词语上组成的。这种看法可取。我们认为对文言文中的“所”字短语也可以这么看。以前引例（15）中的“所死於亓（其）州”为例，可以作如下的层次分析：

所 死 於 亓 州
|所| 字短语 |
|中〈 补 |
|介 | 宾 |
|定)中|

“所+动”可独立使用，例如：

（35）詧（察）所智（知），詧（察）所不智（知）。（《郭店楚简·语丛一》）

（36）盗盗人，买（卖）所盗，以买它物，皆畀其主。（《睡虎地秦简·法律答问》）

“所+动”前可以出现名词性词语（或由名词性词语充当，或由名词性代词充当），在名词性词语和“所+动”之间可以用“之”，也可以不用“之”。例如：

（37）智（知）天所为，智人所为，𢧵（然）句（后）智道。（《郭店楚简·语丝一》）

（38）都寿之岁，襄城楚竟尹所戠。（《襄城楚境尹戈铭》，《汇编》1285）

（39）六年，相邦司工马，左库工币申陀，冶肖明所为，繢事笖鬲执齐。（《六年相邦司空司铍铭》，《汇编》1632）

（40）蜀（独）智（知），人所亚（恶）也。蜀贵，人所亚也；蜀（独）賱（富），人的亚也。（《上博楚简五·君子为礼》）

（41）是虗（吾）所筧（望）於女（汝）也。（《上博楚简六·竞公瘧》）

（42）舉（举）而（爾）所智（知），而（爾）所不智（知），人丌（其）䜌（舍）之者？（《上博楚简三·中弓》）

上面举的6个例子，为“名+所+动”式。前4例“所”前是名词，后2例“所”前是名词性代词。下引6个例子，则为“名+之+所+动”式：

（43）众之所植，莫之能𢍏（升）也。（《上博楚简六·孔子见季趄子》）升：谷物成熟。

（44）□萛（异）於丘之所昏（闻）。（《上博楚简五·季庚子问於孔子》）

（45）皇天之所弃，而句（后）帝之所憎。（《上博楚简五·三德》）

(46) 人之所禮（畏），亦不可以不禮（畏）。(《郭店楚简·老子乙本》)

(47) 天之所败，多亓賛（喜）而募（寡）其悳（忧）。(《上博楚简五·三德》)

(48) 民之所欲，禮（鬼）神是有（祐）。(《上博楚简五·三德》)

对于“名＋所＋动”和“名＋之＋所＋动”，马汉麟（1962）认为是两种不同的结构。他认为中间不用“之”，不是“之”字的省略，而是“所”字直接放在主语和谓语动词之间，构成一个单一的语法单位。用“之”字，表明这是一个偏正词组，“之”前的成分是定语，“之”后的成分是中心语，这个中心语是由“所”字和动词结合而成的一个语法单位。对于马汉麟的观点，有人赞同，也有人反对。分歧的焦点是：“所”是嵌在主语和谓语之间的插入成分，即作A种分析，还是依附于动词的前附成分，即作B种分析：

A. 名（代）＋所＋动
主 | 谓
所字结构

B. 名（代）＋所＋动
所字结构
定中结构

宋绍年（1996）、赵世举（2000）都认为应作B种分析，他们都阐述了之所以这样分析的根据，我们认为是可靠的，此处不重复。

“所＋动”前的“名（代）”，一般表示“动”的施事。姚振武（1998）认为，“所＋动”的提法是不正确的，这是一种只顾后（V）而不顾前（S）的说法。正确的提法应是“（S）所＋V”、“（S）”表示或直接出现，或虽未直接出现，但可以明确补出来。姚振武的这种说法是基本可信的。

“名＋所＋动”和“名＋之＋所＋动”中的“名”、“名＋之”若由代词“其”替换，则形成了“其＋所＋动”式（“其”后不再出现“之”）。这种格式的存在，能证明“所＋动”前的“名”是定语，因为按照王力等（1962）的观点，文言文中的“其”只作定语。“其＋所＋动”的例子如：

(49) 凡𡥈（学）者隶（求）亓心为难，从亓所为，𠀉（近）寻（得）之壴（矣）。(《郭店楚简·性自命出》)

(50) 臣事君，言丌（其）所不能，不訇（辞）丌所能，则君不裳（劳）。(《上博楚简一·紂衣》)

(51) 昏昏不寍（宁），求亓所生。(《上博楚简三·恒先》)

(52) 敓（悦）丌（其）人，必好丌所为。(《上博楚简一·诗序》)

(53) 子曰：大人不睪（亲）丌所䀚（贤），而信丌所贱。(《上博楚简一·紂衣》)

(54) 人各食其所耆（嗜），不踐以贫（分）人；各乐其所乐，而踐以贫（分）人。(《睡虎地秦简·为吏之道》)

“所+动”之后也可以出现名词性词语，构成“所+动+（之）+名”，“（之）”表示“之”可以出现，也可以不出现。“所+动”与“名”所表达的内容基本相同。例如：

(55) 置垣瓦下，置牛上，乃以所操瓦盖之，坚貍（埋）之。(《周家台秦简·病方及其它》)

(56) 此所胃（谓）艮山，禹之离日也。(《睡虎地秦简·日书甲种》)

(57) 君子亡所朕（厌）人。(《上博楚简三·中弓》)

(58) 所为衍（道）者四，唯人衍（道）为可衍（道）也。(《郭店楚简·性自命出》)

(59) 所驭坪夜君之敀车。(《曾侯乙墓竹简》67)

(60) 此所胃（谓）之游（旱）母。(《上博楚简四·柬大王泊旱》)

前5例“所+动”后无“之”，后1例“所+动”后有“之”。文言文中的“之”可作定语的标记。方有国（2000）认为“所+动”与“名”构成定中关系，此说可从。这种定中之间是同一性的关系。

“所+动+（之）+名”中的“（之）+名”可以用“者”来替换，这时形成了“所+动+者”这样的格式。例如：

(61) 斗乘冀，门有客，所言者，行事也。(《周家台秦简·日书》)

(62) 所谓者，见书而投者不得，燔书，勿发。(《睡虎地秦简·法律答问》)

(63) 所兆者㠯（以）迷（速）寁（赛）祷□。(《新蔡楚简》零：12)

(64) 不韦（讳）所不孝（教）於帀（师）者三：弜（强）行、忠悬（谋）、信言。(《上博楚简六·天子建州甲》)

对于“所+动+者”，学者们有不同的分析。南开大学马汉麟（1960）认为“所”是指示代词，而“者”是助词。王力等（1962）把“所”和“者”都看成是特别的指示代词，认为如果动词前面用了“所”字，那么动词后面的“者”字就指代行为的对象了，这时“所”字起着指示行为的作用。方有国（2000）认为“所+动+者”是在“所+动”后边加上指示代词“者”形成的。“者”的作用，一是作“所”字结构结束的标志，二是复指“所”所指的内容。而张其昀（1990）认为这种“者”是语气词，只起调节话语韵流的作用。白兆麟（1998）、何乐士（2004）等也都把这种“者”看成语气词。

我们则认为“所”和“者”都是结构助词。“所”先与“动”组合，构成名词性的“所”字短语“所+动”。“所+动”这个名词性短语后再加结构助词“者”。结构助词“者”在文言文中可以用在名词性词语之后，也可以用在谓词性词语之后。“所+动+者”中的“者”是前一种“者”（详见拙文《出土战国文献中的助词“者”》）。以“所言者”为例，可作如下层次分析：

所　言　者

|者字|短语|

|所字短语|

在“所+动”前后都可以再出现名词性词语，构成“名$_1$+（之）+所+动+（之）+名$_2$”这样的格式。一般说来，“名$_1$”为“动”的施事，“名$_2$”为“动”的受事。例如：

(65) 右敂（令）建所乘（乘）大輪。(《曾侯乙墓竹简》1)

(66) 邻连嚣（敖）东臣所驭政车。(《曾侯乙墓竹简》12)

(67) 十三葉，左使车啬夫孙固所敹（勒）輎（看）器。(《十三葉壶铭》，《集成》15·9675)

(68) 卅三年，單父上官嗣憙所受坪安君石（碣）它（鼦）。

(《卅二年坪安君鼎铭》,《集成》5·2764)

对于这种“名$_1$＋（之）＋所＋动＋（之）＋名$_2$”的结构，马汉麟（1962）曾以《论衡·刺孟》中的“盗跖之所树粟”为例，认为它有四种分析的可能：

盗跖/之/（所树/粟）

盗跖/之/（所树—粟）（“所树”与“粟”同位）

（盗跖/之/所树）—粟（“盗跖之所树”与“粟”同位）

（盗跖/之/所树）/粟

马汉麟否定了最后一种分析，而对前三种分析未置可否。陈朋（1980）则认为这类结构不是以“所”字结构为中心语，而是以名词为中心语的偏正结构，恰恰应以最后一种分析为是。赵世举（2000）认为陈朋的观点大体上是可信的。

在文言文中，的确存在“名＋（之）＋所＋动”和“所＋动＋（之）＋名”两种结构，所以无论把第一层切在“盗跖”之后，还是“所树”之后，似乎都可以讲得通。但仔细想来，应以第一种切分为是，原因有三：

首先，从语义关系来说，“所树”与“粟”所指相同，关系很密切。而“盗跖”是领有者，它与“所树”和“粟”的关系都比较疏远。既然如此，不应首先在“所树”之后切分。

其次，文言文“名$_1$＋（之）＋所＋动＋（之）＋名$_2$”中的“（之）＋名$_2$”可由“者”来替换，构成“名$_1$＋（之）＋所＋动＋者”这样的结构，例句详见下文。这种结构里的“者”作为结构助词，是附着在“所＋动”之后，而不是附在“名＋（之）＋所＋动”之后。这样分析的一个重要的根据是，“名$_1$＋（之）＋所＋动＋者”中的“名$_1$＋（之）”可以省略，只剩下“所＋动＋者”，如前引例（61）至（64）。

再次，从省略的角度来看，“名$_1$＋（之）＋所＋动＋（之）＋名$_2$”中的“名$_1$＋（之）”可以省去，只剩下“所＋动＋（之）＋名$_2$”，如前引例（55）至（60）。定中短语的定语往往可以省去，如“仲子所居之室……所食之粟”（《孟子·滕文公下》）。上例中的“所食之粟”，“所食”后保留“之粟”，而其前省去“仲子”，这说明“所食”与“粟”关系更为密切，“仲子”应为定语。

我们认为，以前引例（65）为例对这种结构可作如下的层次分析：

右敂（令）建所乘（乘） 大輣

定 （ 中

定 （中

所字短语

“$名_1$ +（之）+所+动+（之）+$名_2$”中的“（之）+$名_2$”可以由“者”来替换，构成“名+（之）+所+动+者”这样的格式。例如：

（69）豊（礼）之所至者，乐亦至安（焉）。（《上博楚简二·民之父母》）

（70）“五至”虐（乎），勿（物）之所至者，志亦至安（焉）。（《上博楚简二·民之父母》）

（71）律所谓者，以丝杂织履，履有文，乃为“锦履”。（《睡虎地秦简·法律答问》）

（72）虗（吾）所旻（得）地於膚（莒）中者，无有名山名溪。（《上博楚简四·柬大王泊旱》）

这种格式中的“者”，只能认为是附着在“所+动”之上的，而不是附着在“名+（之）+所+动”之上，文言文中常见“所+动+者”格式能证明这一点。“名+（之）”可以自由省略，说明它不是“者”字词组的一部分，而是“所+动+者”的定语。这种结构的存在，说明我们前面对“$名_1$ +（之）所+动+（之）+$名_2$”的分析是正确的。

对这种结构，以前引例（69）中的“豊（礼）之所至者”为例，可作如下的层次分析：

豊（礼）之所 至 者

定 ） 中

者字短语

所字

“$名_1$ +（之）+所+动+（之）+$名_2$”中的“$名_1$ +（之）”可用“其”替代，这样就构成了“其+所+动+（之）+名”这样的结构。例如：

（73）□传者入门，必行其所当行之道。（《龙岗秦简》3）

（74）其所受臧（赃），亦与盗同法。（《龙岗秦简》148）

(75) 直（值）其所失臧及所受臧，皆与盗同□。(《龙岗秦简》137)

对这种结构，以“其所当行之道”为例，可作如下层次分析：

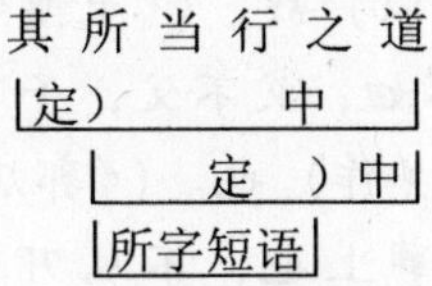

“名$_1$ +（之）+所+动+（之）+名$_2$”中的“名$_1$ +（之）”可用“其”替换，“（之）+名$_2$”可用“者”替换，这样就构成了“其+所+动+者”结构。例如：

(76) 古（故）君子之立（莅）民也，身備（服）善以先之，敬新（慎）以寸（守）之，丌（其）所才（存）者内（入）㑌（矣）。(《郭店楚简·成之闻之》)

对这种结构，以“丌（其）所才（存）者”为例，可作如下的层次分析：

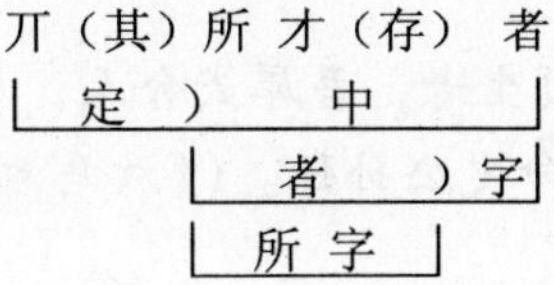

“所+介+动”格式中的“介”，在出土战国文献中主要有“以”、“由”、“与”、“道”，“以”常见，后三者都不常见。例如：

(77) 虐（吾）所以又（有）大患者，为虐（吾）又（有）身。(《郭店楚简·老子乙本》)

(78) 圣智（知），豊（礼）樂（乐）之所由生也，五［行之所和］也。(《郭店楚简·五行》)

(79) 晶（三）者，君子所生牙（与）之立，死牙（与）之遜（敝）也。(《郭店楚简·六德》)

(80) 以孤虚循求盗所道入者及臧（藏）处。(《周家台秦简·日书》)

"所+介+动"中的"动"可以是单个动词，也可以是动词性的状中短语、中补短语、动宾短语和联合短语。

"动"为单个动词的例子如：

(81) 此三者所𠂤（以）战。(《上博楚简四·曹沫之阵》)

(82) 夫不夫，妇不妇，父不父，子不子，君不君，臣不臣，昏（昏）所䌛（由）𠂤（作）也。(《郭店楚简·六德》)

(83) 子曰：下之事上也，不从丌所以命，而从丌所行。(《郭店楚简·缁衣》)

(84) 圣智（知），豊（礼）檠（乐）之所由生也，五［行之所和］也。(《郭店楚简·五行》)

(85) 以孤虚循求盗所道入者及臧（藏）处。(《周家台秦简·日书》)

(86) 箱徙之器所𠂤行：一獬冠。(《包山楚简》)

"动"为状中短语的例子如：

(87) 智（知）址（止），所以不訇（殆）。(《郭店楚简·老子甲本》)

(88) 丹所以得復生者，吾犀武舍人，犀武论其舍人□命者，以丹未当死，因告司命史公孙强。(《放马滩秦简·墓主记》)

"动"为中补短语的例子如：

(89) 古之所以行虖（乎）闵（蛮）喽（貉）者，女（如）此也。(《郭店楚简·忠信之道》)

(90) 所以异於父，君臣不相才（存）也。(《郭店楚简·语丛三》)

(91) 季（教），所以生悳（德）于审（中）者也。(《郭店楚简·性自命出》)

(92) 此所𠂤为和於邦。(《上博楚简四·曹沫之阵》)

"动"为动宾短语的例子如：

(93) 江海所以为百浴（谷）王，以其能为百浴下。(《郭店楚简·老子甲本》)

(94) 甓（般）人之所吕（以）弋（代）之，觀（观）亓容，圣（听）亓言。(《上博楚简五·鲍叔牙与隰朋之谏》)

(95) 魂（鬼）神鞫武，非所吕叠（教）民，唯君其知之。(《上博楚简四·曹沫之阵》)

(96) 凡君子所以立身大法晶（三）。(《郭店楚简·六德》)

(97) 小邦处大邦之间，敌邦交陛（地）不可吕先复（作）悁（怨），疆陛（地）毋先而必取口焉，所吕佢（距）鄒（边）。(《上博楚简四·曹沫之阵》)

(98) 陞（登）丘毋訶（歌），所吕为天豊（礼）。(《上博楚简五·三德》)

“动”为联合短语的例子如：

(99) 迿佝者叀（使）遻（堋）丌所吕衰亡。(《上博楚简四·鲍叔牙与隰朋之谏》)

从内部构造来说，“所+介+动”是什么结构呢？方有国（2000）认为是中定结构，“所”是中心语，“介+动”是后置定语，共同限定“所”。我们认为，此说不可从。前面已经说过，“所”是结构助词，“所”与“介+动”组合后，构成的是助词短语。

对“所+介+动”该如何进行层次分析呢？这主要有两种看法。第一种看法是首先在介词后进行切分。如何乐士（2004）认为，“所+介”首先组成一个表示凭借、原因、工具、方法、目的、途径的介词结构，再和动词组织在一起，即“（所+介）+动”。第二种看法是在“所”后切分，如王克仲（1982）认为“所+介+动”的内部结合关系应该是“所+(介+动)”，其中的介词附属于动词。

我们认为后者是可信的。理由如下：在文言文中，存在着名词化了的“介+动”结构，例如“悇者，亡又（有）[ ] 自逨（来）也”（《郭店楚简·语丛一》）、“此济上之所以败，齐国 [ ] 以虚也”（《吕氏春秋·行论》）、“狱之患，非在所以诛也，[ ] 以雠之众也”（《韩非子·难四》）、“故用兵之法，无恃其不来，恃吾有 [ ] 以待也；无恃其不攻，恃吾有所不可攻也”（《孙子兵法·九变》）、“其妻问所与饮食者，则尽富贵也……问其［ ］与饮食者，尽富贵也”（《孟子·离娄下》）。在上引各例之中“［ ］”的位置上都可以加上“所”。如果说“所+介+动”中的“介+动”是有标记的名词化；那么上引5例中的“介+动”则是无标记的名词化。

“所”用在“介+动”前，是“介+动”名词化的标记，可见，第一层必须在“所”后切分，才符合这种短语的构造规律。如果认为“所”先与“介”组合成介宾短语，再与后面的“动”组合，那样组合出来的短语只能是动词性的，而不会是名词性的。所以前一种看法是不可从的。以前引例（95）中的“所目（以）耆（教）民”为例，这种短语可作如下层次分析：

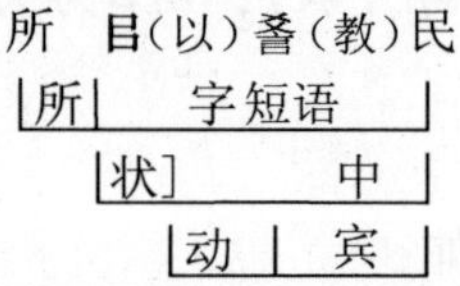

出土战国文献“所+介+动”中“动”的情况统计表如下：

种类 / 统计	单个动词	动宾短语	中补短语	状中短语	并列短语	合计
数量（个）	15	27	6	3	1	52

“所+介+动”前边可以出现名词性词语，后边也可以出现名词性词语，构成“名$_1$+（之）+所+介+动+（之）+名$_2$”这种短语。例如：

（100）凡君子所以立身大法晶（三）。（《郭店楚简·六德》）

（101）凡五亥，不可㠯（以）畜六牲牖（扰），帝之所㠯翏（戮）六牖（扰）之日。（《九店楚简》40）

如果用“者”替换“名$_1$+（之）+所+介+动+（之）+名$_2$”中的“（之）+名$_2$”，则成为“名+（之）+所+介+动+者”这样的短语。例如：

（102）丹所以得復生者，吾犀武舍人，犀武论其舍人□命者，以丹未当死，因告司命史公孙强。（《放马滩秦简·墓主记》）

（103）古之所以行虖（乎）闵（蛮）嗖（貉）者，女（如）

此也。(《郭店楚简·忠信之道》)

(104) 以孤虚循求盗所道入者及臧(藏)处。(《周家台秦简·日书》)

(105) 虐(吾)所以又(有)大患者,为虐(吾)又(有)身。(《郭店楚简·老子甲本》)

前3例中的“名$_1$”为名词,其中(103)例中的“名$_1$”为时间名词,例(105)中的“名$_1$”为代词。在上引各例中,“者”是附着在前面的“所+介+动”之上的,这属于用于名词性词语后的“者”,而不是附着在“名$_1$+(之)+所+介+动”之上的“者”,因为“名$_1$+(之)”可以省略,文言文中有“所+介+动+者”这样的短语。由此来看,“名$_1$+(之)+所+介+动+(之)+名$_2$”,首先应该在“所”前切分,以“君子所以立身大法”为例,这种短语可分析为:

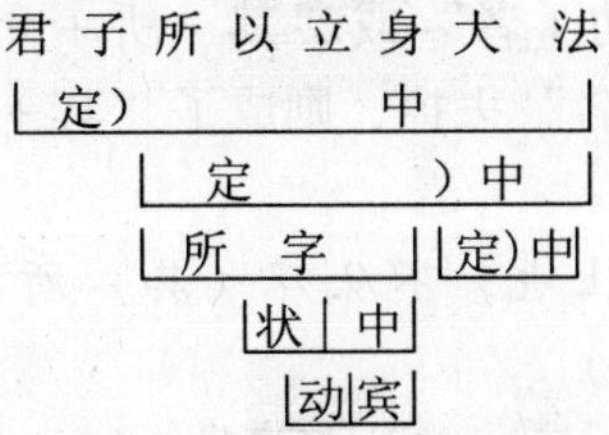

“所以立身”与“大法”所指相同,两者间关系更密切,而“君子”为领有者,与“所以立身”的关系稍远。

“名+(之)+所+介+动+者”这样的短语,以“丹所以得復生者”为例,可作如下分析:

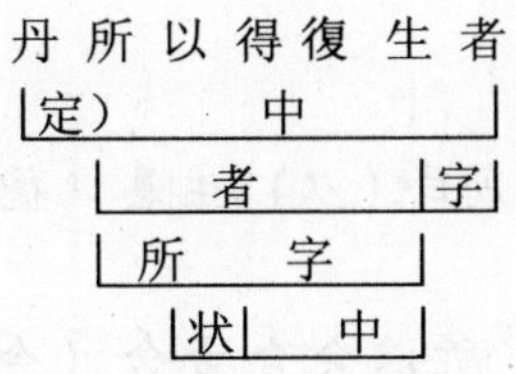

如果用“其”替换“名$_1$+(之)+所+介+动+(之)+名$_2$”中的“名$_1$+(之)”,用“者”替换其中的“(之)+名$_2$”,则成为“其+所+介+动+者”这样的结构。例如:

(106) 其所以埱者类旁凿。(《睡虎地秦简·封诊式》)埱:挖洞。旁:宽。

如果把“名$_1$+（之）+所+介+动+（之）+名$_2$”中的“（之）+名$_2$”省去，则成为“名+（之）+所+介+动”这样的结构：

（107）悬（仁）义，豊（礼）所由生也，四行之所和也。（《郭店楚简·五行》）

（108）江海所以为百浴（谷）王，以其能为百浴（谷）下。（《郭店楚简·老子甲本》）

（109）鬈（般）人之所㠯（以）弋（代）之，觀（观）亓容，圣（听）亓言。（《上博楚简五·鲍叔牙与隰朋之谏》）

（110）圣智（知），豊（礼）藥（乐）之所由生也，五［行之所和］也。（《郭店楚简·五行》）

把“其+所+介+动+者”或“其+所+介+动+（之）+名”中的“者”或“（之）+名”去掉，则成了“其+所+介+动”这类结构：

（111）下之事上也，不从丌（其）所以命，而从丌所行。（《郭店楚简·缁衣》）

（112）遟（堋）亓（其）所㠯葬。（《上博楚简四·鲍叔牙与隰朋之谏》）

把“名+（之）+所+介+动+者”或“其+所+介+动+者”中的“名+（之）”或“其”省去，则成了“所+介+动+者”这类结构，例如：

（113）斈（教），所㠯（以）生悳（德）於中者也。（《上博楚简一·性情论》）

（114）者（书），所以会合古含（今）之恃（志）者也。（《郭店楚简·语丛一》）

（115）所道旞者，命曰“署人”。（《睡虎地秦简·法律答问》）道：由，从。旞：行。

“所+介+动”可以单独使用。例如：

(116) 毋上（尚）获而上（尚）闻命，所𠭃为毋退。(《上博楚简四·曹沫之阵》)

(117) 亓（期）会之不难，所𠭃为和於豫（舍）。(《上博楚简四·曹沫之阵》)

(118) 智（知）吕（己），所以智人；智人，所以智命。(《郭店楚简·尊德义》)

(119) 祔（幣）帛，所𠭃（以）为信与登（徵）也。(《上博楚简一·性情论》)

(120) 夫丧，至忎（爱）之裘（卒）也，所城（成）死也。(《上博楚简三·中弓》)

(121) 杀戮（戮），所以敍（除）𥁕（怨）也。(《郭店楚简·尊德义》)

统计＼结构	名$_1$＋（之）＋所＋介＋动＋（之）＋名$_2$	名＋所＋介＋动＋者	其＋所＋介＋动＋者	名＋所＋介＋动	其＋所＋介＋动	所＋介＋动＋者	所＋介＋动	合计
数量	2	4	1	7	4	4	30	52

“所”字短语（包括“所＋动”和“所＋介＋动”）是一种什么功能的短语呢？对此有两种看法。一种看法认为是名词性短语。如王克仲（1982）认为，“所＋动”是一个名词性的词组，在句子中可以充当名词所能充当的任何句子成分。他还认为在“所＋介＋动”中的“所”不是介词的前置宾语，它在造句中起着把“介＋动”这样一个动词性词组变为名词性词组的作用。另一种看法认为“所”字短语具有双重性。如何乐士（2004）认为“所＋动”前面可以加“其”、“名”、“名之”等表领属关系的修饰成分，表明“所＋动”的名词性质；在用作名词性谓语的“所＋动”前常出现“非”、“唯”、“皆”、“亦”等成分，也反映“所＋动”的名词性质。但他认为“所＋动”结构具有双重性，当它作定语时，就是个形容词性的结构。所以“所＋动”是一个名词性兼形容词性的结构。何乐士认为“所＋介＋动”是一个名词性短语。

我们认为，前说更为可靠。当“所＋动”或“所＋介＋动”作定语时，仍是名词性的，是以一个名词性词语的身份作定语的。在汉语中，不但形容词性词语可以作定语，名词性词语也可以作定语。不能说“所”字短语作主语、宾语时是名词性的，作定语时就是形容词性的。不管用作什么成分，它的性质并没变，都是名词性短语。

作为名词性短语，“所”字短语可以作主语、判断句谓语、宾语、定语、中心语等成分，还可以作联合短语及“者”字短语的一部分。

“所”字短语作主语的例子如：

(122) 今夬（决）耳故不穿，所夬（决）非珥所入殹，可（何）论？（《睡虎地秦简·法律答问》）

(123) 一日㠯善立，所孪（教）皆終。（《上博楚简三·中弓》）

(124) 朝廷之立（位），壤（让）而凥（处）戔（贱），所乇（度）不远悞（矣）。（《郭店楚简·成之闻之》）

(125) 所城有坏者。（《睡虎地秦简·秦律杂抄》）

(126) 所杀直（值）二百五十钱。（《睡虎地秦简·法律答问》）

(127) 所以异於父，君臣不相才（存）也。（《郭店楚简·语丛三》）

“所”字短语作判断句谓语。例如：

(128) 弜（强）行、忠䛩（谋）、信言，此所不孪（教）於帀（师）也。（《上博楚简六·天子建州甲》）

(129) 此所㠯为和於邦。（《上博楚简四·曹沫之阵》）

(130) 此三者所㠯战。（《上博楚简四·曹沫之阵》）

(131) 帣（幣）帛，所㠯为信与登（徵）也。（《上博楚简一·性情论》）

(132) 雀（爵）立（位），所以訐（信）丌肰（然）也。（《郭店楚简·尊德义》）

(133) 䰠（鬼）神勅武，非所㠯孶（教）民，唯君其知之。（《上博楚简四·曹沫之阵》）

“所”字短语作宾语，例如：

(134) 严敬不敢怠荒，因载所美，卲（昭）友（蔡）皇工（功）。（《中山王䂢方壶铭》，《集成》15·9735）

(135) 君子亡所不足，无所又（有）舍（馀）。（《上博楚简

五·弟子问》)

(136)諓(察)天人之分，而智(知)所行矣。(《郭店楚简·穷达以时》)

(137)后自得所亡。(《睡虎地秦简·法律答问》)

(138)盗盗人，买(卖)所盗，以买它物，以畀其主。(《睡虎地秦简·法律答问》)

(139)一曰不察所亲。不察所亲，则怨数至。二曰不智(知)所使。不智(知)所使，则以权衡求利。(《睡虎地秦简·为吏之道》)

“所”字短语可以作定语，例如：

(140)其所受臧(贜)，亦与盗同法。(《龙岗秦简》148)

(141)十四葉，片器夫亮疸所勒(勒)翰(看)器。(《十四葉方壶铭》，《集成》15·9665)

(142)差(左)敏弘(弘)所驭乘车。(《曾侯乙墓竹简》7)

(143)凡五亥，不可𠂤(以)畜六牲膭(扰)，帝之所𠂤翏(戮)六膭(扰)之日。(《九店楚简》40)

(144)凡君子所以立身大法晶(三)。(《郭店楚简·六德》)

(145)此所胃(谓)艮山，禹之离日也。(《睡虎地秦简·日书甲种》)

“所”字短语可以作中心语，例如：

(146)金石刻，尽始皇帝所为也。(《峄山刻石》)

(147)智(知)天所为，智人所为，肰(然)句(后)智道。(《郭店楚简·语丝一》)

(148)古歲(岁)者，溼(湿)澡(燥)之所生也；溼(湿)澡者，仓(沧)然之所生也。(《郭店楚简·太一生水》)

(149)人各食其所耆(嗜)，不踐以贫(分)人；各乐其所乐，而踐以贫(分)人。(《睡虎地秦简·为吏之道》)

(150)古者，民各有乡俗，其所利及好恶不同。(《睡虎地秦简·语书》)

(151)周人之所𠂤(以)弋(代)之。(《上博楚简四·鲍叔

牙与隰朋之谏》)

有时，两个“所”字短语构成名词性的联合短语，例如：

(152) 好亚（恶），眚（性）也。所好所亚（恶），勿（物）也。善不［善，眚也］，所善所不善，埶（势）也。(《郭店楚简·性自命出》)

这个例子中由两个“所”字短语构成的联合短语是作主语的。

“所”字短语还可以作“者”字短语的一部分，这时“所”字短语与“者”的结合较紧密。例如：

(153) 可（何）如为“犯令”、“法（废）令”？律所谓者，令曰勿为而为之。(《睡虎地秦简·法律答问》)

(154) 斗乘亢，门有客，所言者行事也、请谒事也。(《周家台秦简·日书》)

(155) 豊（礼）之所至者，乐亦至安（焉）。(《上博楚简二·民之父母》)

(156) 虗（吾）所旻（得）地於膚（莒）中者，无有名山名溪。(《上博楚简四·柬大王泊旱》)

(157) 古之所以行虖（乎）闵（蛮）喽（貉）者，女（如）此也。(《郭店楚简·忠信之道》)

(158) 虗（吾）所以又（有）大患者，为虗（吾）又（有）身。(《郭店楚简·老子乙本》)

这种“所”字短语是“者”字助词短语的一部分。有人认为这是“所……者”结构，其实“所”和“者”并不处于一个层次之上。以“所以又（有）大患者”为例，可作如下层次分析：

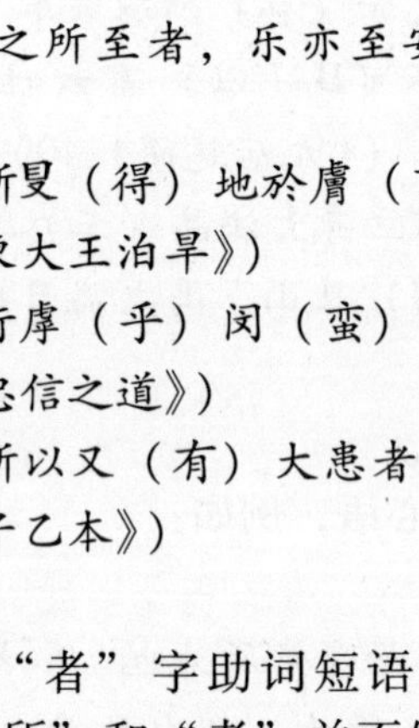

关于“者”和“所”的区别，有些学者做过论述。朱德熙（1982）认为，“者”是提取主语的，而“所”是提取宾语的。姚振武（1998）认为，“者”和“所”的区别并不在于此，因为单个动词与“者”结合后也可以指称宾语。他把汉语谓词性成分名词划分为两种类型。第一种“VP”只是单个的谓词，指称的只能是一般，并且只能是本体；第二种“VP”中包含本体成分，指称的只能是与所出现的本体相关的个别（绝对个别和相对个别）。他认为“所”是古汉语谓词性成分名词化指称个别宾语的必有标记，是第二种名词化的标记，而“者”显然是第一种名词化的标记。

姚振武（1998）之说未必可信。因为出现在“者”前的“VP”有不少并不是单个动词，而是动宾、动补、状中短语，甚至是主谓短语。“者”出现在这些词语之后，很难说是指称一般的，这时它跟“所”在指称一般或个别方面并无明显的不同。

我们认为，“者”和“所”的区别有以下几点：

第一，“者”用于“VP”之后，而“所”用于“VP”之前。

第二，“者”可用于名词语之后，起自指（或说复指）作用，而“所”不能用于名词语之前。若“所”用于名词语之前，这个名词语是有过动词化的过程的。也就是说经过了先动词化、再名词化的过程。这时名词语所表示的意义跟没有经过这个过程所表示的意义不同。

第三，“者”和“所”即使都与谓词语结合，情况也有不同。“者”前的“VP”一般是转指施事的，而“所”后的“VP”一般是转指受事的，也可以转指处所、凭借、原因、时间等。

总之，上古汉语中的“所”不是代词，是结构助词，有附着作用，是名词化的标记。“所＋动”中的“所”有替代作用，可以表示“动”的受事、施事、处所、凭借、原因、时间等，“所＋介＋动”可以表示工具、凭借、原因、处所、时间、目的、伴随等。先秦汉语中不存在“为……所……”式被动句，所以也不存在作为被动标记的“所”。结构助词“所”源于意义是处所的名词“所”，其间经历了语法化的过程。“所”字短语可以分为两种类型，即“所＋动＋（者）”和“所＋介＋动＋（者）”。“所＋动＋（者）”中的“动”在出土战国文献中有单个动词、状中短语、中补短语、动宾短语、联合短语、连谓短语和复句形式。“所＋动＋（者）”是助词短语，可以单独使用，其前可以出现名词性词语（名词性词语和“所”字短语之间可以加“之”，也可以不加）或“其”。“所＋动”后也可以出现名词性词语（“所”字短语和名词性词语之间可以加“之”，也可以不加）或“者”。在“所＋动”的前后都可以出现名词性词语，构成

“名$_1$ + （之） + 所 + 动 + （之） + 名$_2$”这样的结构。“所 + 介 + 动”中的“介”，在出土战国文献中有“以”、“由”、“与”、“道”。其中的“动”在出土战国文献中可以是单个动词，也可以是谓词性的状中短语、中补短语、动宾短语和联合短语。“所 + 介 + 动”前后都可以出现名词性词语，构成“名$_1$ + （之） + 所 + 介 + 动 + （之） + 名$_2$”这样的结构，“名$_1$ + （之）”可以用“其”替换，也可以省略；“（之） + 名$_2$”可以用“者”替换，也可以省略。“所 + 动”和“所 + 介 + 动”都是名词性短语，可以作主语、判断句谓语、宾语、定语和中心语等成分。“所”与“者”的区别主要是“者”后置于VP，而“所”前置于VP；“者”可以用于名词性词语之后起自指作用，而“所”不能；“者”前的VP名词化后一般是转指施事的，而“所”后的VP名词化后转指的对象是多样的。

附　注

本文使用的出土战国文献主要有四种：

一是战国金文。主要见于下列两部书：一是《殷周金文集成》（18册），1984年4月至1994年12月由中华书局出版；二是《新收殷周青铜器铭文暨器影汇编》，由台湾艺文印书馆于2006年4月出版。前书收录的金文一般以各个分册交付出版时已经发表和掌握者为限，多数分册断至1985年年底。后者收录《殷周金文集成》出版后至2005年年底新出土的金文，也间收《殷周金文集成》漏收的金文。前者共收金文11 983件器，后者共收2 005件器。从上述两书中选出战国时代的金文。

二是战国简牍文字。主要包括五里牌楚简、仰天湖楚简、杨家湾楚简、信阳楚简、望山楚简、九店楚简、包山楚简、郭店楚简、上博楚简、新蔡楚简、香港中大楚简、睡虎地秦简、睡虎地秦牍、青川秦牍、放马滩秦简、岳山秦牍、龙岗秦简、周家台秦简、曾侯乙墓竹简等。

三是战国帛书。主要有长沙子弹库战国楚帛书。

四是战国玉石文字。主要包括守丘石刻、诅楚文、岣嵝碑、行气玉铭、玉璜箴铭、峄山刻石、秦骃玉版铭等。

应该说明的是，上述语料有一些已晚到秦代。

参考文献：

［1］白兆麟：《“所”字词组后附之“者”字新探》，《安徽大学学报》1980年第3期。

［2］陈承泽：《国文法草创》，商务印书馆1922年版。

［3］陈朋：《试论“名·之所·动”可作定语》，《中国语文》1980年第5期。

［4］方有国：《上古汉语所字与所字结构再研究》，《上古汉语语法研究》，巴蜀书社 2000 年版。

［5］郭锡良：《古代汉语》，语文出版社 1992 年版。

［6］郝维平：《上古汉语“所”字新探》，《古汉语研究》1996 年第 2 期。

［7］何乐士：《〈左传〉的“所”》，《左传虚词研究》（修订本），商务印书馆 2004 年版。

［8］何容：《中国文法论》，商务印书馆 1942 年版。

［9］金兆梓：《国文法之研究》，中华书局 1922 年版。

［10］黎锦熙：《新著国语文法》，商务印书馆 1924 年版。

［11］吕叔湘：《中国文法要略》，商务印书馆 1942 年版。

［12］马汉麟：《古代汉语“所”字的指代作用和“所”字词组的分析》，《中国语文》1962 年第 10 期。

［13］马建忠：《马氏文通》，商务印书馆 1898 年版。

［14］南开大学中文系古代汉语教研室：《古代汉语读本》，人民教育出版社 1960 年版。

［15］宋绍年：《关于“名（代）+所+动”结构的切分》，《中国语文》1996 年第 2 期。

［16］王克仲：《关于先秦“所”字词性的调查报告》，《古汉语研究论文集》，北京出版社 1982 年版。

［17］王力：《古代汉语》，中华书局 1962 年版。

［18］杨树达：《增订积微居小学金石论丛》，科学出版社 1955 年版。

［19］姚振武：《个别性指称与“所”字结构》，《古汉语研究》1998 年第 3 期。

［20］张其昀：《“所”字用法源流考》，《盐城师专学报》1990 年第 4 期。

［21］赵世举：《〈孟子〉定中结构三平面研究》，中国青年出版社 2000 年版。

［22］周法高：《中国古代语法》，台湾“中央研究院”1959 年版。

［23］朱德熙：《自指和转指》，《方言》1980 年第 1 期。

作者简介：张玉金，男，1958— ，吉林榆树人。华南师范大学文学院教授，博士生导师，副院长。广东中国语言学会副会长，中国殷商文化学会理事。主要从事出土文献语言学、古文字学、汉字学研究。

“词类活用”现象的理解机制

周国光

［摘　要］话语的理解有其一定的理解机制。本文根据话语理解理论，指出了“词类活用”现象理解中的主要机制——语义调整，并描述、分析了语义调整的主要手段——语义扩展。

［关键词］词类活用；话语理解；语义调整；语义扩展

一、引　言

人们之间的语言交际是一个话语的生成—理解的过程。因此，我们既可以从话语生成的角度来研究语言，也可以从话语理解的角度来研究语言。由于话语的生成和理解并不是一个简单的可逆过程，因而从话语理解的角度去研究语言也许能给我们一些新的启示和发现。

“词类活用”是古汉语中重要的语言现象。从交际全过程来讲，既然有“活用”，就应该有相应的“活解”。由于我们同古代书面语之间主要是接收者同信息源的关系，因此从话语理解的角度来研究“词类活用”现象就更具有实际价值。本文试图从话语理解的角度入手，对“词类活用”现象的理解机制作一探讨。

一般说来，话语理解的过程可分为如下步骤：

（1）理解构成话语的成分的意义；

（2）明确各个话语成分在其所在的话语结构中的位置、功能和作用；

（3）确定话语成分之间的各种关系（语法的、语义的、语用的，等等）；

（4）综合话语诸方面的因素，确定话语成分在具体话语中的变异情况，作相应的调整，形成同时性语义图式，完成话语的理解。

话语成分的意义的理解是话语理解的基础。只有理解了话语成分的意义，我们才能进而判定其间的各种关系。由于语义内容、语义关系相对丰富而语法形式、语法关系相对简单，要用有限的语法形式、语法关系去容纳丰富的语义内容、语义关系，就必然出现同形异构异义、同构异形异义、异构异形同义等情况。例如，名词 + 动词（N + V）可以构成主谓关系（S – P），也可以构成状中关系（M – C）。要判定 N + V 之间的关系，我们就必须首先理解 N、V 两个成分的意义。

仅仅理解话语成分的意义还不足以判定其间的关系，我们还必须把词语组合起来构成的单位放在更大的话语单位之中，结合前后成分，才能判定其间的关系。这一点在歧义（多义）话语单位的理解中表现得尤为明显。因此，要确定话语成分之间的关系，我们还必须明确话语成分在话语结构中的位置及其所处的语境。

理解了话语成分的意义，明确了话语成分在话语结构中的位置，确定了话语成分之间的关系，我们就可以综合诸方面的因素，形成同时性语义图式。

同时性语义图式的形成，并不是把话语成分的意义简单地相加。因为词语组合起来以后，其间就多出了一些关系，这就是“整体大于部分之和”；并且语言系统中的词语在一定的话语结构中还会产生变异。因此，只有准确地确定词语之间的关系、合理地把握词语在具体话语结构中的变异情况，才能形成完整、合理的语义图式。例如，在“丁壮号哭，老人儿啼”中，“儿啼”之间，在语法上是状中关系，在语义上是状态—动作关系，其中的“儿”就由表人（小孩）变异为表状态（像小孩那样）。这就需要我们根据话语成分的变异情况作相应的调整，这就涉及本文所要讨论的问题：词语在话语中的变异和话语理解过程中的调整机制。

二、话语理解的调整机制

在词类活用现象中，词语变异的主要原因在于语言信息同它所负载的信息之间的矛盾、词语的功能同语法结构的矛盾、词语的意义同语义结构的矛盾，以及语法结构、语义结构对词语的功能、意义的制约作用。

语言本身是一个信息系统。人类在自身的活动和发展中，不断从外界摄取信息，并进行加工、处理，然后用一定的编码体系储存起来，这样就形成了语言系统和其他信息系统（如图像系统）。语言又是一种信息载体，即是说，语言可以传递信息。当语言系统中的词语依据一定的语法规则组合为一定的形式去传递信息时，就成为现实的话语。

语言系统是人们对客观信息进行加工、处理和编码的结果。在这一过程中，包含着思维的分析、综合、概括和抽象。在语言信息与事实信息之间就形成了一定的差别。当人们运用语言去表达主观思想、传递事实信息时，就要采用一定的手段对语言系统中的信码（词语）进行处理（如语法手段和修辞手段的运用），以便使生成的话语能够准确、恰当地传达所要传达的信息。这样，由于语言系统的信息同所要传达的客观信息之间的差别，以及各种语言手段的运用，语言系统中的词语在具体的话语中就会出现各种语义变异，如语义专化、语义变类、语义扩展、语义过滤、语义模糊、语义反转，等等。

语言系统中的每一类词都有自己的意义和功能。词语依据自身的意义和功能，在一定条件下相互组合起来，在语法结构中占据不同的位置，充当不同的成分。一般情况下，人们运用词语构成话语时，是根据词语的意义和功能进行选择的。但在某些情况下，人们为了实现某些表达目的，比如追求信息量、强调突出某些信息、追求新奇价值、简明经济地传达信息等，这种情况下就会构成一些较特殊的结构。这时，词语的意义和功能同语法结构、语义结构的要求之间便出现了矛盾，这样就使语法结构、语义结构具有不完整性和不合理性。例如："曹子手剑而从之。"（《公羊传·庄公十二年》）在"曹子手剑"这一结构中，"曹子"、"手"、"剑"都是表示事物的指称性成分。从语法结构上讲，如果看成"S－P－O"（主—谓—宾）结构，则缺少具有联系、陈述功能的P成分；从语义结构上讲，如果看成"施事—动作部位—动作—受事"结构，则缺少"动作"成分，因而这一结构具有不完整性。如果我们把其中的"手"看做语法结构中的P成分和语义结构中的动作成分，则同"手"这一词语的意义和功能相矛盾，因而又具有不合理性。为了保证这一特殊结构的理解，这就需要理解者进行调整。

话语理解过程中对特殊结构的调整主要是依据完整原则和合理原则。所谓完整原则，是指听话人在理解、调整后所确定的话语的语法结构、语义结构应该是完整的结构，不应缺少必有成分。所谓合理原则，是指听话人在理解、调整后所确定的语法结构、语义结构应与表达者相一致。而理解、调整的主要依据是语法结构对词语功能的规定性，语义结构对词语意义的制约作用，语境对话语意义的限定作用和词语之间的语义组配关系、联想关系。

语法结构对词语的功能和意义的实现具有规定作用。同一个词语，当它处于语法结构中的不同位置上时，它的功能是不同的，意义也会发生相应的变化。语法结构中的位置是词语的功能和意义借以实现的条件。语法结构中的不同位置的功能是由整个语法结构所规定的。例如，在句子中，主语、宾语的主要功能是指称；定语、状语的主要功能是修饰、限定；谓语、述语、补语的主要功能是联系、陈述。与此相应，语言系统中各类词语的主要功能也有所不同，例如，体词的主要功能是指称，谓词的主要功能是陈述，饰词的主要功能是修饰，等等。但是，当词语一旦出现在具体话语的语法结构中的不同位置上时，语法结构就对词语的功能进行了强制性的规定。所以，当名词出现在状语位置上时，便具有修饰功能，出现在谓语、述语位置上时，便具有陈述、联系功能；形容词出现在主语、宾语位置上时，便具有指称功能，出现在述宾结构的述语位置上时，便具有联系功能，等等。

如前所述，由于“词类活用”构成的是一种不完整、不合理的结构。人们在理解这类特殊结构时，要依据完整性、合理性原则对其构成成分进行多种排列组合，然后加以选择，确定其间的关系，并进行调整。例如，“老人儿啼”至少有如下两种完整的排列组合：

a. 老人儿/啼（老人小孩啼哭）
b. 老人/儿啼（老人像小孩那样啼哭）

根据语境的诸因素进行分析，b 排列不但具有结构、意义的完整性，而且也具有合理性，因而“儿啼”应为状中结构。由于“儿”处于状语位置上，根据语法结构对词语功能的规定作用，“儿”的功能应为修饰；根据语义组配关系，修饰“啼”的“儿”应为表状态成分（非工具成分或方式成分）。因而应把“儿”的人和事物意义调整为状态意义。

再如“曹子手剑”可有如下排列：

a. 曹子/手/剑
b. 曹子手/剑
c. 曹子/手剑

根据词语的意义和功能来理解，上述三种排列均为不完整结构。若要使它们成为完整结构，我们就必须根据语法结构、语义结构把其中的某一成分加以调整，使它们具有联系、陈述成分。这样，我们可能得到以下几种结果：

a. 曹子/手/剑（曹子拿着剑）
b. 曹子手/剑（曹子的手拿着剑）

c. 曹子/手剑（曹子用手拿着剑）

a 调整是把“手”由表示“动作部位”调整为表示“动作”；b 调整是把“剑”由表示“受事”扩展为“动作+受事”（比较“秦伯素服郊次”中的“素服”）；c 调整是把“手”由表示“动作部位”扩展为“动作部位+动作”。根据语境诸因素分析，c 调整应该更为合理。

对话语的理解、调整，还要根据词语之间的语义组配关系和联想关系。

语言系统中各类词语之间都具有一定的语义组配关系。例如，现代汉语中的“动+名”组合有一定限制，如“喝—水”、“抽—烟”、“戴—帽子”、“穿—鞋子”，等等。这种词语间的语义组配关系对我们的理解、调整有着重要作用，具体的话语的语义结构是以语义组配关系为依据进行调整而最后形成的。例如：

A.（1）驴不胜怒，蹄之。
（2）从左右，皆肘之。
（3）范增数目项王。
B.（1）大匠不斫，大庖不豆。
（2）宗庙之事，如会同，端章甫，愿为小相焉。
（3）军垒成，秦人闻之，悉甲而至。

在理解 A 组句子时，根据完整性、合理性原则，我们可以首先确定其中的“蹄”、“肘”、“目”为调整成分。然后根据词语之间的语义组配关系确定具体调整。作为表示人或动物身体部分的词语，它们同相应动作的词语的语义组配情况大致如下：

蹄——踢、踏、弹……
肘——触、抵、捣……
目——视、睹、示意……

再根据具体的语境，我们就可以确定这些成分具体的扩展情况：

蹄——→用蹄子踢
肘——→用肘触

目——→用眼睛示意

同理，根据词语间的语义组配关系和具体的语境，B组句子中的调整成分的扩展情况如下：

豆——→设豆（摆设豆器）
端章甫——→冠端、服章甫（戴礼帽、穿礼服）
甲——→披甲

以上我们简单论述了话语理解过程中的理解、调整。实际上，词语在话语中的变异是多种多样的，理解、调整的机制、程序也可能复杂得多。所以，从交际全过程来看，“词类活用”涉及以下两方面的内容：

从话语生成的角度来讲，是发送者以实现表达目的为控制原则，根据语言结构对词语的意义、功能的规定制约作用，用词语构成异常结构，置于一定的语境之中，控制词语的意义按一定方式、向一定方向发生变异，表达出预期的语义内容。这可称之为“活用”。

从话语理解的角度来讲，则是接收者依据完整性、合理性原则，根据语言结构对词语的意义、功能的规定制约作用，根据语境对话语意义的限制作用，根据词语间的语义组配关系和联想关系，对话语中的异常结构进行调整，以形成完整、合理的话语结构，实现话语的理解。这可称之为“活解”。

三、“词类活用”理解中的语义扩展

理解含有“词类活用”情况的语句时，主要的语义调整手段就是语义扩展。

语义扩展是最重要的语义调整手段。这种调整手段是根据具体话语的语法结构和语义结构，把其中因活用而产生语义变异的成分的意义进行扩展，把单一的意义扩展为复合意义或复合语义框架，使话语的语义结构成为完整结构。语义扩展又可以分为若干小类，分述如下：

1. 受事——→动作行为＋受事

当名词活用为动词，并且名词本来的意义表示语义结构中的受事成分时，理解这种情况时应把这种活用名词的意义扩展为“动作（行为）＋受事”。例如：

秦伯素服郊次。(《左传·襄公三十三年》)——素服：着素服。

晋师三日馆谷，及癸酉而还。(《左传·僖公五年》)——谷：吃（敌国的）粮食。

齐侯曰："余姑翦灭此而朝食。"不介马而驰之。(《左传·成公二年》)——介马：为马披甲。

文王之囿方七十里，刍荛者往焉，雉兔者往焉。(《孟子·梁惠王下》)——刍荛、雉兔：打柴草、猎雉兔。

以其有功也，爵之，而卑其士官也。(《韩非子·五蠹》)——爵之：授之爵。

故其男不耕耘，女不蚕织。(晁错《论贵粟疏》)——蚕：养蚕。

士为知己者用，女为悦己者容。(《司马迁《报任少卿书》)——容：打扮容貌。

(张)良为取履，因长跪履之。(《史记·留侯世家》)——履之：为他穿鞋。

2. **结果⟶动作行为+结果**

这种语义扩展分两种情况：一是名词活用为动词，名词本来的意义表示语义结构中动作行为的结果，可将其意义扩展为"动作行为+结果"。例如：

夫鼠，昼伏夜动，不穴于寝庙，畏人故也。(《左传·襄公二十三年》)——穴：穿穴。

鹪鹩巢于深林，不过一枝。(《庄子·逍遥游》)——巢：结巢。

不战功而尊，则谓之贤。(《韩非子·五蠹》)——战功：取得战功。

靖郭君将城薛，客多以谏者。(《韩非子·说林下》)——城薛：在薛地筑城。

鄂侯争之急，辩之疾，故脯鄂侯。(《战国策·赵策》)——脯鄂侯：把鄂侯做成肉干。

公刘卒，子庆即位，国于豳。(《史记·周本纪》——国：建国。

其秋，汉王追楚至阳夏南，战不利而壁固陵。(《史记·留侯世家》）——壁固陵：在固陵筑壁。

二是形容词、动词同名词性成分构成述宾结构，而形容词、动词本来的意义表示语义结构中动作行为的结果，其意义扩展为“动作行为+（对象）+结果”。例如：

愿车马衣轻裘，与朋友共，敝之而无憾。(《论语·公冶长》）——敝之：把车马、裘服用破、穿破。

什一，去关西之征，今兹未能，请轻之。(《孟子·滕文公下》）——轻之：减轻征税。

郎中郑忠乃说止汉王，使高垒深堑，勿与战。(《史记·高祖本纪》）——高垒深堑：增高营垒，挖深堑壕。

秦数败赵军，赵军固壁不战。(《史记·廉颇蔺相如列传》）——败赵军：击败赵军。

郑人入于井，（狂狡）倒戟而出之。(《左传·宣公二年》）——出之：把他拉出来。

3. 动作部位⟶动作部位+动作

名词活用为动词，名词本来的意义表示语义结构中的“动作部位”，可将这类名词的意义扩展为“动作部位+动作”，并加语义标记“以”（用）。例如：

从左右，皆肘之，使立于后。(《左传·成公二年》）——肘之：用肘触之。

（张）良殊大惊，随目之。(《史记·留侯世家》）——目之：以目示意。

生貔豹，搏豺狼，手熊罴，足壄羊。（司马相如《上林赋》）——手熊罴，足壄羊：手搏熊罴，足踢壄羊。

甚者爪其肤，以验其生枯。(柳宗元《种树郭橐驼传》）——爪，用手指抓。

4. 工具⟶工具+动作

名词活用为动词，名词本来的意义表示语义结构中的“工具”成分，将其意义扩展为“工具+动作”，并加语义标记“以”（用）。

公子怒，欲鞭之。（《左传·僖公二十三年》）——鞭：用鞭子抽打。

权，然后知轻重。（《孟子·梁惠王上》）——权：用权称量。

王巾笥而藏之庙堂之上。（《庄子·秋水》）——巾笥：用巾笥装裹。

秦有郑地，得垣雍，决荧泽而水大梁，大梁必亡矣。（《战国策·魏策》）——水：用水灌淹。

5. 身份⟶行为（变化）+身份

名词活用为动词，名词本来的意义表示语义结构中的“身份”，将其意义扩展为“行为（变化）+身份”。

天帝使我长百兽。（《战国策·楚策》）——长百兽：做百兽之长。

三代不同礼而王，五代不同法而霸。（《商君书·更法》）——王、霸：为王、称霸。

且秦无已而帝，则且变易诸侯之大臣。（《战国策·赵策》）——帝：称帝。

孟尝君客我。（《战国策·齐策》）——客我：让我做了卿客。

且足下独不闻楚将宋觚而失其政，魏相冯离而亡其国。（《韩非子·问田》）——将宋觚、相冯离：使宋觚为将、使冯离为相。

6. 看法（态度）⟶评价（判定）+看法（态度）

形容词同名词构成述宾结构，形容词本来的意义表示行为者评价（判定）的看法（态度），其意义可扩展为“评价（判定）+看法（态度）”。例如：

当是时也，民结绳而用之，甘其食，美其服。（《庄子·胠箧》）——甘其食，美其服：认为他们的饮食甘美，认为他们的服饰漂亮。

贵其智而高其行，以为轻物重生之士也。（《韩非子·显学》）——贵其智而高其行：认为他们的智力可贵，认为他们的行为高尚。轻物重生：认为外物很轻，认为生命贵重。

登东山而小鲁，登泰山而小天下。（《孟子·尽心上》）——小鲁、小天下：认为鲁国、天下很渺小。

7. 方位⟶方位+动作行为

方位词活用为动词，将其意义扩展为"方位+动作行为"，可加方位标记"向、到"。例如：

秦师遂东。（《左传·僖公三十二年》）——东：向东行进。

南之人不得北，北之人不得南。（《墨子·贵义》）——北、南：到北方、到南方。

项王乃西，从萧晨击汉军。（《史记·项羽本纪》）——西：向西进发。

8. 性质⟶性质+事物

形容词用于指称事物，而它们本来的意义则表示事物的性质，将其意义扩展为"性质+事物"。例如：

不救小而伐大，则失天下。（《韩非子·五蠹》）——小、大：小国、大国。

乘坚策肥，履丝曳缟。（晁错《论贵粟疏》）——坚、肥：坚车、肥马。

夫披坚执锐，义不如公。（《史记·项羽本纪》）——坚、锐：坚甲、锐兵。

为肥甘不足于口与？轻煖不足于体与？（《孟子·梁惠王上》）——肥甘、轻煖：肥甘的饮食，轻煖的衣物。

对"词类活用"现象理解过程中的语义调整还有其他类型。限于篇幅，当另文论及。

四、余　论

"词类活用"这一语言现象的研究已经有相当长的历史了，然而对这一问题的研究还在进行，并且在不断深入。有人曾提出要取消"词类活用”的说法，但是这种语言现象确实是存在的，问题在于我们怎样看待它，如何对其进行分析，并作出科学、合理的解释，使有关这个问题的理论科学化、严密化。在本文中，我们从话语理解的角度，试图采用一种动态的分析方法，对包含“词类活用”现象的话语的语义理解过程进行描述。对于“词类活用”现象，过去大多从语法上进行分析，而从语义上分析的较少。实际上，词语一旦进入句子，特别是构成较特殊的结构时，其间的语义关系和语义变化远不是“活用”二字所能概括得了的。“词类活用”这一语言现象的研究要深入，则应该重视语义的分析。

参考文献：

[1] 易孟醇：《先秦语法》，湖南教育出版社 1989 年版。
[2] 沈开木：《现代汉语话语语言学》，商务印书馆 1996 年版。
[3] 周国光：《现代词汇学导论》，广东高等教育出版社 2004 年版。

作者简介：周国光，男，1952— ，安徽界首人。华南师范大学教授，博士生导师。

清代古音学述评

沈建民

[摘　要] 本文对清代的主要古音学家及其古音研究的代表作作了简要介绍，同时也对其古音学研究在语音史上的地位以及影响作了评价。文章最后探讨了清代古音研究的成就和不足的原因。

[关键词] 清代古音学；上古韵部；上古声部

清代学者在古音学上取得的成就是世所公认的，尤其是他们能将古音学研究与文字学、训诂学结合起来，将古音学知识运用到文字的释读、古书的校勘等方面，使得清代的语言文字之学有了长足的进步。王国维《周代金石文韵读》序说：“自汉以后，学术之盛莫过于近三百年。此三百年中，经学、史学皆足以凌驾前代，然其尤卓绝者则曰小学。小学之中，如高邮王氏、栖霞郝氏之于训故，歙县程氏之于名物，金坛段氏之于《说文》，皆足以上掩前哲。然其尤卓绝者则为韵学。古韵之学，自昆山顾氏、而婺源江氏、而休宁戴氏、而金坛段氏、而曲阜孔氏、而高邮王氏、而歙县江氏，作者不过七人，然古音廿二部之目遂令后世无可增损。故训诂名物文字之学有待于将来者甚多，至古韵之学，谓之前无古人后无来者可也。”① 王氏的话今天看来虽然有点绝对，但总体上还是对的。总结清代学者在古音学上的成就和不足，是一件有意义的工作。对此，王力先生《清代古音学》一书对清代古音学家的研究作了较为全面的介绍。本文将对清代古音学家及其著作作大略介绍，对其成就和不足作一些述评，并试图探讨取得这些成就和造成不足的原因。

一、顾炎武及其《音学五书》

顾炎武（1613—1682），原名绛，明亡后改为炎武，字宁人，号亭林，南直隶昆山（今江苏昆山）人。曾起兵抗清，明亡后累拒仕清，专事学

---

① 《观堂集林·卷八》，河北教育出版社2003年版，第202～203页。

问。他是清代朴学的开创者，在经学、史学、舆地学、音韵学等方面都卓有成就。他是第一个用科学的方法研究上古音、对上古韵类进行分部的学者，是清代古音学的奠基人。

《音学五书》分为《音论》、《诗本音》、《易音》、《唐韵正》和《古音表》五个部分。《音论》总述其音韵学思想，对一些重要问题提出自己的看法。《诗本音》列出《诗经》原文，在押韵字下一一注明《广韵》的韵部，凡于其所认定之古音不合者，则注“古音某”，并详考此字在《诗经》或其他古籍中出现之次数，谓“读音并同”，又谓“后人混入某韵”或“后人误入某韵”。《易音》考查《易经》中押韵字的古音，体例与《诗本音》基本相同，但不录《易经》全文，只列有韵之文。《唐韵正》以《广韵》韵部为序，一一列出顾氏以为今音与古音不同之字，注云“古音某”，并引经传之文以证之。《古音表》分古音为10部，以表格形式列出其分部内容，每部按四声分列《广韵》韵目。对《广韵》某韵在上古应分为两部者标以“半”，并列常用字。对个别他韵当移入此韵之字，亦附列韵目下。入声除闭口韵外，都配阴声。

《音论》分三卷，共15篇，其中卷中6篇所论多与上古音有关。如《古人韵缓不烦改字》一篇反对宋人叶音改字之法。《古诗无叶音》中详引徐邈、陈第等人之说，辨古音非叶，并认为古诗中间有与正音不合者，或出于方音之不同，然只占百中之一二。《近代入声之误》以韵书入声配阳声为误，认为古音入声当配阴声。

《诗本音》十卷和《易音》三卷，主要用材料证明其古音思想和古韵分部。

《唐韵正》二十卷，以古音来纠正《唐韵》之误，以古今音变为标准，共收2 010字。凡古音与今音同者不收，古音与今音不同者，则一一注明其古音并加以考证。顾氏将支韵一分为二，一半在第二“脂之微齐”等，一半在第六“歌戈麻”。将庚韵一分为二，一半在第七“阳唐”，一半在第八“耕清青”。这些看法是很有见地的。

《古音表》二卷，所分古韵如下表（举平以赅上去）：

古音十部

第一	东冬锺江
第二	支$_{半}$脂之微齐祭佳泰皆灰咍夬废尤$_{半}$，质术栉昔$_{半}$职物迄屑薛锡$_{半}$月没曷末黠辖麦$_{半}$德屋$_{半}$
第三	鱼虞模麻$_{半}$侯，屋$_{半}$沃$_{半}$烛觉$_{半}$药$_{半}$铎$_{半}$陌麦$_{半}$昔$_{半}$

（续上表）

第四	真谆臻文殷元魂痕寒桓删山先仙
第五	萧宵肴豪尤$_{半}$幽，屋$_{半}$沃$_{半}$觉$_{半}$药$_{半}$铎$_{半}$锡$_{半}$
第六	歌戈麻$_{半}$支$_{半}$
第七	阳唐庚$_{半}$
第八	庚$_{半}$耕清青
第九	蒸登
第十	侵覃谈盐添咸衔严凡，缉合盍叶怗洽狎业乏

这个分部还很粗疏，但其中第六、第七、第八和第九部的划分已基本成形，为后人所认同。

《音学五书》对清代的古音研究有很大影响，它从理论和实践上彻底否定了叶韵说，奠定了古音学的基础，开拓了音韵学研究的新领域。《音学五书》在古音学上的贡献更多的是在方法论上，顾不为后代韵书所束缚，就古韵言古音，大胆离析《广韵》，为后人的研究奠定了基础。中古韵书是将入声字与阳声韵相配的，而《诗经》的入声字常与阴声韵字相押，所以顾将入声字归入阴声韵内。只有收 - p 尾的入声字仍归入收 - m 尾的阳声韵内。但顾的研究也有一个毛病，就是他认为后代韵书与古人用韵不合的地方都是后人之错，其《唐韵正》要依据先秦古韵来纠正《唐韵》的错误，这种复古的观念，实质上仍然否认了语音的变化。

二、江永及其《古韵标准》

江永（1681—1762），字慎修，安徽婺源（今江西婺源）人。博学多闻，著述宏富，是徽派朴学的创始人。他在礼学、天文、历算、音律等方面都有研究，尤以音韵研究成就最为卓著。音韵学方面的著作有《古韵标准》、《四声切韵表》、《音学辨微》等。他的音韵学说对其弟子戴震有深刻影响，是清代古音学家中审音派的开创者。《古韵标准》是江永晚年的作品，由戴震参定，成书于乾隆二十四年（1759）。

此书按平、上、去、入分为四卷，各卷按《广韵》韵目顺序排列韵部，其中平、上、去三声各分十三部，入声八部。每部之前先列《广韵》韵目，次列韵字。韵目中如有上古当分为两部者，在韵目前标以“分”以区别。如属他韵当入此部者，则标以“别收”。平声第二部下标：

韵目分五支　六脂　七之　八微　十二齐　十三佳　十四皆　十五灰　十六咍　分十八尤　别收二十三魂　别收八戈　别收去声八未　别收去声十六怪

每部中先列“诗韵”，于韵字下分别注反切表示古音，并加注考证。对于《诗经》中不入韵之字，于诗韵后别列“补考”，以《楚辞》、群经韵文补《诗经》之未备，辨其古音归属。每部之末附以总论，论述各部分合之理由。

此书卷首有《诗韵举例》一篇，自注云：“韵本无例，《诗》用韵变动不居，众体不同则例生焉。不明体例将有误读韵者，故先举此以发其凡，自是而古韵可求，其非韵者亦不致强叶误读矣。”他归纳的《诗经》韵例有：连句韵、间句韵、一章一韵、一章易韵、隔韵、三句隔韵、四声通韵、三句见韵、四句见韵、五句见韵、隔数句遥韵、隔韵遥韵、隔章尾句遥韵、隔章章首遥韵、分应韵、交错韵、句中韵、叠句韵等。

江永的古音十三部比顾氏的十部多了三部，分别是：“鱼”部中分出“侯”部，“真”部中分出“元”部，“侵”部中分出“谈”部。他在《古韵标准》“例言”中认为顾的十部“离合处尚有未精，其分配入声多未当，此亦考古之功多，审音之功浅。”因此他常结合等韵学原理来分析古音。顾收 -n 尾的阳声韵只有一部，江依据语音的“洪细”原理，分为“真、元”两部。他在平声第四部“总论”中说：

自十七真至下平二仙，凡十四韵，说者皆云相通，愚独以为不然。真谆臻文殷与魂痕为一类，口敛而声细；元寒桓删山与仙为一类，口侈而声大，而先韵者界乎两类之间，一半从真谆，一半从元寒者也。《诗》中用韵本截然不紊。读者自紊之耳。

根据同样的道理，他把顾的“侵”部，分为“侵、谈”两部。另外他把顾的“鱼”部分为“鱼、侯”两部，“侯”部中的还有一些字是从顾的“萧”部分出的。他在平声第二部“总论”中说：

顾氏《唐韵正》五支韵注云，此韵当分为二：自支枝以下皆读如今音，所以俱引经文及楚辞，以明其与移蛇以下等字绝不相通，然后可分之各自为部耳。……衰字注云，以上字当与六脂七之通为一韵。凡从支、从氏、从是、从儿、从此、从卑、从虒、从尔、从知、从危之属皆入此。蓋字注云，以上字当与七歌八戈通为一韵。凡从多、从为、从麻、从乖、从皮、从隋（去左阝）、从奇、从义、从罢、从离、从也、从差、从丽之属皆入此。案顾氏此说甚善，以字偏旁别声音，尤得要领。九麻十二庚十八尤皆用此侧，析一韵为二，以辨古音之通否。愚谓十虞一先三萧五肴六豪皆当用此例。虞韵一支通鱼模，一支通尤侯；先韵一支通真文魂，一支通元寒仙；萧肴豪一支通宵，一支通尤侯。不犹支韵一支通脂之，一支通歌戈乎？

江永不仅用语音学原理去分析古音，并且认为顾炎武“以偏旁别声音，尤得要领”，便以此法来进一步离析《广韵》，这是他比顾氏高明之处。

《古韵标准》在古音学上的贡献主要有两点：一是取材更为严密，以“诗韵”为主，“补韵”为辅，确立分部标准。《四库全书总目提要》说“永是书惟以《诗》三百篇为主，谓之‘诗韵’，而以周、秦以下音之近古者附之，谓之‘补韵’，视诸家界限较明。”二是以语音学原理来解释古音分部，离析《广韵》，分出“侯、元、谈”三部。此外《古韵标准》对《诗经》韵例的分析，有助于后人了解《诗经》押韵体例，以更精确地分析《诗经》韵部。

三、段玉裁及其《六书音韵表》

段玉裁（1735—1815），字若膺，号茂堂，江苏金坛人。段玉裁是戴震的学生，两人都为清代有名的经学家，段氏尤精文字、音韵、训诂之学，著有《说文解字注》、《六书音韵表》（“韵”字原作“均”，是“韵”的古字）、《经韵楼集》、《诗经小学》等书。其《说文解字注》被认为是清代研究《说文解字》的四大家中最好的著作。《六书音韵表》撰于乾隆丁亥年（1767），此后数易其稿至乙未年（1775）才写定。现在各种版本的《说文解字注》后都附有《六书音韵表》。

全书分别由五个表组成：表一“今韵古分十七部表”；表二“古十七部谐声表”；表三“古十七部合用分类表”；表四“《诗经》韵分十七部表”；表五“群经韵分十七部表”。

表一是其古音思想的总论。段氏先列表标出其古音十七部与二百零六韵韵目的对应关系，然后分部解释各部分用或独用之理由，以及平、入相

配情况，并提出了十七部本音说、十七部音变说等很有价值的观点。表二首先论述“同谐声者必同部”的观点，然后按十七部分列各部谐声偏旁，共收1 500多个谐声偏旁。表三首先说明十七部的顺序是按音近原则来排列的，并将十七部分成六类，然后论述同类而不同部者可以合韵、假借及异平同入的道理。表四是《诗经》的韵谱，按十七部把《诗经》所有押韵字逐一列出。凡《广韵》转入他韵声，在字旁加点标志；凡合韵之字，则在字外加圈标志，并在每个韵段下注篇章名。每部后还列“古本音”和“古合韵”两类字，并作说明。表五的体例与形式跟表四相同，所列为群经、《国语》及《楚辞》中的押韵字。

《六书音韵表》继承了顾炎武、江永的研究成果，并且加以发展，分古韵为十七部。与江永相比多出了四部，他所多分的四部情况如下：①“支”、“脂”、“之”三分。段玉裁之前，《广韵》“支佳、脂微齐皆灰、之咍”3组韵，古韵归为一部，段氏将它们分为第一、第十五和第十六部3部，并对这3部的分用作了说明。这点受到了古音学家的普遍赞同，认为是段氏的一大发明。②“真”、“文”分部。江永从顾炎武的第四部中分出“元”部，但“真”、“文”仍在一部，段玉裁把“真”、“文”分为两部。③“侯”部独立。江永把“虞”韵一半分出，归入“侯”韵，这样做是合理的。但他又把“侯”韵和“幽”韵合为一部，这是不对的。段玉裁把“侯”韵独立为一部，既不入“鱼”部，也不与“幽”部相混。

段玉裁的另一个贡献是将谐声系统与古韵分部全面结合起来，提出了“同谐声者必同部”的原则。他在“古十七部谐声表”中说：

> 六书之有谐声，文字之所以日滋也。考周、秦有韵之文，某声必在某部，至啧而不可乱。故视其偏旁以何字为声，而知其音在某部，易简而天下之理得也。许叔重作《说文解字》时，未有反语，但云某声某声，即以为韵书可也。自音有变转，同一声而分散于各部各韵，如一“某”声，而“某”在厚韵，“媒，腜”在灰韵，一“每”声，而“悔、晦”在队韵，“敏”轸韵，“晦，痗”在厚韵之类，参差不齐，承学多疑之。要其始则同谐声者必同部也。

顾炎武和江永虽然在一些韵的分合上已注意到以谐声偏旁来离析《广韵》，但并没有认识到“同谐声者必同部”这一原则。

段玉裁在古音十七部排列的顺序上也有他的新意。他的十七部顺序分别是（只列出其表第一个韵目）：

第一之；第二萧；第三尤（幽）；第四侯；第五鱼；第六蒸；第七侵；第八覃（谈）；第九东；第十阳；第十一庚（耕）；第十二真；第十三谆（文）；第十四元；第十五脂；第十六支；第十七歌

他是按各部在上古读音是否相近来排列韵部的。他认为明白了音近相次之理，才能明白“古音分合”和“今韵转移”以及“经传假借转注”的道理。

段玉裁还认为古无去声，他说：“考周、秦汉字之文，有平、上、入而无去及，洎乎魏晋，上、入声多转而为去声，平声多转为仄声，于是乎四声大备，而与古不侔。”

《六书音韵表》在古音学上有很大影响。他的“之、脂、支”三分，“同谐声者必同部”以及“古本音”、“古合韵”的理论，都对后来的古音学研究产生了重要的影响。此外他提出的“古无去声说”也有其合理之处，得到了一些学者的赞同。王力在《清代古音学》中认为：“清代古韵之学到段玉裁已经登峰造极，后人只在韵部分合之间有所不同（主要是入声独立），而于韵类的畛域则未能超出段氏的范围。所以段玉裁在古韵学上，应该功居第一。”

四、戴震及其《声类表》

戴震（1723—1777），字东原，安徽休宁（今属黄山市）人。戴震曾师事江永，博闻强记，于经学、小学、天文、历算、地理学等都有研究，尤精小学。因纪昀的推荐做过《四库全书》纂修官。其古音学著作有《声韵考》、《声类表》和《转语》。戴震是段玉裁的老师，但其古音学著作晚于段氏。《声类表》作于1777年，《丛书集成续编》收有此书。

《声类表》共分九卷，卷首有《答段若膺论韵》一文，对其古音学思想有详细论述。

该书的主要部分是表，戴震将古韵分为九类二十五部，每卷一类，用表格形式列出。前七卷各有阴、阳、入三部相配，后两卷为阳、入两部相配。戴氏将等韵学的一些概念引入上古音，每表标有开合口、内外转和重轻声。但他所说的内外转和重轻声与传统韵图中的意思不同，从表中所列字看，内转所列是中古一、二等的字，外转列三、四等的字。重声是指古韵本韵部内的字，轻声是指本韵部外的字。表中第一行按平、上、去、入列出《广韵》的韵目，下分五大格，分列不同声类的字。每韵类分占两栏，一栏列清声母字，一栏列浊声母字。有些表除注开合、内外和重轻外，还注有“古音”，是指这些韵在《广韵》中并不相通，但在古音中应为一部。如第一卷为戴的“歌、鱼、铎”三部，他在“歌戈”、“鱼虞模铎”等韵前并不注“古音”，而在“支”、“麻陌昔”这些韵前注有“古音”。

戴震将古韵分为九类二十五部，在各表中没有明确分出，但在《答段若膺论韵》中有一个总的概括：“阿第一，乌第二，垩第三，此三部皆收喉音。膺第四，噫第五，亿第六；翁第七，讴第八，屋第九；央第十，夭第十一，约第十二；婴第十三，娃第十四，戹第十五，此十二部皆收鼻音。殷第十六，衣第十七，乙第十八；安第十九，霭第二十，遏第二十一，此六部皆收舌齿音。音第二十二，邑第二十三；醃第二十四，□第二十五，此四部皆收唇音。”与段不同的是幽、侯两部不分，真、文也不分，但同时又从脂部分出祭部（即戴的第二十霭部）来。其二十五部与其他学者韵目的对应可用下表来表示：

一			二			三			四			五			六			七			八		九	
1	2	3	4	5	6	7	8	9	10	11	12	13	14	15	16	17	18	19	20	21	22	23	24	25
阿	乌	垩	膺	噫	亿	翁	讴	屋	央	夭	约	婴	娃	戹	殷	衣	乙	安	霭	遏	音	邑	醃	□
歌	鱼	铎	蒸	之	职	东	幽	屋	阳	宵	药	耕	支	锡	真	脂	质	元	祭	月	侵	缉	谈	盍
阳	阴	入	阳	阴	入	阳	阴	入	阳	阴	入	阳	阴	入	阳	阴	入	阳	阴	入	阳	入	阳	入
收喉音			收鼻音												收舌齿音						收唇音			

他把第二到第五类的阴声韵都看做收鼻音，这是有问题的。又把“阿”部看做阳声，也有问题。他全以影母字作为古音韵部的标目，隐含了他对这些韵部古音音值的构拟。因为影母字没有辅音声母，更容易看出韵母的实际情况，这是他深明音理的体现。

戴震将入声从阴声韵中独立出来，构成阴、阳、入相配的体系，也是他的独到之处。他说：“其前昔无入者，今皆得其入声，两两相配，以入声为相配之枢纽。”他还用音理来说明声韵正转的道理，《答段若膺论韵》说：“正转之法有三：一为转而不出其类，脂转皆、之转咍、支转佳是也；一为相配互转，真文魂先转脂微灰齐、换转泰、咍海转登等、侯转东、厚转讲、模转歌是也；一为联贯递转，蒸登转东、之咍转尤、职德转屋、东冬转江、尤幽转萧、屋烛转觉、阳唐转庚、药转锡、真转先、侵转覃是也。”其第二类相配互转就相当于后来的阴阳对转理论，第三类联贯递转即相同韵尾但不同韵部之间的旁转。

戴震对古音学的贡献有三：一是把入声韵独立，首创阴、阳、入三分的理论。他看到了阴、阳、入三者相配的事实，以入声为阴、阳通转的枢纽，用音理来说明古韵相转的道理，对以后古音学的研究产生了很大影响，他的学生孔广森据此提出“阴阳对转”的学说。二是把去声祭、泰、夬、废4韵同入声月、曷、末、黠、辖、屑6韵分开，独立成祭部，与元部和月部相配。他认为这些韵无论从谐声系统，还是从《诗经》用韵，都不应该合在脂微部，这是古韵学一大发明。三是以影母字作为古韵部的韵目，实为开由音类划分向音值构拟转变之先河。

五、孔广森及其《诗声类》

孔广森（1752—1786），字众仲，号撝约，又号㢲轩，山东曲阜人，孔子七十代孙。他天资聪颖，生性淡泊，不重名利，潜心著述。孔曾受业于戴震，其音韵学著作有《诗声类》，收入《㢲轩孔氏所著书》，今有中华书局1983年的影印本。

《诗声类》十二卷，后附《诗声分例》一卷。第一卷首有总论，谓“有本韵、有通韵、有转韵”。他将本韵分为十八部，前六卷为阳声九部，后六卷为阴声九部。每部先注明与之相应的《广韵》韵目，再列此韵部谐声偏旁之见于《诗》者，然后按《广韵》韵目顺序排列《诗经》押韵字。对于古今音异的字，则引《诗经》、《楚辞》加以辩证。每部后有论韵部之间的相通和相转。《诗声分例》是讨论《诗经》韵例的，共归纳为26种，分别举例说明。

《诗声类》的所分古音十八部阳声韵与阴声韵相配，列表如下：

原类阳声第一	元寒桓删山仙
丁类第二	耕清青
辰类第三	真谆臻先文殷魂痕
阳类第四	阳唐庚
东类第五	东锺江

（续上表）

冬类第六	冬
綅类第七	侵覃凡
蒸类第八	蒸登
谈类第九	谈盐添咸衔严
歌类阴声第十	歌戈麻
支类第十一	支佳麦锡
脂类第十二	脂微齐皆灰祭泰怪废质术栉物迄月没曷末黠辖屑薛
鱼类第十三	鱼模铎陌昔
侯类第十四	侯虞屋烛
幽类第十五	幽尤萧沃
宵类第十六	宵肴豪觉药
之类第十七	之咍职德
合类第十八	合盍缉叶帖洽狎业乏

其中阳声“丁辰”通用，“冬侵蒸”通用，阴声“支脂”通用，“幽宵之”通用。因此他的十八部又归为十二通韵。

从“东”分出“冬”部是孔广森的发明。他说：“右类字古音与东钟大殊，而与侵声最近，与蒸声稍远。故在《诗》、《易》，则侵韵阴、临、谌、心、深、禽，覃韵骖字，寝韵饮字，蒸韵朋、应等字皆通协。……冬侵同甩者，《长门赋》尤多，而亦无出‘中、宫、崇、穷’之畛域。盖东为侯之阳声（说见侯类），冬为幽之阳声。”

另外他提出了阴阳对转的理论，认为阴声韵可以和阳声韵相配，相配的韵可以对转。他说：“阳唐为鱼模之阳声，二韵可相转，如亡可通为无，荒可通为幠，放可通为甫，莽有姥音，广有鼓音，迎有遻音。举一隅，余不胜悉也。”但孔广森否认上古有入声，这是不对的。

孔广森的贡献一是东、冬分立。顾炎武、江永、段玉裁等人的“东、冬、锺、江”一部分为他的第五部东类和第六部冬类两部。他的根据是，冬类在上古韵文中独立押韵的例子比和东类通押的例子多；冬类字在《诗经》中常常与綅(侵）类相押，而东类字不和綅类相押；阴阳相配时，冬类和幽类配，东类和侯类配。他的分析方法既有考古又有审音，是科学的，因此他的这一结论得到后人认可。

二是确立了“阴阳对转”的理论。孔广森之前，段玉裁的老师、著名审音派语言学家戴震就作过探讨，但是比较正确地指出阴声韵部和阳声韵部相配的规律并给这种现象命名的，是孔广森。他发现了阴声韵歌类和阳声韵原类有联系，丁类和支类有联系，等等。在他的韵部表中，他把互有联系的阴声韵部和阳声韵部相对排列，阴声和阳声刚好各九部，他说：“此九部者，各以阴阳相配而可以对转。”今天我们再来看他的阴阳相配，除綅类和宵类之外，其他基本上是正确的。

六、王念孙、江有诰及其古音研究

王念孙（1744—1832），字怀祖，号石臞，江苏高邮人。早年从学于戴震。著有《广雅疏证》、《读书杂志》、《方言疏证补》等，在文字、训诂和校勘上都卓有成就，与其子引之并称“高邮二王”，为学者推重。古音学方面的著作有《毛诗群经楚辞古韵谱》。

江有诰（1773—1851），字晋三，号古愚，安徽歙县人。读书不屑应科举，专志古学，尤致力于古音韵研究。著有《音学十书》。江有诰对《说文》亦有研究，著有《说文六书录》、《说文质疑》等4种。

王念孙的《古韵谱》共两卷，分古韵21部，上卷列有平、上、去而无入声者10部，下卷为有入声者11部。每部按《诗经》、群经、《楚辞》的顺序分列韵脚字。每个韵段后注篇章名，间有对韵例句读问题的讨论。如《周颂·烈文》的末句“於乎前王不忘”，通常看做无韵，王念孙注：“句法与‘於乎皇王，继序思不忘’正同，俱以‘王忘’为韵。”

江有诰《音学十书》包括《诗经韵读》、《群经韵读》、《楚辞韵读》、《先秦韵读》、《谐声表》、《入声表》、《唐韵四声正》、《汉魏韵读》、《廿一部韵谱》、《四声韵谱》十种，其中后三种未刻。书前有作者与段玉裁、王念孙的来往书信和“古韵廿一部总目”。总目后为“凡例”，评论前人古音研究的得失，阐述自己分韵的主张，并说明体例。“凡例”后有“古韵总论”一节，讨论《诗经》韵例、谐声偏旁归部、合韵通韵等问题。《诗经韵读》抄录《诗经》全文，于押韵字外加圆圈作标志，隔句换韵的加方框作标志，每个韵段后标明韵部。对古今音异的字，则注有直音或反切。其他几种“韵读”的体例相近。《入声表》将“之幽宵侯鱼支脂祭”八部阴声韵的字列成表，每部按所含中古韵类的多少分为数表，每表注明为何韵之人、等、开合和韵目。表中上方横标36字母，竖按平、上、去、入四声列字。

《古韵谱》卷首有“古韵二十一部通表”，列各部次序及所含四声。表如下：

1	2	3	4	5	6	7	8	9	10	11	12	13	14	15	16	17	18	19	20	21
东	蒸	侵	谈	阳	耕	真	谆	元	歌	支	至	脂	祭	盍	缉	之	鱼	侯	幽	宵
平	平	平	平	平	平	平	平	平	平	平		平				平	平	平	平	平
上	上	上	上	上	上	上	上	上	上	上		上				上	上	上	上	上
去	去	去	去	去	去	去	去	去	去	去	去	去	去			去	去	去	去	去
										入	入	入	入	入	入	入	入	入	入	入

与段玉裁的十七部相比，王多出四部。他将侵部的入声字独立，分出为缉部，谈部的入声分出为盍部。又将脂部的入声分出为至和祭两部。王在考定古音21部之前，只见到顾炎武和江永的书，因此其分“之脂支”为三，“真文”为二，“幽侯”为二都是与段玉裁不谋而合。晚年又赞成东冬分部，就是22部。

江有诰的古韵分部与王很接近，其“古韵廿一部总目”的名称及顺序如下：

1	2	3	4	5	6	7	8	9	10	11	12	13	14	15	16	17	18	19	20	21
之	幽	宵	侯	鱼	歌	支	脂	祭	元	文	真	耕	阳	东	中 (冬)	蒸	侵	谈	叶	缉

这个韵部的次序显然受到段玉裁十七部排列顺序的影响，反映了他心目中韵部关系的远近。他在“凡例”中说：“古有正韵，有通韵，有合韵。最近之部为通韵，隔一部为合韵。《诗经》用正韵者十之九，用通韵者百之五、六，用合韵者百之一、二。”江在作古音研究时，只见过顾炎武、江永、段玉裁的书，后来才见到戴震和孔广森的书，王念孙的分部他并不知道。但他将祭部独立，叶部、缉部独立的分法，都与王念孙相同。此外，江有诰还提出了古四声问题，认为先秦语言中也存在4种声调。他是第一个肯定古音有四声的学者。他认为“古人所读之声与后人不同”，先秦有些字的调类到《切韵》时代发生了变化，有从平声转到上声或转到去声的。他能用大量材料来解释具体问题，以等韵作为辅助手段，从一字两读、谐声偏旁和先秦韵文押韵三方面来分析古韵，从而彻底解决了平入相配和四声相配问题。

王念孙和江有诰的古音学说不仅为当时学者所推重，而且得到了后来古音研究者的普遍认同。江有诰的书完成后，段玉裁曾说："余与顾氏、孔氏皆一于考古，江氏、戴氏则兼以审音。晋三于前人之说择善而从，无所偏徇，又精于呼等字母，不惟古音大明，亦使今韵分为二百六部者得其剖析之故，韵学于是大备矣。"

七、钱大昕的古声母研究

钱大昕（1728—1804），字晓征，号辛楣，又号竹汀，嘉定（今上海嘉定）人。参与编纂《大清一统志》、《续文献通考》、《续通志》，与纪昀并称"南钱北纪"。主要著作有《二十二史考异》、《潜研堂文集》、《十驾斋养新录》、《元史氏族表》、《潜研堂金石文跋尾》等。在音韵学方面的成就主要是对古声母的考证，而对古韵部的分类则没有什么新见。

钱大昕没有古音学方面的专著，他的音韵学论述收录在《十驾斋养新录》卷五和《潜研堂文集》卷十五。清代学者古音的研究主要集中在对韵部的分类上，对声类作研究的并不多。较早研究上古声母并卓有成就者，当推钱大昕。他对于上古声母，提出了四个观点：一是古无轻唇音。认为中古轻唇音声母"非、敷、奉、微"在先秦一律读作重唇"帮、滂、並、明"。二是古无舌上音。认为中古"知、彻、澄"三纽，在先秦应归"端、透、定"。三是古人多舌音。认为中古"照、穿、神"等声母，在先秦也属于"端、透、定"声母。四是"影、喻、晓、匣"古为双声。认为中古喉音四个声母在先秦基本属于同一类声母。其中前两点，得到了后来学者的普遍认同。

关于"古无轻唇音"，钱大昕在《潜研堂文集》"音韵答问"一节中说：

> 问：轻唇之音，何以知古人必读重唇？
>
> 曰：《广韵》平声五十七部，有轻唇者仅九部，去其无字者，仅二十余纽。订以经典，皆可读重唇。如"伏羲"即"庖羲"，"伯服"即"伯犕"，"士鲂"即"士彭"，"扶服"即"匍匐"，"密勿"即"黾没"，"附娄"即"部娄"……"封"读如"窆"，"佛"读如"弼"，"纷"读如"豳"，"繁"读如"婆"，"亹"读如"门"，"妃"读如"配"，"负"读如"背"……吕忱《字林》反"穮"为"方遥"，反"襮"为"方沃"，反"邶"为"方代"。"穮"、"襮"条件重唇，则"方"之为重唇可

知也。忱，魏人，其时反切初行，正欲人之共晓，岂有故设类隔之例以惑人者乎？

上举例子中有异文，古读和古反切，在《十驾斋养新录》中又有“古无轻唇音”一文，对所举例子有详细说明。如“《诗》‘凡民有丧，匍匐救之’，《檀弓》引《诗》作‘扶服’，《家语》引作‘扶伏’；又‘诞实匍匐’，《释文》‘本亦作扶服’”。此外他还举了方言和谐声的证据，他说：“今吴人呼‘蚊’如‘门’。”“吴音则亡忘望，皆读重唇。”“‘闵’亦从‘文’声。”

关于“古无舌上音”，《十驾斋养新录》有“舌音类隔之说不可信”之说，他的证据除异文和读若外，还有声训和谐声偏旁。他说：

《说文》“冲”读若“动”。

古音“中”如“得”。《周礼·师氏》：“掌国中失之事。”注：“故书‘中’为‘得’。杜子春云：‘当为“得”，记君得失，若《春秋》是也。’”《三仓》云：“中，得也。”

古音“陟”如“得”。《周礼·太卜》：“掌三梦之法，三曰咸陟。”注：“陟之言得也。”

古音“直”如“特”。《诗》：“实惟我特。”《释文》：“《韩诗》作直，云相当值也。”《孟子》“直不百步耳。”“直”，但也，但直声相近。

古音“竹”如“笃”。《诗》：“绿竹猗猗。”《释文》：“《韩诗》竹作□，音徒沃反。”与“笃”音相近，皆舌音也。“笃”、“竺”并从“竹”得声。《论语》：“君子笃于亲。”《汗简》云：“古文作竺。”

钱大昕是第一个关注上古声母的学者，功不可没。他关于“古无轻唇音”和“古无舌上音”的论证，材料充实，方法科学，因此这两个结论得到了后代学者的普遍赞同。后代学者又补充了不少方言和对音材料作证据，并且从音理上解释了重唇音变轻唇音、舌头音变舌上音的条件，现在这两条结论已成定论。对于他提出的后两个观点，由于证据还不是很充分，音理上也没法解释变化的依据，并没有得到普遍认同。

八、清代学者古音研究的成就和不足的原因

清代古音学之所以能取得如此大的成就，王国维认为："原斯学所以能完密至此者，以其材料不过群经、诸子及汉魏有韵之文，其方法则皆因乎古人用韵之自然，而不容以后说私意参乎其间。其道至简，而其事有涯。以至简入有涯，故不数传而遂臻其极也。"① 除此之外，笔者认为以下三点也是很重要的：

一是从材料出发，有科学方法。从顾炎武开始，清代学者的古音研究虽然也常以《广韵》的韵目作标目，但所用材料都是先秦的韵文和谐声字。对《广韵》同属一韵的字，如果古代押韵和谐声有自己的范围，互不相涉，他们就将其分入两个或几个不同的部，这种历史观和发展观是科学的。

二是有扎实的经学基础，精通文字训诂之学。清代古音学家基本上都是卓有成就的经学家，同时也精通文字训诂之学，有深厚的学术修养，这为他们的古音研究奠定了坚实的基础。段玉裁说："小学有形、有音、有义，三者互相求，举一可得其二。有古形、有今形，有古音、有今音，有古义、有今义，六者互相求，举一可得其五。"基于这样的认识，清代学者能将文字、音韵和训诂融会贯通，取得了前所未有的成就。

三是淡泊名利，有学术献身精神。上述古音学家中，孔广森、王念孙和钱大昕三人中过进士，但都未走仕途。其他学者大都无意于仕进，而是专心于著述或讲学。孔广森不到 20 岁即考中进士，"年少入官，性淡泊，耽著述，不与要人通谒。告养归，不复出"②。钱大昕不到 30 岁就中了进士，但 47 岁以后居丧归里，引疾不仕，潜心著述课徒。王念孙的父亲官至吏部尚书，王念孙 31 岁中进士，因精通水利，他做过直隶永定河道和山东运河道，但并没有做过大官，晚年更是潜心于学术。

对于清代学者在古音学研究上的不足，王力《清代古音学》一书的"总结"中认为"清代古音学家最大的弱点是不搞古音拟测"，这是很中肯的。如果进一步探讨其原因，我们认为也可以归纳为三点：

一是小学无独立地位，只是经学的附庸。表现在古音研究上，大多数学者只研究古韵的分部，而声母的研究不受重视。因为如果仅考虑经文的押韵与否，是不用管字音的声母部分的。缺少纯学术研究的观点，不知道

---

① 《周代金石文韵读》序，见《观堂集林·卷八》，河北教育出版社 2003 年版，第 203 页。

② 《清史稿卷四百八十一·儒林二》第 43 册，中华书局 1976 年版，第 13207 页。

语言学本身有它存在的价值，如此最终会阻碍学科的发展。清代古音学家虽然大都是热爱学术、醉心学术的学者，但受传统经学思想的影响，把小学作为经学之附庸，不会进一步去研究与语音本身相关的问题。比如上古音到底是怎样演变成中古音的，变化的机制如何，等等，这些问题清代学者是不会去关注的。

二是没有普通语音学理论的指导。清代古音学家分审音和考古两大派，除江永和戴震是审音派外，其他大都是考古派。考古派基本上不讲发音原理和发音机制，即使审音派，对发音的生理机制和物理特性也是不了解的。清代古音往往喜欢用"一声之转"的说法来解释声母的不同或变化，就是不了解语音学原理的表现。罗常培《汉语音韵学导论》将"审音"列为音韵学研究法的第一条，当是有鉴于此而发。

三是没有历史比较语言学知识，没有音标作为描写工具。由于没有历史比较语言学知识，所以清代学者不知怎样去构拟古音。没有音标，即使有一些古音构拟的直觉，也无法去拟音。因此他们无法了解各韵部之间的远近关系。当然我们不能以此去苛求古人，但这应是我们进行古音研究不容忽视的问题。

参考文献：

［1］王力：《清代古音学》，中华书局1992年版。
［2］王力：《中国语言学史》，复旦大学出版社2006年版。

作者简介：沈建民，男，浙江绍兴人。1953年生于上海。1978年考入云南大学中文系，1982年考入中山大学中文系，师从李新魁先生。1985年获硕士学位，同年进入云南大学中文系任教。现任华南师范大学文学院教授。主要从事古汉语和汉语音韵学的教学研究工作。

汉语“持拿”义语义场的历史演变

钟明立

[摘　要] 表示“持拿”（用手拿着，握在手里）这一义位，上古汉语形成一个同义义场，其语词主要有“执”、“持”、“操”、“杖”、“秉”、“握”、“把”、“捉”等；中古汉语增加了“搦”；近代汉语又增加了“拿（拏）”、“攥”。发展到现代汉语，这个语义场的单音节词主要有“拿”、“执”、“持”、“操”、“握”、“捉”、“把”、“攥”等，“秉”、“仗”、“搦”则仅作为语素用于书面语中；复音词有“把握”。本文系统探讨了汉语“持拿”义语义场的历史演变过程。

[关键词]“持拿”义；同义关系；语义场；历史演变

表示“持拿”（用手拿着，握在手里）这一义位，上古汉语形成一个同义义场，其语词主要有“执”、“持”、“操”、“杖”、“秉”、“握”、“把”、“捉”等。发展到现代汉语，该语义场发生了较大变化，比如其主导词在上古汉语是“执”，到现代汉语换成了“拿”。本文试从历史的角度探讨该语义场的演变过程。

为了便于审视该语义场的变化，按照组合关系，本文把它们的受事类型大致分为以下几类：

（1）受事为兵器。如：兵、刃、戈、矛、殳、戟、弓、矢、干、戚、刀、钺、盾、橹（大盾）、剑、旗、旄、旌等。简称 S_1。

（2）受事为兵器以外的器具，包括工具、用具、餐具。如：辔、鞭、策、带、绥、綮、舆、盖、筐、刀（切割斩削的工具）、斤、斧、钺（刑具）、斲、针、栉、榼、橹（划船工具）、爵、籥、簧、翿、铎、箕、帚、筑、表、椎、杖等。简称 S_2。

（3）受事为其他各种具体的东西，包括衣物、饮食、文化、钱币、金玉等。如：祛、帛、巾、幣、膰、牺、羞、酒、粟、简、节、图、书、钱、金、圭、玉、瑜、璧、蕳、火（火炬）等。简称 S_3。

（4）受事为人体某部位。如：发、手、臂、头、踵等。简称 S_4。

一、上古汉语表示“持拿”义语义场

表示“持拿”（用手拿着，握在手里）这一义位，上古汉语[①]形成了一个同义义场，其语词主要有“执”、“持”、“操”、“杖”、“秉”、“握”、“把”、“捉”等。[②]

“执”、“持”、“操”、“杖”、“秉”可作为一组。“执”的本义是拘捕。该字甲骨文已见，其“象一人两手加梏之形”（李孝定《甲骨文集释》）。《说文》：“执，捕罪人也。”引申为持拿。在先秦，“执”是持拿义语义场中最早出现的语词之一，而且“执”是该语义场中一个用法最广泛、使用频率最高的语词，我们称其为主导词。其受事主要是S_1、S_2、S_3、S_4（S_4限于“手”），如《左传·成公十六年》：“文子执戈逐之。”《诗经·豳风·七月》：“女执懿筐，遵彼微行。”《左传·襄公二十九年》：“公享之，展庄叔执幣。”杨伯峻注：“幣是束帛。”《诗经·邶风·击鼓》：“执子之手，与子偕老。”执手，握手。

“持”的本义就是握持。《说文》：“持，握也。”“持”见于金文，但字不从手。先秦“持”字表示“持拿”义虽是本字，但使用频率并不高，是一个非主导词，不过其搭配能力很强，其受事可以是S_1、S_2、S_3、S_4（S_4只限于“踵”），如《左传·哀公二年》：“蒯聩不敢自佚，备持矛焉。”又《襄公二十三年》：“持带，遂超乘。”杨伯峻注：“带即绥。车上之带，挽以上车。”《战国策·赵一·晋毕阳之孙豫襄》：“于是襄子义之，乃使使者持衣与豫让。”又《赵四·赵太后新用事》：“媪之送燕后也，持其踵为之泣。”

“操”的本义是持拿。《说文》：“操，把持也。”“操”的受事主要是S_1、S_2，也可以是S_3，如《吕氏春秋·本生》：“万人操弓共射一招，招无不中。”《左传·襄公三十一年》：“今吾子爱人则以政，犹未能操刀而使割也，其伤实多。”《穀梁传·僖公二年》：“荀息牵马操璧而前。”

“杖”的本义是手杖、拐杖，引申为持拿。《说文》：“杖，持也。”段注：“凡可持与人持之皆曰杖。”段氏意谓《说文》为体、用同训。“杖”

① 本文采用的汉语史分期为：先秦为上古，东汉至隋为中古，晚唐五代至清代前期为近代，“五四”以来为现代。西汉是上古到中古的过渡时期，初唐、中唐是中古到近代的过渡时期。

② 上古汉语以至汉语史中，“手”也偶尔表示持拿义，如《逸周书·克殷》：“武王乃手大白以麾诸侯，诸侯毕拜，遂揖之。”《魏书·杨津列传》：“津欲御贼，长史许被守门不听，津手剑击被，不中，被乃走。”但用例很少，我们将其视作词类活用而未加讨论。

的受事有 S_1、S_2，如《左传·哀公十五年》：“既食，孔伯姬杖戈而先。”《吕氏春秋·审为》：“杖策而去，民相连而从之。”

“秉”的本义是禾把。《说文》：“秉，禾束也。从又从禾。”其甲骨文形体与小篆同。引申为持拿。先秦“秉”的受事可以是 S_1、S_2、S_3，如《诗经·颂·长发》：“武王载旆，有虔秉钺。”《墨子·非儒下》：“取妻身迎，祗狭为仆，秉辔授绥，如仰严亲。”《诗经·郑风·溱洧》：“士与女，方秉蕳兮。”

“执”、“持”、“秉”见于甲骨或金文，是三个最早出现的表示持拿义的语词；“操”、“杖”未见于甲骨、金文，它们表示持拿义大概比“执”、“持”、“秉”略晚些，但春秋三传已经出现了。“持”、“操”用的是本义，“执”、“秉”、“杖”用的是引申义。“执”的持拿义由拘捕义引申而来，故其表持拿义具有紧紧抓住的语义特征；“持”引申为扶持、扶助义，可见“持”的持拿义具有扶住、维持平衡的语义特征；“操”引申为掌握、控制义，故“操”表持拿义具有稳稳拿着的特点。“杖”的受事通常是条状物。“执”、“持”、“操”、“杖”均可以是一只手持拿，也可以是两只手持拿，而“秉”，其本义是一只手拿着一把禾，故其表持拿义，往往具有一只手拿着的语义特征。

“握”、“把”、“捉”可视为另一组。“握”的本义是“攥住”。《说文》：“握，搤持也。”先秦文献“握”字的用例不多，其受事是 S_3，① 如《诗经·小雅·小宛》：“握粟出卜，自何能谷?”按《说文》“粟，嘉谷实也”，故持以享神。《左传·文公八年》：“司马握节以死，故书以官。”杨伯峻注：“节，符节，古人用以表信。”

“把”的本义是“握持”。《说文》：“把，握也。”先秦“把”字出现较晚，战国文献才见到。先秦“把”的受事可以是 S_1、S_2、S_3，如《逸周书·克殷》②：“周公把大钺，召公把小钺。”《战国策·秦四·秦王欲见顿弱》：“无把铫推耨之势，而有积粟之实。”《战国策·燕三·燕太子丹质于秦亡归》：“臣左手把其袖，而右手揕抗其胸。”

“捉”之义一曰为握持。《说文》：“捉，一曰握也。”上古用例较少，其受事是 S_4，且只限于人体的头发，如《左传·僖公二十八年》：“叔孙将沐，闻君至，喜，捉发走出。”《吕氏春秋·谨听》：“昔者禹一沐而三捉

① 《关尹子·一字》：“圣人坚守，犹之握矢，因彼而守，我不自守。”又：“吾道如剑，以刃割物即利，以手握刃即伤。”“握”的受事为 S_1。但《四库全书总目》谓：“或唐五代间方士解文章者所为也”，故本文不取。

② 《逸周书·克殷》可能是战国人的依托之作。

发，一食而三起。”

“握”、“把”、“捉”都具有五指向内合拢成握之意，但“握”具有把贵重而且体积较小的东西（如节、瑜、金玦、粟）攥在手中的语义特征；“把”又读去声，名词，表示柄，因此“把”所握持的对象往往是有柄的可握之物；先秦的“捉”，其受事只限于头发，从“捉”的引申义“捕捉”来看，“捉”表示的握持义具有握在手中、不让其散开的特点。

下面是先秦几部常用文献表示“持拿”义语义场的语词的使用频率表（单位：次。在 S_4 中，数字下的记号为：“手”、“踵”、“臂”、“头”，“发”之下不加记号。下同）：

表一

	诗经					左传					论语					孟子					吕氏春秋				
	f	s_1	s_2	s_3	s_4	f	s_1	s_2	s_3	s_4	f	s_1	s_2	s_3	s_4	f	s_1	s_2	s_3	s_4	f	s_1	s_2	s_3	s_4
执	11	1	6	2	2	47	15	15	10	6	5	1	3	1	1	5	3	0	2	0	10	3	3	4	0
持	0	0	0	0	0	3	2	1	0	0	0	0	0	0	0	1	1	0	0	0	0	0	0	0	0
操	0	0	0	0	0	1	0	1	0	0	0	0	0	0	0	0	0	0	0	0	18	6	7	5	0
杖	0	0	0	0	0	2	2	0	0	0	0	0	0	0	0	0	0	0	0	0	1	0	1	0	0
秉	4	1	1	2	0	0	0	0	0	0	0	0	0	0	0	0	0	0	0	0	0	0	0	0	0
握	1	0	0	1	0	1	0	0	1	0	0	0	0	0	0	0	0	0	0	0	0	0	0	0	0
捉	0	0	0	0	0	1	0	0	0	1	0	0	0	0	0	0	0	0	0	0	1	0	0	0	1
把	0	0	0	0	0	0	0	0	0	0	0	0	0	0	0	0	0	0	0	0	0	0	0	0	0

说明：f（frequency）表示词频，下同。

我们将上古汉语“持拿”义语义场各语词的组合关系归纳成下表：

表二

	执	持	操	杖	秉	握	捉	把
S_1	+	+	+	+	+			(+)
S_2	+	+	+	+	+			(+)
S_3	+	(+)	+		+	+		(+)
S_4	+(手)	(+踵)					+(发)	
备注	主导词							

说明：“+”表示在重点调查的五部书中具有用例，“(+)”表示这五部书中没有用例，但在同时期的其他书中有用例，下同。

二、中古汉语表示“持拿”义语义场

发展到中古汉语，“持拿”义语义场的语词主要有“执”、“持”、“秉”、“操”、“杖”（仗）、“握”、“捉”、“把”、“搦”等。与上古相比，中古“持拿”义语义场发生了如下变化：

（一）“持”的地位提升，成为主导词。在西汉和中古汉语时期，表示持拿义的“持”的使用频率超过了“执”（见表三），而且“持”的受事范围广泛，可以是S_1、S_2、S_3、S_4，如《史记·高祖本纪》：“吾以布衣，持三尺剑取天下，此非天命乎?”《法显传·那竭国》：“乃取国中豪姓八人，人持一印，印封守护。”《论衡·吉验》：“其父持杖入门以示人。”《世说新语·忿狷》：“司州觉恶，便舆床就之，持其臂曰：‘汝讵复足与老兄计?’”

（二）增加了新成员“搦”。“搦”的本义是按抑，《说文》：“搦，按也。”中古时，“搦”引申为握持义。“搦”的握持义在我们重点调查的几部文献中未见，但出现于其他文献中，其受事可以是S_1、S_2、S_3，如《后汉书·臧洪传》：“抚弦搦矢，不觉流涕之覆面也。”曹植《幽思赋》：“搦素笔而慷慨，扬大雅之哀吟。”西晋傅咸《吊秦始皇赋》：“搦纸申辞，以吊始皇。”《齐民要术》中，“搦”字虽多见，但其意义发生了变化，相当于“捏”。如“又以手就瓮里搦破小块，痛搅令和，如粥乃止，以绵幕口”（《作酢法》）。

（三）“杖”的受事范围扩大。上古汉语中，“杖”的受事仅为S_1、S_2，到中古汉语则增加了S_3。如《论衡·是应》：“将师伐纣，到孟津之上，杖钺把旄。”《世说新语·任诞》：“谢安始出西戏，失车牛，便杖策步归。”《汉书·苏武列传》：“杖汉节牧羊，卧起操持，节旄尽落。”又“仗”，同“杖”。《说文》无“仗”字。《玉篇》：“仗，器仗也。”指兵器。引申为持拿。如《世说新语·方正》：“有一老夫，毅然仗黄钺，当军门立，军不得出。”《魏书·眭夸列传》：“又使其人仗策复路，吾当何辞以谢也。”《世说新语·言语》：“卿今仗节方州，当疆理西蕃，何以为政?”

（四）“捉”的受事范围扩大。上古汉语中，“捉”的受事仅为S_4，到了中古汉语，增加了S_1、S_2、S_3，如《世说新语·容止》：“然床头捉刀人，此乃英雄也。”《齐民要术·作豉法》：“一人捉筐，一人更汲水于瓮上就筐中淋之。”《法显传·天竺道人诵经》：“人民极恶，捉草木则变成刀杖，共相伤割杀。”《世说新语·忿狷》：“螭拨其手曰：‘冷如鬼手馨，强来捉人臂！’”

（五）“把”的受事范围扩大，在先秦 S_1、S_2、S_3 的基础上，又增加了 S_4，如《论衡·是应》：“将师伐纣，到孟津之上，杖钺把旄。”又《乱龙》：“男女各二人，秉耒把锄。”又《订鬼》：“若见鬼把椎巡绳缨立守其旁，病痛恐惧，妄见之也。”《世说新语·识鉴》：“王先把其手曰：‘事克，当相用为荆州。’”又《赏誉》：“若遇七贤，必自把臂入林。”

（六）“握”的受事范围扩大，在先秦 S_3 的基础上，又增加了 S_1、S_2、S_4，如《搜神记》卷十八：“乃握剑至昨夜应处，果得老蝎。”《世说新语·言语》：“庾法畅造庾太尉，握麈尾至佳。”《论衡·道虚》：“当风卧湿，握钱问祟。”又《问孔》：“周公一沐三握发，为周改法而制。”

（七）受事“发”的行为动词由“握”替换了“捉”。上古汉语中有“捉发”一语，如“（叔孙）捉发走出”（《左传·僖公二十八年》）。《史记》沿袭古语，也说“然我一沐三捉发”（《鲁周公世家》）。到了中古汉语，由“握”替换了“捉”，如“周公一沐三握发”（《论衡·书解》），“为之倒屣，吐食握发”（《抱朴子外篇·交际》）。

下面是西汉和中古汉语几部常用文献（《史记》为卷一至卷十二、卷三十一至卷六十）表示“持拿”义语义场的语词的使用频率表：

表三

	西汉（过渡时期）					东汉										东晋					南朝					北朝				
	史记					论衡					修行本起经					法显传					世说新语					齐民要术				
	f	s_1	s_2	s_3	s_4	f	s_1	s_2	s_3	s_4	f	s_1	s_2	s_3	s_4	f	s_1	s_2	s_3	s_4	f	s_1	s_2	s_3	s_4	f	s_1	s_2	s_3	s_4
执	14	8	2	4	0	13	5	1	6	1	2	0	1	1	0	4	0	2	0	2	8	1	1	4	2	0	0	0	0	0
持	42	13	13	13	2+1	19	3	5	11	0	7	2	2	2	0	8	0	3	5	0	8	0	3	4	1	2	0	2	0	0
操	5	1	2	2	0	10	4	4	2	0	0	0	0	0	0	0	0	0	0	0	0	0	0	0	0	0	0	0	0	0
杖（仗）	4	4	0	0	0	1	1	0	0	0	0	0	0	0	0	0	0	0	0	0	3	1	1	1	0	0	0	0	0	0
秉	2	1	0	1	0	3	0	2	1	0	0	0	0	0	0	0	0	0	0	0	0	0	0	0	0	0	0	0	0	0
握	0	0	0	0	0	5	0	1	2	2	0	0	0	0	0	0	0	0	0	0	1	0	1	0	0	0	0	0	0	0
捉	1	0	0	0	1	0	0	0	0	0	0	0	0	0	0	2	0	1	1	0	6	2	3	0	1	7	0	1	6	0
把	7	6	0	1	0	13	2	4	7	0	0	0	0	0	0	0	0	0	0	0	3	0	0	0	2+1	0	0	0	0	0
搦	0	0	0	0	0	0	0	0	0	0	0	0	0	0	0	0	0	0	0	0	0	0	0	0	0	0	0	0	0	0

我们将中古汉语“持拿”义语义场各语词的组合关系归纳成下表：

表四

	执	持	操	杖（仗）	秉	握	捉	把	搦
S_1	+	+	+	+	+	（+）	+	+	（+）
S_2	+	+	+	+	+	+	+	+	（+）
S_3	+	+	+	+	+	+	+	+	（+）
S_4	+（手）	+（臂）				+（发）（+手）	+（臂）	+（臂、手）	
备注		主导词							

三、近代汉语表示“持拿”义语义场

发展到近代汉语，“持拿”义语义场的语词主要有“执”、“持”、“拿（拏）”、“秉”、“操”、“仗”、“握”、“捉”、“把”、“搦”、“攥”等。与中古相比，近代“持拿”义语义场发生了如下变化：

（一）在唐代白居易诗中和近代汉语前期，“把”的使用频率超过了“持”、“执”（见表五），且受事可以是 S_1、S_2、S_3、S_4，跃升为主导词，如《祖唐集》卷二《韶山和尚》：“汝若把旗上来，我则钉裥相对。”又卷六《神山和尚》：“作摩生把针？”又卷七《夹山和尚》：“手把夜明符，终不知天晓。”又卷四《药山和尚》：“侍者便认得家兄，便把手啼哭。”

（二）增加了新成员“拿（拏）”，并在近代汉语后期（明代），“拿（拏）”发展成为主导词。“拏”，本义为牵引。《说文》：“拏，牵引也。”发展到近代汉语，“拏”引申为“持拿”义，俗体写作“拿”。拏字如宋叶绍翁《四朝闻见录·宪圣拥立》：“慈懿曰：‘既是我儿子做了，我自取付之。’即光宗卧内拏玺。”《金瓶梅词话》第一回：“磕磕把那条棒折做两截，只拏一半在手里。”“拿”字如宋王之道《春雪和袁望回三首》之一：“老夫偃不扫，稚子走争拿。”《新校元刊杂剧三十种·古杭新刊的本诸宫调风月紫云亭》第一折：“那厮每拿着二分钞便害疼。”明《字汇·手部》已收录“拿”字，云：“拿，俗拏字。”明代时，“拿（拏）”发展成为“持拿”义语义场中的主导词，其出现率高（见表五），而且受事可以是 S_1、S_2、S_3，如《朴事通》下：“手持画干方天戟的，将钺斧的，拿剑的，手柱枪的。”《金瓶梅词话》第一回：“妇人起身去荡酒，武松自在房内，却拏火筯簇火。”又：“都拿上楼来，摆在桌子上。无非是些鱼肉果菜点心之类。”

（三）增加了新成员“擽”。“擽”，握住。《广韵·末韵》：“擽，手把。”《集韵·末韵》：“擽，把也。”“擽”的受事可以是 S_1、S_2、S_3、S_4，如《大唐秦王词话》第四六回：“叔宝把身一闪，乘势就擽住游子路的枪杆。”《西游记》第七一回：“好猴子，一把擽了三个铃儿，一齐摇起。”《全元杂剧·郑光祖〈虎牢关三战吕布〉》第一折：“上阵处磕搭的擽住狮蛮，交马处滴溜扑摔下雕鞍。”按狮蛮，古代武官腰带钩上饰有狮子、蛮王的形象，因以指武官腰带。又《李行甫〈包待制智赚灰栏记〉》第二折：“他们紧擽住我头梢。”按头梢，亦作“头稍”，头发。但“擽”在我们重点调查的几部文献中没有出现。

（四）“仗”替换了“杖”。在我们重点调查的几部文献中，“杖”的用例不少，如《祖唐集》有65例，《新编元刊杂剧三十种》有16例，但它们都是表示拄杖、笞杖、棍杖等义，没有一例是表示持拿义的。表示持拿义用“仗”有4例，“仗”替换了“杖”，如《祖唐集》卷八《曹山和尚》：“文殊为什么仗剑于瞿昙？”《新校元刊杂剧三十种·新编关目晋文公火烧介子推》第三折：“国舅仗著宝剑道。”为什么近代汉语中“仗”替换了“杖”呢？大概是其受事范围缩小为“剑”（S_1）的缘故。如上所述，“仗”的本义是兵器，由兵器义引申为“持拿（兵器）”义，此属词义引申之通例；而“杖”的本义是手杖，若由手杖义引申为“持拿（手杖）”，也属通例，但引申为“持拿（兵器）”义就比较远了。所以作者选用“仗”来表示“持拿（兵器）”义。

（五）“持”、“捉”的受事减少了 S_4，即一般不带 S_4 类宾语。

下面是近代汉语几部常用文献（其中《朱子语类》为九十五卷至一百四十卷，《金瓶梅词话》为前五回）表示“持拿”义语义场的语词的使用频率表：

表五

	初、中唐（过渡时期）					五代					宋					元					明									
	白居易诗					祖唐集					朱子语类					元刊杂剧三十种					金瓶梅词话					朴通事				
	f	s_1	s_2	s_3	s_4	f	s_1	s_2	s_3	s_4	f	s_1	s_2	s_3	s_4	f	s_1	s_2	s_3	s_4	f	s_1	s_2	s_3	s_4	f	s_1	s_2	s_3	s_4
执	5	2	2	1	0	18	3	7	5	3	32	7	14	10	1	17	5	2	8	2	0	0	0	0	0	1	0	0	1	0
持	39	1	19	19	0	22	2	10	10	0	12	2	2	8	0	6	3	1	2	0	0	0	0	0	0	1	1	0	0	0
把	45	0	14	29	2	30	2	9	17	1 +1	6	2	0	4	0	23	0	20	3	0	8	1	1	5	0	2	0	2	0	0

（续上表）

	初、中唐（过渡时期）					五代					宋					元					明									
	白居易诗					祖唐集					朱子语类					元刊杂剧三十种					金瓶梅词话					朴通事				
	f	s_1	s_2	s_3	s_4	f	s_1	s_2	s_3	s_4	f	s_1	s_2	s_3	s_4	f	s_1	s_2	s_3	s_4	f	s_1	s_2	s_3	s_4	f	s_1	s_2	s_3	s_4
操	9	1	2	6	0	0	0	0	0	0	2	2	0	0	0	0	0	0	0	0	0	0	0	0	0	0	0	0	0	0
仗	0	0	0	0	0	2	2	0	0	0	0	0	0	0	0	2	2	0	0	0	0	0	0	0	0	0	0	0	0	0
秉	16	0	15	1	0	0	0	0	0	0	3	0	0	3	0	9	1	0	8	0	0	0	0	0	0	0	0	0	0	0
握	6	0	1	3	1+1	2	0	1	0	1	2	0	0	0	1+1	1	0	0	0	1	0	0	0	0	0	0	0	0	0	0
捉	0	0	0	0	0	0	0	0	0	0	4	0	0	4	0	0	0	0	0	0	0	0	0	0	0	0	0	0	0	0
拿/拏	0	0	0	0	0	0	0	0	0	0	0	0	0	0	0	9	1	3	5	0	35	0	11	23	0	14	3	5	6	0
搦	1	0	1	0	0	0	0	0	0	0	0	0	0	0	0	0	0	0	0	0	0	0	0	0	0	0	0	0	0	0
攥	0	0	0	0	0	0	0	0	0	0	0	0	0	0	0	0	0	0	0	0	0	0	0	0	0	0	0	0	0	0

我们将近代汉语“持拿”义语义场各语词的组合关系归纳成下表：

表六

	执	持	把	操	仗	秉	握	捉	拿（拏）	搦	攥
S_1	+	+	+	+	+	+	（+）	（+）	+	（+）	（+）
S_2	+	+	+	（+）		（+）	+	（+）	+	（+）	（+）
S_3	+	+	+	（+）		+	（+）	+	+	（+）	（+）
S_4	+（手）		+（臂、手）				+（发、手、臂）				（+发）
备注			主导词（前期）						主导词（后期）		

四、现代汉语表示“持拿”义语义场

发展到现代汉语（普通话），“持拿”义语义场的单音词主要有：拿（拿枪/拿着镰刀割麦子/拿张纸来）、握（握枪/握刀/握笔/握手/握发）、持（持枪/手持棍棒/持笔）、执（手执红旗/手执长鞭/执笔）、攥（攥着手枪/手里攥着一把斧子/把钥匙紧紧攥在手中/攥住他的手)、把(两手把着冲锋枪/把盏/把舵)、捉(捉杖打人/捉笔)、操(操戈/操起家伙就奔出了门)等。① 复音词主要有“把握”(司机把握着方向盘)。

现代汉语“持拿”义语义场发生如下变化:

(一)部分古代汉语表示“持拿”义的词一般不单独使用,而是作为语素保留在复音词或固定格式中。它们有:秉(秉笔/秉烛)、仗(仗剑)、搦(搦管)。

(二)“捉”、“操”、“执”、“把”的义域有所缩小。“捉”的受事限于 S_2、S_3,“操”的受事限于 S_1、S_2。“执”、“把”的受事减少了 S_4,即一般不带 S_4 类宾语。

(三)“握手”的意义发生了变化。在古代汉语,人们在离别、会晤或有所嘱托时,皆用握手表示亲近或信任,如《管子·弟子职》:“堂上则播洒,室中握手。”《后汉书·李通列传》:“及相见,共语移日,握手极欢。”宋陆游《斋中杂兴十首》之十:“道逢若耶叟,握手开苍颜。”发展到现代汉语,人们用握手作为见面、分别的礼节,也用来表示慰问或祝贺,如赵大年《公主的女儿》三:“作揖变成了握手。”②

(四)“拿”为规范字,“拏”为异体字。

我们将现代汉语“持拿”义语义场各语词的组合关系归纳成下表:

表七

	拿	执	持	操	握	捉	把	攥	把握	[秉]	[仗]	[搦]
S_1	+	+	+	+	+		+	+			[+]	
S_2	+	+	+	+	+	+	+	+				
S_3	+	+	+		+	+	+	+	+	[+]		[+]
S_4					+(手、发)			+(手)				
备注	主导词											

说明:外加方括号的字,如“[秉]”,表示是语素;“[+]”表示语素义。

---

① 称它们仍然是单音词,则其括号内的例子至少有一例是可以单用的。例子取自于《现代汉语词典》、《新华字典》和北京大学汉语语言学研究中心的现代汉语语料库。

② 该例引自《汉语大词典》。

五、结语

（一）现代汉语“持拿”义语义场，在明代基本形成，到现代汉语最后完成。

（二）主导词发生了三次替换，现代汉语主导词的义域有所缩小。

汉语“持拿”义语义场，其主导词在上古汉语是“执”；发展到中古汉语，替换为“持”；发展到近代汉语前期，替换为“把”；发展到近代汉语后期（明代）再替换为“拿（拏）”，今以“拿”为规范字。

从词的组合关系看，汉语史中表“持拿”义的“执”、“持”、“把”，可以带 S_1、S_2、S_3、S_4 类宾语，而“拿”只能带 S_1、S_2、S_3 类宾语，不能带 S_4 类宾语。S_4 类宾语，在现代汉语中主要由“握”来承担。也就是说，汉语史中的“执”、“持”、“把”，在现代汉语中是由“拿”以及“握”所共同替换的。

“执”、“持”、“把”让位给“拿”等而成为非主导词之后，它们主要用来表示其他意义。

（三）非主导词的数量古今大体平衡，其组合能力的发展趋势以减弱为主。

上古汉语表示“持拿”义的单音节非主导词有 7 个，中古增加 1 个，近代增加 2 个，现代汉语减少 3 个，另外又增加 1 个复音节词。古今数量大体平衡。

汉语史表示“持拿”义的非主导词，发展至今可分为三种类型：①有的由义位降为义素，具体为在上古出现的“秉”、“杖”，中古出现的“搦”，约占非主导词总量（8 个）的 38%。现代汉语“秉”、“搦”主要用于书面语，“杖（仗）”主要用作其他意义。②有的组合能力减弱了，具体为上古出现的“操”、“捉”、“把”，约占非主导词总量的 38%。它们主要用作其他意义。③有的组合能力基本没变，具体为上古出现的“握”，近代汉语出现的“攥”，约占非主导词总量的 24%。前两类合起来约 76%，占大多数。

（四）汉语“持拿”义语义场演变的主要动因是词汇口语化。一方面，新生的口语词如“搦”、“拿”、“攥”等，在其产生的历史时期进入了该语义场，同时，有的口语词如“拿”逐渐发展成为主导词；另一方面，古语词如“秉”、“杖”等，随着在口语中不单独用作“持拿”义，而逐渐退出了该语义场。

（五）众所周知，王力先生（1980：35）在20世纪50年代提出将汉语史分为上古、中古、近代和现代四个时期。后来吕叔湘先生（1985：序）又提出从晚唐五代起为近代汉语；王云路、方一新（1990：前言）提出东汉至隋为中古汉语时期。汉语“持拿”义语义场的历史演变事实，可为以上论点提供一个有力的证据。

参考文献：

［1］崔宰荣：《汉语“吃喝”语义场的历史演变》，《语言学论集》第24辑，商务印书馆2001年版。

［2］符淮青：《词义的分析与描写》，语文出版社1996年版。

［3］蒋绍愚：《古汉语词汇纲要》，北京大学出版社1989年版。

［4］蒋绍愚：《近代汉语研究概论》，北京大学出版社2005年版。

［5］贾彦德：《汉语语义学》，北京大学出版社1999年版。

［6］刘坚：《近代汉语读本》，上海教育出版社1995年版。

［7］吕东兰：《从〈史记〉〈金瓶梅〉等看汉语“观看”语义场的历史演变》，《语言学论集》第21辑，商务印书馆1998年版。

［8］吕叔湘：《近代汉语指代词》，学林出版社1985年版。

［9］许宝华、宫田一郎：《汉语方言大词典》，中华书局1999年版。

［10］王凤阳：《古辞辨》，吉林文史出版社1993年版。

［11］王力：《汉语史稿》，中华书局1980年版。

［12］汪维辉：《汉语“说”类词的历时演变与共时分布》，《中国语文》2003年第4期。

［13］汪维辉：《〈老乞大〉诸版本所反映的基本词历时更替》，《中国语文》2005年第6期。

［14］王云路、方一新：《中古汉语语词例释》，吉林教育出版社1990年版。

［15］解海江、张志毅：《汉语面部语义场历史演变》，《古汉语研究》1993年第4期。

［16］张志毅、张庆云：《词汇语义学》，商务印书馆2001年版。

［17］钟明立：《段注同义词考论》，中国文联出版社2002年版。

［18］钟明立：《汉语“洗濯”义语义场的演变》，第十三届全国近代汉语学术研讨会（杭州）交流论文。

引用书目：

《十三经注疏》，中华书局1980年影印本。

《全上古三代秦汉三国六朝文》，中华书局1958年影印本。

《文选》，中华书局1977年影印本。

六臣注《文选》，浙江古籍出版社1999年影印本。

周振甫：《周易译注》，中华书局 1991 年版。
孙星衍：《尚书今古文注疏》，中华书局 1986 年版。
程俊英、蒋见元：《诗经注析》，中华书局 1991 年版。
《国语》，上海古籍出版社 1988 年版。
杨伯峻：《春秋左传注》、《论语译注》、《孟子译注》，中华书局 1990、1984 年版。
吴毓江：《墨子校注》，中华书局 1993 年版。
郭庆藩：《庄子集释》，中华书局 1961 年版。
陈奇猷：《吕氏春秋校释》，学林出版社 1984 年版。
《战国策》，上海古籍出版社 1985 年版。
黄晖：《论衡校释》，中华书局 1990 年版。
洪兴祖：《楚辞补注》，中华书局 1983 年版。
《史记》，中华书局 1985 年版。
《汉书》，中华书局 1962 年版。
《大正新修大藏经 · 修行本起经》，（台）佛陀教育基金会出版部 1990 年版。
杨明照：《抱朴子外篇校笺》，中华书局 1991 年版。
章巽：《法显传校注》，上海古籍出版社 1985 年版。
余嘉锡：《世说新语笺疏》，中华书局 1983 年版。
韩格平主编：《魏晋全书》（第 1、2 册），吉林文史出版社 2006 年版。
缪启愉：《齐民要术校释》，中国农业出版社 1988 年版。
孙昌武等点校：《祖唐集》，中华书局 2007 年版。
黎靖德编：《朱子语录》，香港太平书局 1982 年版。
徐沁君校点：《新校元刊杂剧三十种》，中华书局 1980 年版。
兰陵笑笑生：《全本金瓶梅词话》，人民文学出版社 2000 年版。
刘坚、蒋绍愚主编：《近代汉语语法汇编（元代明代卷）· 朴通事》，商务印书馆 1995 年版。

作者简介：钟明立，男，1954— ，江西武宁人，华南师范大学文学院教授。

论粤方言 i、u 介音韵母

——由粤西方言说起

邵慧君

［摘　要］本文以粤西方言作为观察点，综合考察粤方言带 i、u 介音韵母的分布环境和音质特征，由此归纳粤方言介音韵母的特殊性。借鉴上古汉语介音问题研究的成果，我们推测粤方言尚处于介音发端期，其介音产生、发展相对滞后受限，内中深层原因与底层语言的影响有关。

［关键词］i、u 介音韵母；粤方言；古汉语；壮侗语

笔者 2007 年曾撰文对粤西粤语的语音特点作了较全面的描述和比较，但限于篇幅，未能就其中一些特殊现象作更细致的分析。本文在前文基础上，通过对粤西粤语语音系统的分析来综观粤方言中颇多争议的 i、u 介音韵母的问题。

一、广州话音系的介音有无之争

众所周知，粤方言研究者传统上倾向于将广州话音系定义为无介音的语音系统，黄锡凌（1941）、岑麒祥（1946）均通过增设圆唇舌根声母 kw-、k‘w- 以及带浊擦的半元音声母 j-、w-以达到取消广州话韵母系统中 i、u 介音之目的。此后诸多方言专著，如袁家骅等（1960）、高华（1980）、詹伯慧（1985、1991、2002）、李新魁（1994）、黄家教等（1995），描写广州音系皆以此为本。而詹伯慧、张日升（1987、1990）虽然承认广州话“没有介音 i、u 而有半元音性的浊擦音声母 j-、w-，与此同时，有圆唇化的声母 kw-和 k‘w-”。但为了各地粤方言“比较上的方便，对这类特殊声母在标音上作了特殊的处理，kw-、k‘w-不列入声母表中，仍以 k-、k‘- 加 u 来表示”。声母j-、w- 也放在括弧中，后接带 i、u 介音的

韵母[①]。可见，在粤方言的横向比较中，他们亦发现广州话与其他各地粤方言存在一定的矛盾。

在众多的汉语方言中，为何独独取消广州话韵母系统中的介音？黄家教（1964）认为："从音色的特质和音的组合情况来看，广州话的 i-、u-与汉语一般的介音不大相同，这就是我们说广州话无介音的基本论据。"具体而言，从音质上讲，广州话的 j-、w-具半元音性质，而普通话的 i、u 介音则是元音与半元音两可。而且，广州话的 w 还有个唇齿半元音的变体 ʋ，如"瓜"［$kʋa^{55}$］、"夸"［$kʋ‘a^{55}$］、"娃"［$ʋa^{55}$］，发音时嘴唇并不呈圆形，而是相当展唇。所以这套音更确切地应当称为"唇化音"，包括圆唇化和唇齿化两种变体。此外，就组合关系看，广州话的 j 前面不再出现其他声母，w 要么也是这样，要么只跟 k、k‘结合。若从近郊以及粤方言的一些次方言的情况看，早期的粤方言并非如此，广州话的确是粤方言介音逐步消失过程中的一站。理论上说，在一定条件下，介音转化为声母并非不可能，就广州话的 j 而言，转化的条件是具备的，因为它前面不再出现声母，它本身实际上已起着声母的作用。w 则未走到这一步。但 w 只跟舌根音结合是符合这个音的特质的，kw-、kw‘-可以视为双发音部位音[②]。

较早对无介音说提出异议的有李荣（1983）和施其生（1991），李荣认为广州话介音与北京话无别，之所以不列，主要是组合方式不同，且出于减省韵母数目的需要。施其生则联系广州近郊的音系，认为广州话是粤方言介音从有到无发展过程中的一个环节，介音尚未完全消失。在第十届国际粤方言研讨会上，黄伯荣的《从阳江话音变说到声韵的描写》和伍巍、王媛媛的《广州音系舌根声母 kw、k‘w 讨论》也专门就无介音说提出了反驳。支持介音说的理由主要是：粤语次方言中确实存在 i、u 介音；广州话的 j-与其他方言的零声母 i 介音韵母无别，广州话的 w-、kw-、k‘w-和其他方言的 u 介音韵母亦无别。如果出于方言之间的横向比较和寻求方言与古音对应规律的需要，将广州话处理为带 i、u 介音的音系似乎更合理些。

事实上，有介音和无介音说并无本质的区别，正如麦耘（2005）在会议的讨论中所言：无介音说可以更好地体现粤方言音系的特殊性；而有介音说则体现汉语方言的一致性和与古音对应的整齐性，方便不同方言间的

---

① 詹伯慧、张日升：《珠江三角洲方言综述》，广东人民出版社 1990 年版，第 6 页。

② 李新魁、黄家教、施其生、麦耘、陈定方：《广州方言研究》，广东人民出版社 1995 年版，第 42、43 页。此书将早期的 kw-、k‘w-记作 kw-、kw‘-，从这细微变化中亦可见作者更倾向把 w 看做声母成分而非介音。

比较。

二、粤西粤语音系中的介音

如前所述，粤语次方言中的确存在 i、u 介音，不能像广州话一样取消介音。粤西高雷片粤语具有典型性，笔者在撰写《粤西茂名地区粤方言语音特点综论》一文时，对于是否设立介音亦颇费斟酌。当时笔者是这样处理的：像广州话一样设立 kw-、kw‘-、w-、j-四个声母，取消 u 介音，但保留 i 介音，而舌面声母 j-、ȵ-①后面则不带 i 介音韵母。原文如下：

> 茂名各县市粤方言声母数量一致，均为 22 个（包括零声母）。与广州话一样，都存在舌根唇化声母 kw、kw‘和唇化半元音（ʋ或 w）而没有 u 介音，虽然音系处理时可去掉 kw、kw‘声母而保留韵母的 u 介音，但不这样做的原因一是舌根声母的唇化色彩的确比较明显，有些方言甚至进一步演化为唇齿化的 kʋ、kʋ‘；二是从音系结构上使之保持与其他粤语尤其是广州话的对应。然而与此不对称的是，茂名各地粤语不能像广州话一样通过设立半元音 j 而合并 i 介音，原因是除了舌面声母 ȵ 和 j 外，还有少数 i 介音韵母分布在其他辅音声母后的情况，不能省略。如“窍”［k‘iau^{33}］（高州），“章”［tʃiaŋ^{55}］（电白）。

这样的音系处理看起来似乎不伦不类，游移于介音说和无介音说之间。这并非笔者故弄玄虚，其目的就是既要体现粤语次方言有介音的事实，同时也要揭示整个粤方言在介音问题上的内在一致性。至于具体音系究竟怎样处理和描写，可以各执己见，并不会影响方言语音的本质特征。

三、从粤西看粤方言的 u 介音韵母

从粤西粤语扩展到各地粤方言中的 u 介音韵母②，我们不难发现，它们都有以下非常一致的两个特点：

首先，从音色特质来看，各地粤方言的 u 介音在舌根声母后更多地融合到声母发音中去，而不是作为一个清晰的介音元音存在，u 发音又轻又

---

① 粤西粤语普遍有两个舌面声母：j-和 ȵ-。

② 为方便称说，暂且将 w-、kw-、kw‘-声母后的韵母一并叫做 u 介音韵母。

短，与声母的结合很紧凑，甚至出现 kw-与圆唇元音相拼时，w 的音色被后面的圆唇元音吞没而把“光”［kwɔŋ］读同“刚”［kɔŋ］的情况。不少次方言还出现由于半元音 w 唇化色彩明显而令 kw-、kw‘-读作唇齿化的 kʋ-、kʋ‘-，令零声母的 w-读作唇齿化的 ʋ-的情形。“正因为广州话的 w 主要是表声母的圆唇作用，一般都不把它看成是介音。”①

其次，几乎所有的粤方言中 u 介音韵母只出现在舌根塞音声母和零声母后面，亦即 kw-、kw‘-、w-这三种有限的语音环境中②，与汉语其他方言里 u 介音韵母可灵活出现在各类声母后面的情况大相径庭。其中比较特殊的是粤西和广西勾漏片粤语，“以 ɔ 为主元音的韵母 ɔi、ɔn、ɔt、ɔŋ、ɔk 在与辅音声母结合时带有过渡音 u，从过渡音 u 至主元音 ɔ 具有一定的动程，且主元音舌位略高于 ɔ。如：该 k^{u}ɔi^{55}，荡 t^{u}ɔŋ^{31}。但 ɔŋ、ɔk 两韵中唇化舌根声母与非唇化舌根声母仍存在对立。如：冈 k^{u}ɔŋ^{55} ≠ 光 kw^{u}ɔŋ^{55}，角 k^{u}ɔk^{33} ≠ 郭 kw^{u}ɔk^{33}”③。虽然有人将此过渡音 u 处理为介音，但笔者并不赞同：从音色讲，它是发音由开始至主元音 ɔ 过程中衍生出来的过渡音，其音色更接近 ʊ 或 o，从 ʊ/o 到 ɔ 形成一个逐渐开张的过程；从来源看，它出现在古开口洪音中，本身不该带 u 介音；更关键的是，来自古开口和合口洪音的字可构成对立：“冈 k^{u}ɔŋ^{55} ≠ 光 kw^{u}ɔŋ^{55}，角 k^{u}ɔk^{33} ≠ 郭 kw^{u}ɔk^{33}”。因此，将它视作声母过渡到圆唇主元音的衍音更为合适。

无独有偶，粤方言中 u 介音韵母的分布环境与广东境内的多数客家方言尤其是主流客家方言④基本相同。客家方言不设 kw-、kw‘-、w-声母而只有 u 介音韵母，几乎所有 u 介音韵母出现的语音环境都与粤方言一样，仅限于零声母和 k-、k‘-后面。从目前的材料看，唯粤西信宜思贺、钱排和高州新垌的客家话中有个别 u 介音韵母出现在其他辅音声母后，不过调查者亦认为这些 u 介音发音较松，近似 o，详细情况尚待进一步确证⑤。

综上所述，我们可以清楚地看到：粤方言中的 u 介音韵母所出现的语音环境非常受限制，u 介音韵母在韵母系统中并不发达，并且，u 介音的

---

① 李新魁：《广东的方言》，广东人民出版社 1994 年版，第 72 页。

② 四邑的开平（赤坎）、恩平（牛江）、粤北连山（布田）和粤西封开（南丰）粤语有个别 u 介音韵母出现在其他辅音声母后，待查。

③ 邵慧君：《粤西茂名地区粤方言语音特点综论》，《华南师范大学学报》（社会科学版）2007 年第 1 期。原文中“过渡音”写作“流音”，为避免误解成鼻、边音之类，今一律改作“过渡音”。

④ 所谓主流客方言，是指纯客地区的客话，如粤东北的梅州地区和粤北韶关地区的客家话等。

⑤ 李如龙等：《粤西客家方言调查报告》，暨南大学出版社 1999 年版。

元音色彩不清晰，更多的是附着在辅音声母的发音上，令辅音带有圆唇甚或唇齿色彩；若前面没有辅音声母时，就增加浊音摩擦，变成半元音性的声母。可以这样说，粤方言不论是中心方言还是次方言，其 u 介音韵母中的所谓介音在音色清晰度和语音分布环境上均相当弱势，而这些特点又与广东客家方言有异曲同工之妙。

四、从粤西看粤方言的 i 介音韵母

粤语次方言中最能支持介音说的主要是 i 介音韵母，从广州近郊到珠三角、粤中、粤西、粤北甚至广西，i 介音韵母均广泛分布。以下以粤西茂名粤语为例作分析：

茂名各地韵母系统普遍存在介音不平衡的情况：u 介音可以通过设立圆唇声母而省略，而 i 介音则无法通过设立舌面半元音来省略。不过，这并不能改变 i 介音相对弱势的事实：一是这些韵母分布和数量均非常有限，主要出现于中古效、咸、山、宕、梗诸摄开口细韵中，除宕摄外其他各摄所含字数很少，只有个别口语白读音；二是 i 介音的音色不稳定，除典型的 i 介音外，还有一个略低于 i 的变体 e 介音，且部分字读音已出现向 ɛ 系列韵母靠拢的趋势；三是在相同韵摄的条件下，若同时存在 i（e）介音韵母与非 i（e）介音韵母的情况，则前者主要出现于少数口语字或白读音中，这也昭示了 i（e）介音已渐趋消失。如：

	屌$_{男阴}$	点	夹	片	裂	娘	脚	靓	踢
广州	另字	tim^{35}	kɛp$^{22}_{(口)}$	p‘in^{33}	lit^{22}	nœŋ^{22}	kœk^{33}	lɛŋ^{33}	t‘ɛk^{33}
高州	tiau^{55}	teɐm$^{35}_{(老)}$	keɐp^{22}	p‘iɛn^{33}	liɛt^{22}	nœŋ^{11}	kœk^{33}	leɐŋ^{33}	t‘eɐk^{33}
茂名	tiau^{55}	teɐm$^{35}_{(口)}$	keɐp^{22}	p‘eɐn^{33}	leɐt^{22}	neɐŋ^{55}	keɐk^{33}	leɐŋ^{33}	t‘ek^{55}
电白	另字	tiɐm$^{35}_{(口)}$	kiɐp^{33}	p‘iɛn^{33}	liɛt^{22}	niaŋ^{11}	kiak^{33}	liaŋ^{33}	t‘ek^{55}
信宜	另字	teɐm^{35}	keɐp^{22}	p‘en^{33}	let^{22}	neɐŋ23	keɐk^{33}	leɐŋ^{33}	t‘ek^{55}
化州	ɗiau^{53}	ɗim^{35}	k‘iɐp^{22}	p‘^{i}ɛn^{33}	l^{i}ɛt^{22}	niaŋ23	kiak^{33}	另字	t‘ek^{55}

在《茂名市志》第二十五编第一章《方言》中，上述韵母分别记作 iau、iam、iap、ian、iat、iaŋ、iak、ik，笔者经核实并与周边方言点比较后改作 iau、eɐm、eɐp、eɐn、eɐt、eɐŋ、eɐk、ek；《信宜方言志》上述韵母分别记作 ɛm、ɛp、ɛn、ɛt、ɛŋ、ɛk、ek，笔者斟酌后亦改为 eɐm、eɐp、en、et、eɐŋ、eɐk、ek。另表中所列化州话为笔者记录的化州上江话；根据《化州粤语概说》，化州下江话此系列韵母分别为 ɛm、ɛp、ɛn、ɛt、 ɛŋ、ɛk、ik①。

粤语其他次方言也存在丰富的 i 介音韵母，从粤西扩展至所有粤语去考察，我们发现各地的 i 介音韵母都有一些共同之处值得注意。

首先是 i 介音韵母的韵摄分布。粤方言中 i 介音韵母有两种情况：一种是像广州话一样，只出现于零声母后，音节开头的 i 因带有浊音摩擦而成为半元音性的声母 j-（类似于 u 介音之成为 w-声母），这个 i 严格来讲并非元音性的介音。粤西一带除了零声母，另有一个舌面鼻音声母 ȵ-，其后同样不带元音性的介音 i（或者说 i 的音色几乎被舌面声母 ȵ-吞食），可以比照广州话一并处理为开口呼韵母。如："任"［ȵɐm］，"入"［jɐp］。当然若考虑与中古音和方言之间的对应规律，可记作［ȵ(i)ɐm］和［j(i)ɐp］。另一种则是分布在除舌面声母（j-、ȵ-）以外的 i 介音，这个 i 介音由于前面有辅音声母而绝对不能省略。但它们出现的韵摄环境在各地粤方言中却非常一致，即主要是中古主元音为低元音的韵摄——假、宕摄开口三等以及效、咸、山、梗摄开口三四等，大致属中古外转系列韵的开口细韵。除了假开三等以及收-ŋ/-k 尾的宕开三等和梗开三四等的白读字②较多、较整齐外，其他韵摄仅限于少数口语常用字。

其次是 i 介音音色的消变。为什么各地粤方言在 u 介音韵母上出奇一致（虽然各家处理音系不同，但本质上却无大别），而在 i 介音韵母上却无法达成一致呢？关键在于 i 介音的进一步消变有所不同：有些方言 i 介音韵母尚保持最原始的面貌，有些则已处于消变过程之中，还有的方言 i 介音韵母已演变至可取消的地步。关于 i 介音韵母的演变路程有多种解释，李新魁总结为两种情形：

（1）i 介音主元音化，典型的如 iɛu→ieu→i^{e}u→iu；

（2）i 介音的失落，典型的如 ia→iɛ→^{i}ɛ→ɛ；iaŋ→iɛŋ→^{i}ɛŋ→ɛŋ；当主元音是圆唇元音时，则如 iɔŋ→yɔŋ→^{y}ɔŋ→œŋ。③

对此，侍建国先生曾提出异议："关于音节主元音在历史演变中弱化以至消失的观点值得商榷。汉语韵母的结构成分从中古以来一直就被划分为介音、韵腹、韵尾三个组成部分，其中韵腹是音节的必要成分。根据现代广州话的音节结构，可以说中古的介音在广州话的历史演变过程中逐渐

---

① 邵慧君：《粤西茂名地区粤方言语音特点综论》，《华南师范大学学报》（社会科学版）2007 年第 1 期。

② 茂名各地粤语梗摄开口三四等字基本没有文白异读（广州话该批字文读为 eŋ、ek、白读为 ɛŋ、ɛk），因此梗摄开口三四等读 eŋ、ek 为多，宕开三等则多为 iaŋ、iak。

③ 李新魁：《广东的方言》，广东人民出版社 1994 年版，第 151～159 页。

消失了，因为介音不是音节的必要成分。但韵腹（或者主元音）却是音节的必要成分，说这样的结构成分弱化并消失，在音理上无法解释。”他这样解释上文的情形：“一方面，它代表两个音变：［i］介音的弱化消失和韵腹元音［e］舌位升高，而且两个音变的结果正好重合。另一方面，从音变次序上，主元音的升高（由介音引起）在先，［i］介音的弱化消失在后，即由前一音变（主元音升高）引发后一音变（介音弱化消失）。”①

根据粤西的方言调查，笔者倾向于认为这是由于高元音介音 i 与低元音主元音［a、ɒ］（根据中古音构拟的主元音音值）之间发音距离太远，因此在彼此靠近、协调发音过程中导致介音的逐渐消失和主元音的高化。笔者在文中特意记成 eɐŋ、eɐk 之类，其目的就是想说明 i 介音韵母消变过程中，除了主元音要与介音协调高化外，还有介音本身为了适应主元音而发生低化（iaŋ→eɐŋ②→ɛŋ、iɒŋ→eɔŋ→œŋ）的现象，并最终与低元音融合为单元音 ɛ 或 œ。模拟公式为：

声母 + i（介音） + a/ɒ（低元音） + 韵尾 → 声母 + ɛ/œ + 韵尾

五、粤方言介音与古音介音问题的综合考察

以往研究粤方言介音的学者多认为粤方言韵母系统中首先产生过 i、u 介音，介音是后来才逐渐消失的。如王力（1985）谈到粤方言的圆唇舌根声母时曾说：“这一类字原来是合口呼的字，带来韵头［u］。由于舌根音声母［k］、［k‘］发音部位和韵头［u］发音部位相同，而且［u］是圆唇元音，所以［k］、［k‘］受［u］的影响也圆唇化了。［k］、［k‘］圆唇化以后，韵头［u］也就消失了。”③麦耘（1999）也说：“笔者同意早期粤方言有介音并与中古汉语的介音系统有对应关系；后来的发展是介音趋于消失，而广州话是粤方言中介音消失得比较快的一支。”④ 这种观点的出发点是看到广州话与中古音之间整齐的对应关系，因而拿中古音系的介音系统套用到广州话的音系结构上。但是，如果广州话真的曾经拥有像中古音一样完备的介音系统然后再大量消失的话，那么其语音发展速度似乎超过了今天的北方方言，这有点令人难以信服。故笔者揣测，以广州话为代表的

---

① 侍建国：《从广东境内 i 介音分布看近代粤语音变》，《语言研究》2002 年第 3 期。

② e 介音在四邑粤语中也有，详见甘于恩：《广东四邑方言语法研究》第二章“四邑方言声韵调”，暨南大学博士学位论文（未刊），2002 年。

③ 王力：《汉语语音史》，中国社会科学出版社 1985 年版，第 560 页。

④ 麦耘：《广州话介音问题商榷》，《中山大学学报》（社会科学版）1999 年第 4 期。

粤方言整体而言处于介音产生的发端阶段，尚未形成像北方方言那样丰富而系统的带介音的韵母，语音分布环境亦相当有限，而且介音产生后非但没有扩展至所有韵摄、所有辅音声母，反而在一些发展较快的方言（如广州话）中产生了介音消失的现象。个中原因既与粤方言介音的特点有关，也与底层壮侗语言的特点有关。

对于早期的上古音，构拟其韵母系统非常复杂，光介音就有三、四个。随着上古音研究材料的不断扩大，研究手段的不断更新，对汉语古音的认识也不断深入和发展，汉语古音问题被扩展至汉藏语系亲属语言之间甚至汉藏语系与其他语系之间比较研究的广阔视野中来考察。关于上古音的声韵系统，现在比较一致的看法是：有复辅音声母，而且分为前加式和后加式，性质不同；声母后加的垫音有 j、w、r、l 四种（由有古文字的藏文、缅文、泰文、傣文可见）。韵母系统比较简单，没有任何元音性的介音，元音性介音都是后起的①。显然，上古音系中尚未产生元音介音，那么中古的 i、u 介音又是如何产生的呢？

关于 u 介音起源的问题。雅洪托夫（1960）认为上古不存在 u 介音，后来凡舌根声母后的 u 介音其实来自于圆唇舌根声母，舌齿音声母后的 u 介音来自圆唇主元音，之后圆唇主元音分裂复化为 u 介音韵母②。20 世纪六七十年代蒲立本、李方桂构拟古音声母时就另外构拟了一套圆唇化的牙喉音，并且限定早期汉语中后垫音 w 仅在牙喉系列声母。李新魁亦认为粤语保留了中古前的这种圆唇化声母，粤方言中的元音性 u 介音尚未出现③，而不是像王力（1985）所言："由于舌根音声母［k］、［k‘］发音部位和韵头［u］发音部位相同，而且［u］是圆唇元音，所以［k］、［k‘］受［u］的影响也圆唇化了。［k］、［k‘］圆唇化以后，韵头［u］也就消失了。"本文前面也提到，这种现象不仅粤方言有，广东另一大方言即客家方言同样存在，甚至不少汉语南方方言都有类似的情况，如吴语、赣语、湘语等。若方言材料确凿无误的话，那么似乎印证着这样一个假设——元音性 u 介音的出现在某些南方方言中非常滞后。

关于 i 介音起源的问题。粤方言的 i 介音韵母，无论从分布范围还是语音形式上都要比 u 介音韵母复杂。从各地粤方言的 i 介音音色来看，似

---

① 郑张尚芳：《上古音研究的新近动态》，《温州师范学院学报》2000 年第 4 期；《上古音系》，上海教育出版社 2003 年版。

② 谢·叶·雅洪托夫：《上古汉语的唇化元音》，《汉语史论集》，北京大学出版社 1986 年版，第 53 ~ 77 页。

③ 李新魁：《广东的方言》，广东人民出版社 1994 年版，第 151 页。

乎也不是十分清晰的，如粤西粤语中，有时 i 介音显现为低化的 e；有时 i 介音与后面的主元音结合很紧，仅稍微感觉到舌位由高至低的动程而已；还有的 i 介音融入主元音中，倾向 ɛ（或 œ）的音色。李新魁（1994）也提到广州北郊白云区的村镇，i 介音常常似有似无，即使同一发音人，也是一下子有一下子又没有的。关于粤语中 i 介音的来源，李先生认为是由上古的舌面化声母促生而来，即后带垫音 j 的辅音声母[①]。不过，郑张尚芳（2003）认为“垫音 j 属于辅音成分，与中古三等介音 ɨ 不是一回事”。凡带垫音 j 的上古声母，不管舌音、牙喉音、唇音，大多数到中古都腭化变为章组，因此带垫音 j 的辅音声母实际关涉的是古音声母的腭化问题[②]。

现代古音学者通过大量的汉语内部以及汉语和亲属语之间的对比研究发现：上古没有介音，《切韵》时代腭介音产生还不久，从汉语与南部其他语言（泰语、壮语、汉越语）的材料看，三等字带介音的不多，主要在鱼、阳、药三韵，而这三韵的主元音古音均为低元音[③]。这与各地粤方言中的 i 介音分布极其相似，即主元音为低元音的韵摄。因此，笔者臆测粤方言中 i 介音可能只是处于产生发端阶段，并未像北方汉语一样充分发展到其他主元音的韵摄。关于三等 i 介音在南北汉语方言中发展的不平衡，郑张尚芳早在 1996 年就指出：三等介音的增生最初只见于北方，唐释玄应《一切经音义》有时兼记南北音，常常北音为三等，南音为一二四等，如晒：北土“霜智反”，江南“所隘反”。髯：江南“而甘反”，关中“如廉反”。[④]

由此看来，南方粤方言中元音性 i 介音发展不仅比北方汉语滞后，而且其产生后似乎就此停滞不前了，并没有再充分衍生到其他韵摄中去，甚至还发生了像广州话那样介音脱落与主要元音融合或者直接成为带浊音摩擦的半元音声母 j-的现象；粤西粤语甚至还将 i 介音融入舌面鼻音声母 ȵ-中。

六、粤方言介音与少数民族语介音问题的综合考察

究竟是什么原因阻滞了粤方言 i、u 介音的产生与发展，恐怕与其底层

---

① 李新魁：《广东的方言》，广东人民出版社 1994 年版，第 150 页。

② 郑张尚芳：《上古音系》，上海教育出版社 2003 年版，第 124 页。

③ 潘悟云：《汉语历史音韵学》，上海教育出版社 2000 年版，第 142 ~ 146 页。

④ 郑张尚芳：《汉语介音的来源分析》，《语言研究》1996 年增刊；转引自潘悟云：《汉语历史音韵学》，上海教育出版社 2000 年版，第 143 页。

语言环境壮侗语有一定的关系。现代侗台语族（也称壮侗语族）大都没有介音，以高元音 i、u、ɯ 起头的音节，i、u、ɯ 是主元音而非介音[①]，与广州话 iu、ui 韵母性质相同。从现代侗台语族语音的共同特征来看，我们发现它与现代粤方言的语音结构非常相似：①声母简单，韵母复杂，音节带声调，声韵调之间有相互制约的关系；②侗台语许多语言有带喉塞音的浊塞音声母 ʔb、ʔd，水语和毛南语有带轻微鼻冠的塞音声母，它们多半与单数调相配（即与汉语的清声母对应）；③缺少韵头 i、u、y，但大部分有腭化声母和唇化声母；④韵母有复杂的韵尾，元音韵尾和辅音韵尾，辅音韵尾基本都有双唇、舌尖和舌根部位的鼻音和塞音；⑤元音分长短，其中黎语长短元音最全，低元音 a 分长短最常见；⑥声调分舒促两类，促声调调值和舒声调调值相同；部分语言促声调因元音长短而调值有所不同[②]。正因为这种相似性，我们可以想象粤方言介音系统发展的局限很可能是受到了底层侗台语语音特征的影响。

尽管侗台语和汉语粤方言有着许多相近之处，然而自 20 世纪 40 年代的白保罗起，就不断有学者怀疑汉、台语之间存在亲属关系，因为汉台诸语言之间几乎找不到同源词。马学良（1991）认为汉、台语之间的相同特征往往是后期表面的“类型特征”，而不是亲属语言间本质的“谱系特征”[③]。当然也有人怀疑这只限于晚期的事实，若追溯到上古，仍可发现两种语言之间的某种联系。姑且不论汉、台语在远古或近古某个时期是否存在亲属关系，光是凭借现代侗台语与汉语粤方言之间从语音系统到词汇甚至语法结构等诸多的相似性，我们就无法否认这两个语言存在长期密切接触的历史事实，就有理由相信粤方言是一种很特殊的汉语方言，它是底层的南方少数民族语在汉语的长期侵蚀、浸润下逐渐蜕化其原始面貌而嬗变为一种汉语方言的，这种现象正如桥本万太郎所说的“农耕民型语言”，原先并不相同的语言逐渐被文明中心地的语言同化[④]。而汉语南方方言去土著化的时间可能比我们想象的要晚得多，底层语对汉语的逆向能动性也比我们想象的要大得多，以至于使粤方言看起来更像是混合语。粤方言介音的不发达或许正体现出其原始面貌。

---

① 马学良、罗季光：《我国汉藏语系语言元音的长短》，《中国语文》1962 年第 5 期；转引自郑张尚芳：《上古音研究的新近动态》，《温州师范学院学报》2000 年第 4 期。

② 中央民族学院少数民族语言研究所：《中国少数民族语言》，四川民族出版社 1987 年版，第 266 ~ 267 页。陈其光：《中国语文概要》，中央民族学院出版社 1990 年版，第 79 ~ 83 页。

③ 马学良：《汉藏语概论》，北京大学出版社 1991 年版，第 900 页。

④ ［日］桥本万太郎著，余志鸿泽：《语言地理类型学》，北京大学出版社 1985 年版，第 22 页。

七、结 语

综上所述，各地粤方言虽然有表现形式不同的介音模式，但若从深层挖掘其音色特征和分布的语音环境，可以找到它们之间存在的内在联系，这些内在联系正好体现出粤方言介音韵母的特殊性及其演变的阶段性。参照汉语史介音产生的研究，我们推测粤方言处于介音发端期，尚未进入类似北方方言的介音完备期，其原因与粤方言地处岭南侗台语文化圈密切相关。

参考文献：

[1] 岑麒祥：《广州话音系概述》，《广东建设研究专刊》，1946 年。

[2] 陈其光：《中国语文概要》，中央民族学院出版社 1990 年版。

[3] 陈晓锦、陈滔：《广西北海市粤方言调查研究》，中国社会科学出版社 2005 年版。

[4] 甘于恩：《广东四邑方言语法研究》，暨南大学博士学位论文（未刊），2002 年。

[5] 高华年：《广州方言研究》，香港商务印书馆 1980 年版。

[6] 高然：《广东丰顺客方言的分布及其音韵特征》，李如龙主编：《客家方言研究——第二届客方言研讨会论文集》，暨南大学出版社 1998 年版。

[7] 广西壮族自治区地方志编纂委员会：《广西通志·汉语方言志》，广西人民出版社 1998 年版。

[8] 黄家教：《广州话无介音说》，《学术研究》1964 年第 2 期。

[9] 黄锡凌：《粤音韵汇》，中华书局 1941 年版。

[10] 李荣：《关于方言研究的几点意见》，《方言》1983 年第 1 期。

[11] 李如龙等：《粤西客家方言调查报告》，暨南大学出版社 1999 年版。

[12] 李如龙、张双庆主编：《客赣方言调查报告》，厦门大学出版社 1992 年版。

[13] 李新魁：《广东的方言》，广东人民出版社 1994 年版。

[14] 李新魁、黄家教、施其生、麦耘、陈定方：《广州方言研究》，广东人民出版社 1995 年版。

[15] 刘叔新，刘艺：《介音 u 是广州话的语言事实》，《方言》2000 年第 1 期。

[16] 刘涛：《梅州客话音韵比较研究》，暨南大学硕士学位论文（未刊），2003 年。

[17] 马学良：《汉藏语概论》，北京大学出版社 1991 年版。

[18] 麦耘：《广州话介音问题商榷》，《中山大学学报》（社会科学版）1999 年第 4 期。

[19] 潘悟云：《汉语历史音韵学》，上海教育出版社 2000 年版。

［20］邵慧君：《粤西茂名地区粤方言语音特点综论》，《华南师范大学学报》（社会科学版）2007 年第 1 期。

［21］侍建国：《从广东境内 i 介音分布看近代粤语音变》，《语言研究》2002 年第 3 期。

［22］施其生：《广州方言的介音》，《方言》1991 年第 2 期。

［23］王力：《汉语语音史》，中国社会科学出版社 1985 年版。

［24］吴安其：《汉藏语同源研究》，中央民族大学出版社 2002 年版。

［25］伍巍、王媛媛：《广州音系舌根声母 kw、k‘w 讨论》，《暨南大学学报》（哲学社会科学版）2006 年第 4 期。

［26］［苏］谢·叶·雅洪托夫：《汉语史论集》，北京大学出版社 1986 年版。

［27］邢公畹：《汉台语比较手册》，商务印书馆 1999 年版。

［28］邢凯：《关于汉语和侗台语的介音问题》，《民族语文》2000 年第 2 期。

［29］袁家骅等：《汉语方言概要》，文字改革出版社 1960 年版。

［30］詹伯慧：《现代汉语方言》，湖北教育出版社 1985 年版。

［31］詹伯慧、张日升：《珠江三角洲方言字音对照》，广东人民出版社 1987 年版。

［32］詹伯慧、张日升：《珠江三角洲方言综述》，广东人民出版社 1990 年版。

［33］詹伯慧：《汉语方言及方言调查》，湖北教育出版社 1991 年版。

［34］詹伯慧、张日升：《粤北十县市粤方言调查报告》，暨南大学出版社 1994 年版。

［35］詹伯慧、张日升：《粤西十县市粤方言调查报告》，暨南大学出版社 1998 年版。

［36］詹伯慧：《广东粤方言概要》，暨南大学出版社 2002 年版。

［37］詹伯慧等：《饶平客家话》，澳门环球文化传播有限公司 2003 年版。

［38］郑张尚芳：《上古音研究十年回顾与展望（一）》，《古汉语研究》1998 年第 4 期。

［39］郑张尚芳：《上古音研究十年回顾与展望（二）》，《古汉语研究》1999 年第 1 期。

［40］郑张尚芳：《上古音研究的新近动态》，《温州师范学院学报》2000 年第 4 期。

［41］郑张尚芳：《上古音系》，上海教育出版社 2003 年版。

［42］中央民族学院少数民族语言研究所编：《中国少数民族语言》，四川民族出版社 1987 年版。

［43］周日健、冯国强：《曲江马坝（叶屋）客家话语音特点》，李如龙主编：《客家方言研究——第二届客方言研讨会论文集》，暨南大学出版社 1998 年版。

［44］庄初升：《粤北客家方言语音概貌》，《韶关学院学报》（社会科学版）2005 年第 5 期。

作者简介：邵慧君，女，上海市人。博士，华南师范大学文学院教授，华南师范大学岭南文化研究中心副主任。研究方向主攻汉语方言学。

使用简体字排印本古籍要注意的问题

——以《陶汝鼐集》为例

田范芬

[**摘　要**]《陶汝鼐集》为《湖湘文库》（甲编）之第30册。本文探讨此书因使用简体字排印造成的一些问题，呼吁古籍校点用繁体字排印，提醒读者简体字排印的古籍要谨慎阅读、使用。

[**关键词**] 简体字；古籍校点；《陶汝鼐集》

《湖湘文库》可谓是湖南省有史以来最大的文化工程，被列入国家“十一五”重点图书选题、湖南省精神文明建设“十一五”重点项目，全省12家出版社、数百专家学者参与编修整理，计划出书700册，至今已出200多册。《陶汝鼐集》为《湖湘文库》（甲编）之第30册，本文探讨此书因使用简体字排印造成的问题，希望对《湖湘文库》将要出版的文献在此类问题上有所提醒，同时提醒读者，简体字排印的古籍要谨慎阅读、使用。

《陶汝鼐集》由湖南文理学院梁颂成点校，据其所撰“前言”，此书以康熙世彩堂汇印本《荣木堂合集》底本，以沩峤遗书馆刻《荣木堂诗集》、《荣木堂文集》参校。《四库禁燬书辑刊》（以下简称《四库禁燬》）第85册收《荣木堂合集》（三十五卷）即为康熙刻世彩堂汇印本，我们据此参校《陶汝鼐集》中出现的问题。

一、繁简没能正确转换造成的问题

用简体字排印古籍，要将繁体字转换成正确的简体字，应该说这是最基本的要求，但实际上并非那么容易。《陶汝鼐集》就有一些繁体字没能转换成正确的简化字。

1.《陨星歌》(第24页)(按:数码为此诗在《陶汝鼐集》中的页码,下同)作:

延首云汉兮北辰其所,虹霓素裔兮久来杂处。我思黄泽之谣兮,还闻两山之语。海尘日雪兮,沸暍淮楚。吁嗟!蛟鱼之尾叩叩兮,谁为霖?汝大星之声轰轰兮,敢不忧瘨。

第3句作"海尘日雪兮,沸暍淮楚",意不可解。查《四库禁燬》(第157页)作"海麈日血兮沸暍淮楚"。麈,兽名,鹿属。据此诗题记"淮安道中……见大星陨于北,声若崩雷,红光灼墙壁,久之惕然","海麈日血兮沸暍淮楚"即描述此景。《陶汝鼐集》误将"麈"简化作"尘"("尘"之繁体为"塵"),又误将"血"作"雪",致诗意不可解。

此诗断句也有问题,后面部分应断作:吁嗟!蛟鱼之尾叩叩兮谁为霖汝?大星之声轰轰兮敢不忧瘨?

2.《后采莲曲》(第25页)作:

采莲去,玉露蒸晴起香雾,鸳鸯眼倦秋波注,莲房正在虁栖处。戏将荷叶托莲房,碧筒刺手柔丝长,缠绵何似双鸳鸯,芳心静擘云高凉。

"莲房正在虁栖处",诗意不可解。查《四库禁燬》(第157页)"虁"作"雙",简化应作"双"。

又此诗一、二句应断作:采莲去玉露,蒸晴起香雾。

3.《六哀诗·峻墓》(第28页)作:

鸿雁来矣,玄鸟具扫。梧桐老矣,松节其腓。南山丹穴,实延秋晖。

手营母丘,朝露未晞。马鬣崇丈,封树孔颀。是曰终天,敢不慎微!

既竣厥陇,土香在衣。将远母侧,岂无罗威。龙梭寂寞,裾绝云飞。

"玄鸟具扫"句意不可解,且"扫"与后面的韵脚"腓晖晞颀微衣威飞"不能协韵。查《四库禁燬》(第160页),作"玄鸟具帰"。《汉语大字典》(第311页)释:“帰,同‘歸’。《宋元以来俗字谱》:歸,《取经诗话》、《通俗小说》、《古今杂剧》等作帰。”《敦煌变文·温室经讲唱雅座文》释:“顶礼上方大觉尊,帰命难思清净众。”《陶汝鼐集》错将“帰”简化作“扫”,也致此诗失韵。

又《琴歌二叠》(第27页)第一章作:“春风拂玉琴,明月照瑶簪。瑶簪修兮华发短。弹扫风兮歌送远畴(断句有误),能使我兮心悲缓。”“弹扫风”之“扫”《四库禁燬》(第159页)作“帰”,亦“歸”字。《说文·止部》释:“歸,女嫁也。帰籀文省。”“归风”文献常见,意为“吹向故乡之风”,如陆机《悲哉行》:“愿讬归风响,寄言遗所钦。”江淹《拜中书郎表》:“工谢彩轮,窃归风之价。”陶汝鼐此诗之“归风”应指怀乡之歌曲。《陶汝鼐集》作“扫风”则诗意全无。

4. 七古《报国寺再看松歌》(第64页)作:

此地有松柏即异,此两蟉枝最奇肆,夭矫纷披不抗云,惊起骊龙护珠睡。黄山图中石壁间,云根养甲当苍顽。燕市尘沙古都邑,何由离奇老怪如。名山宁知偃松篇,即在帝城里绀殿。珠林数百年,谡谡清风洗谁耳?我来吟绕几千巡,再拜寒苍问松子。贵从游人春兴赊,携尊偏为海棠花。院中有西府海棠,最盛。只今岁晚多霜霰,谁捧冰天最不瑕。

“何由离奇老怪如”之“由”《四库禁燬》(第191页)作“繇”,虽然“繇”作介词表“凭借”或“起点”的用法同介词“由”,但“繇”不可简化作“由”。

又此句“如”不能跟前后韵字“顽”、“殿”协韵,《四库禁燬》亦作“如”。颇疑“如”为“幻”之误刻。怪幻,“奇怪而多变”的意思。如此,则此诗押韵为“异肆睡/间顽/幻殿/耳子/赊花瑕”。

5. 五律《村居立夏》(第252页)作:

乱里三春尽,村居四壁贫。田家偏寂寞,逃卒大纵横。屡叹图书散,深忧荆棘生。天乎如大寐,夜岂见机枪。

“夜岂见机枪”,意不可解。《四库禁燬》(第252页)“机枪”作“欃枪”。“欃枪”为星名,《尔雅·释天》“彗星为欃枪”,《淮南子·俶真训》“欃枪衡杓之气,莫不弥靡而不能为害”。《陶汝鼐集》误将“欃”简化作

“机”（“机”的繁体为“機”），使诗句莫名其妙。

6. 乐府《鱼山歌》（第353页）作：

> 东阿近，洛浦遥，看剑论文年暗消。鱼山古翠微，但见白日飞。白日飞且斗，翔鸿云岫来。文王既复商祚，单畏将，孤竹泪，重洒汉铜盆。

“白日飞且斗”，《四库禁燬》（第391页）作“白日飞且闌”，《陶汝鼐集》误将“闌”作“鬬”简化为“斗”；“重洒汉铜盆”之“盆”《四库禁燬》作“盤”，《陶汝鼐集》误将“盤”简化为“盆”，致此诗失韵。又“翔鸿云岫来”之“来”《四库禁燬》作“寒”。

《陶汝鼐集》这首诗断句也有错误，应断作：东阿近，洛浦遥，看剑论文年暗消。鱼山古翠微，但见白日飞。白日飞且阑，翔鸿云岫寒，文王[既][复]商祚单。畏将孤竹泪，重洒汉铜盘。

7. 《雨中花·咏燕》（第445页）下阕作：

> 信是身才胜雾谷。且随分、玳梁华屋。但阿阁分巢，空庭同舞，不用樊笼蓄。

“信是身才胜雾谷”，《四库禁燬》（第464页）作“信是身繞胜雾縠”，《全清词补编》（第100页）所录与之相同。《陶汝鼐集》此句有两处错误：一是误将“繞”作“纔”，简化为“才”；二是误将“縠”简化作“谷”。《王力古汉语字典》（第937页）：“縠，薄且轻的细帛。”“雾縠”文献常见，一义为“薄雾般的轻纱”，如《文选·宋玉〈神女赋〉》：“动雾縠以徐步兮，拂墀声之珊珊。”《文选·司马相如〈子虚赋〉》：“于是郑女曼姬……杂纤罗，垂雾縠。”另一义为“像轻纱一样的薄雾”，如五代和凝《临江仙》：“海棠香老春江晚，小楼雾縠涳濛。”苏轼《龙尾石月砚铭》：“萋萋兮雾縠，宛宛兮黑白。”陶汝鼐此词中“雾縠”用第二义。

二、繁简非一一对应造成的问题

1. 只与隻

只：《广韵》诸氏切，上声纸韵，今读 zhǐ；上古汉语作语气词，如《诗经·鄘风·柏舟》：“母也天只，不谅人只。”后来可作副词，相当于

“祇”、“仅”。

隻：《广韵》之石切，入声昔韵，今读 zhī。本义为鸟一隻，引申为“一个”、“单”义，后作称物的量词。

《陟屺歌三首》之二（第 26 页）第一韵段作：

> “陟屺歌，屺高不可拟。树静能几时，悲风为之起。北堂生苦辛，灵萱覆群芷。连枝不并秀，幽明隔章水。去年雪满郊，含敛于戈里。骨肉多乖违，独我华发子。肤发则如斯，恨不从母死。忍死奉窆藏，负土终天只。

最后一字《四库禁燬》（第 158 页）亦作“只”。此诗中“只”为语气词，故与“拟起芷水里子死”协韵。《文库》（甲编 33）之郭金台《石村诗文集·细行》（第 54 页）协“已止蕊浀起鞑耳履喜只”，最后两句作“室家终勤，小人乐只（按：《四库禁燬》84 册第 453 页亦作‘只’）”，亦属此类。如果将此二例中的“只”当成“隻”的简化字，不仅诗意无法理解，诗韵也不相协。

但《书家隐君星海公传后并赞》（第 693 页）之赞协“笏律越袜竭艴没石白索只易册”，“只”为韵脚的诗句作“乃有先生，私淑其只”。查《四库禁燬》（第 686 页）作“私淑其隻”。此句中“隻”为“单”义，应读之石切，故与“笏律越袜竭艴没石白索易册”等《广韵》入声字相协。《陶汝鼐集》此处用“只”排印，可能导致对诗意和诗韵理解的混乱。

2. 宁与寧

宁：《广韵》读直吕切，上声语韵，今读 zhù；“宁”，有“积聚”（后来写作“贮”）、“久立”（后来写作“伫”）义，古代宫殿门和屏或两侧屋之间也称“宁”。

寧：“安寧”、“寧願”之“寧”简化后作“宁”，与古书之宁同形。《湖南寇事诗》（第 55 页）第 3、4 句作“当其破鄂城，辽烽逼宸宁”。“宸”为帝王住处，“宁”应读 zhù，义为“宫殿门和屏之间”，“宸宁”连文指“京城”，“宁”与其前后韵字如“楚、乳、举”等是协韵的。此诗后文“宁人实教猱”之“宁”，《四库禁燬》（第 182 页）作“寧”，与“宁”本是完全不同的字。如果将第 4 句中的“宁”当成“寧”的简化字，则于诗韵、诗意均不通。

三、简化字无限类推造成的问题

关于简化字的使用，原中国文字改革委员会1964年编印的《简化字总表》共收字2 236个，《汉语大字典》所收简化字就以此为限。国家语言文字工作委员会1986年对1964年的《简化字总表》作了个别调整，重新公布了此表，收字2 235个，法定的简化字应该就是这2 235个。但《陶汝鼐集》所用简体字部分超出《简化字总表》所列，如《郑州道中遇风》（第32页）之“习习起青蘋”之“蘋”，右下之“頁”简化作“页”；《送周玄应侍御还朝》（第41页）之“久不显萍蓡”之“蓡”，下面“參”简化作“参”；《白露日再作纪旱诗》（第224页）之“螟虫复争餔”之“餔”，左边的“食”简化作“饣”；郭金台《彩燕词·姚玉京》（《石村文诗集》第31页）之“念子远离兮予守巃”之“巃”，下面的“龍”简化作“龙”。以上用类推简化拼凑的四个字均不见于《简化字总表》，也不见于GBK字库。

简化字可不可以无限类推，学界也有过不同的意见，但现在绝大多数学者认为不可无限类推，王宁《论汉字规范的社会性与科学性——新形势下对汉字规范问题的反思》（《中国社会科学》2004年第3期）、张书岩《简化字与繁体字关系的两个问题》（《第四届全国语言文字应用学术研讨会论文集》，四川大学出版社2007年版）等学者均撰文反对无限类推简化。李先耕《简化字应否无限类推——读横排简化字整理本古籍有感》（《求是学刊》2002年第2期）主张以GBK字库为准，不采用无限类推的方法。袁金平、杜海霞《20世纪90年代以来的简化字研究综述》（《三峡大学学报》（社科版）2008年专辑）回顾各家的研究后，提出“各家基本上是不赞成简化方式中的无限类推这一原则的”。

简化字的无限类推，不仅造成汉字数量的增加，加重识字、用字的负担，而且我们如果要摘引的词句含有此类简化字，在输入上有不少麻烦。我们不赞同无限类推简化字。

自1956年汉字简化方案公布后，对于古籍的整理出版，出版界大体上根据不同的读者对象和实际情况，分别采用繁体字和简化字排印。属于普及性质的，如中小学语文课本中的古代诗文、一般古籍的通俗读物，用简化字印刷。至于提高性质的，如古籍校点本、研究专著等，仍用繁体字印行。林仲湘《关于古籍整理中字形问题的一些意见》（《广西大学学报》1984年第2期）称：“不管将来现代汉字改革变化到什么程度，作为提高性质的古籍整理本，仍将采用繁体字，这是毫无疑义的。”林文发表至今已近30年，只要翻翻最近中华书局、上海古籍出版社等出版的古籍，即可知他的预言是对的。以上《陶汝鼐集》中出现的问题，在简体字排印的古籍中应该有一定的代表性。我们呼吁出版社在出版提高性的古籍时，应尽量用繁体字排印；同时，阅读、使用古籍点校本，应以中华书局、上海古籍出版社等出版的繁体字本为首选，不得已要用简体字本时，一定要小心谨慎，与原始文献对校。

参考文献：

[1]（明）陶汝鼐撰，梁颂成校点：《陶汝鼐集》，岳麓书社2008年版。
[2]（明）郭金台撰，陶新华校点：《石村诗文集》，岳麓书社2009年版。
[3]（明）郭都贤撰，陶新华校点：《些庵诗钞》，岳麓书社2009年版。
[4]王钟翰：《四库禁燬书丛刊》第84、85册，北京出版社1997年版。

作者简介：田范芬，女，1972— ，湖南人。博士，华南师范大学文学院副教授。

历 史 研 究

六朝贵族与九品官人法[①]

陈长琦

［摘　要］六朝贵族制社会的主要特征，是以等级享有政治利益与权力。在制度安排上，九品官人法为贵族规定了等级资品。例如，曹魏规定，诸国王、公、侯、伯、子、男一品，诸县侯三品，诸乡侯四品，诸亭侯五品，诸关内名号侯六品。六朝贵族可以依其所拥有之等级资品，按九品官人法的规则入仕。九品官人法与贵族制的结合，保障了六朝贵族的政治地位，稳定了六朝贵族的社会统治。

［关键词］六朝；贵族制；九品官人法

六朝贵族制社会的主要特征，是以等级享有政治利益与权力。贵族以等级分配政治利益与权力的要求，反映在九品官人法的制度安排上，就是以等级差别规定等级所属者的资品差别、资品与官品间的对应关系，乃至官僚职位的差别。

一

在旧有的关于九品官人法的研究成果中存在着两大误区。一是把在九品官人法下为官员职位规定的任职所需之资品（人才品级）要求——官品，误认为官阶，即误认为是官职的等级，将其排斥于九品官人法之外；二是将士人自身之资品，误认为“中正品第”，即只有中正给予，忽视了资品来源的多渠道、多途径。进一步，将九品官人法误认作“九品中正制”，将九品官人法问题的研究局限于中正制度的研究，同时亦束缚了对六朝贵族问题的研究。

现有史料，最早系统记载官品的是《宋书·百官志》。它为南朝宋的主要官员附注了官品。稍后，唐人杜佑在《通典》中为我们提供了一份更

---

① 本文曾于2010年5月提交由中国社会科学院历史研究所与日本东方学会于东京举办的“第二届中日学者中国古代史论坛”，并在会上做主题演讲。这次提交又作了部分修订，补充了部分史料。

加完整的魏晋南北朝时期各代的官品记录。沈约《宋书·百官志》没有说明官品的性质，杜佑《通典》则明确将官品归之为官阶。他在《魏官品·序》中说："魏官置九品，自魏以下，并为九品，其禄秩差次大约亦如汉制。"明确将官品视为官员等级制度。

从六朝相关史料来看，官品在南朝之梁武帝改制以前，应该还不是官阶。《晋书》卷四十六《刘颂传》中提出，建立九班制作为官阶制度，刘颂在奏章中说："为政欲著信，著信在简贤，简贤在官久。官久非难也，连其班级，自非才宜，不得傍转以终其课，则事善矣。"刘颂本传又曰：颂"转吏部尚书，建九班之制，欲令百官居职希迁，考课能否，明其赏罚。贾郭专朝，仕者欲速，竟不施行"。班级即阶级，亦即官阶。如南朝梁建立的十八班制，即官位的十八个等级。《晋书》卷五《怀帝愍帝纪》引干宝《晋纪》批评西晋王朝："选者为人择官，官者为身择利，而执钧当轴之士，身兼官以十数。大极其尊，小录其要，而世族贵戚之子弟，陵迈超越，不拘资次。悠悠风尘，皆奔竞之士；列官千百，无让贤之举。子真著《崇让》而莫之省，子雅制九班而不得用。"（子雅，刘颂字）说明西晋王朝没有采用九班制为官阶。

《晋书》卷四十六《李重传》：李重亦上奏章，批评当时的官僚制度是"内官重，外官轻，兼阶级繁多"，提出"又建树官司，功在简久。阶级少，则人心定；久其事，则政化成而能否著，此三代所以直道而行也。以为选例九等，当今之要，所宜施用也"。李重的这份奏章，明确批评西晋官僚制度阶级繁多，提出以"选例九等"为官阶制度。"选例"，就是与九品官人法配合的以九品人才的等级选任官员的制度。

由刘颂提出的建立九班制，到李重提出的以选例九等用为官阶等建议，可以证明当时的官品不是官阶，如果当时官品九品已经是官阶的话，那么，他们就不会批评当时的官阶制度阶级繁多，更不会多此一举，要求建立已经存在的九等官阶制度。

其实，官品与资品是一回事，两者具有同一性，即都是"官才之品"。《三国志》卷九《魏志·夏侯玄传》："自州郡中正品度官才之来，有年载矣，缅缅纷纷，未闻整齐。"州郡中正所品评的是以等级形式所表示的官才。而官所标的品位，则是任用该官所需的官才之等级。换句话说，资品是个人的任官资格品等，官品则是官所需要的品位。

九品官人法运作的形式是"制九格登用"。

《初学记》卷十一："习凿齿《晋阳秋》曰，初陈群为吏部尚书，制九格登用，皆由于中正考之簿世然后授任。""格"，即尺度、标准。《文选》载鲍照《芜城赋》:“格高五岳,袤广三坟。”李善注引《仓颉篇》:“格,量度也。”又《后汉书·傅燮传》:“朝廷重其方格。”李贤注:“格,犹标准也。”官职所标的品位就是该官用人的格,即该官用人的尺度、标准。但九品官人法的官格是担任该官的最低标准。《晋书》卷四十五《刘毅传》:“本立格之体,将谓人伦有序,若贯鱼成次也。为九品者,取下者为格,谓才德有优劣,伦辈有首尾。”据此,品位体系建立的本意,是为了人才的有序使用,“为九品者,取下者为格”,即设计九品选拔、任用官员的制度时,是取最低的尺度、标准作为任人的品位要求。

例如,魏晋规定,郡守、鹰扬将军、王国内史、中书侍郎、黄门郎、司徒左长史等官品第五[①],按照“为九品者,取下者为格”的意义理解,就是说郡守、鹰扬将军、王国内史、中书侍郎、黄门郎、司徒左长史等官,至少需要品位第五的人来担任。虽然具有五品品位的人不一定都能够担任上述官职,但低于五品品位的人则肯定无资格担任上述官职。

在九品官人法下,品位是任官的资格。除了皇帝的特殊赐官,一般情况下,没有品位即没有做官的资格。

文献中,官品往往就是资品,也就是品位。两者是统一的。

如《南齐书》卷九《礼志上》:“建武四年正月,诏立学。永泰元年,东昏侯即位,尚书符依永明旧事废学。领国子助教曹思文上表曰:‘……据臣所见,今之国学,即古之太学。晋初太学生三千人,既多猥杂,惠帝时欲辨其泾渭,故元康三年始立国子学,官品第五以上得入国学。’”“官品第五”怎解?我们的理解是,官品第五以上,能够进入国学读书的人,并不是我们上述所提到的郡守、中书侍郎、黄门郎、司徒左长史等这些官品第五的官,也不是官品第五的官员们的子弟,而是指其本身具有五品资品,或者说是其本身具有五品品位的人。

《南齐书·礼志》又曰:“建元四年正月,诏立国学,置学生百五十人。其有位乐入者五十人。生年十五以上,二十以还,取王公已下至三将、著作郎、廷尉正、太子舍人、领护诸府司马谘议经除敕者、诸州别驾治中等见居官及罢散者子孙。”由这段史料的解读可知,南齐建元四年建立的国学,共有学生一百五十人。“其有位乐入者”,即其中有品位并乐意入学的是五十人。这些国学生的年龄在十五至二十岁之间,其身份是王公以下至诸州别驾、治中从事史等现居官以及罢、散官的子孙。而这五十名“有位乐入”的国学生,按照“官品第五以上得入国学”的规定,就应该

---

① 《通典》卷三十六、三十七,中华书局点校本1988年版。

是“官品第五以上”的人。换句话说，他们就是有品位第五以上且乐于入学的人。官品就是官才之品，官品第五就是官才之品第五。

又《宋书》卷十四《礼志》：“晋武帝太始八年，有司奏：‘太学生七千余人，才任四品，听留。’诏：‘已试经者留之，其余遣还郡国。大臣子弟堪受教者，令入学。’”这条材料与上述《南齐书》卷九《礼志上》联系起来读，也许就看得更清楚一些。这大概是指要求太学生们经过学习，才能应有提高，品位应有进步，达到“才任四品”，方能留下来候任官职，如达不到“才任四品”的要求，就要“遣还郡国”。“才任四品”之意，是说其才能达到了可以任四品人所能担任的官之水准，也就是可以获得四品品位之意。

再如，文献中经常提到的“二品官”，往往也不是指官阶等级中的第二等的官，而是指有二品品位的官。《宋书》卷十七《礼志四》：“宋孝武帝孝建元年十月戊辰，有司奏章皇太后庙毁置之礼。二品官议者六百六十三人。太傅江夏王义恭以为：‘经籍残伪，训传异门，谅言之者罔一，故求之者鲜究。……远考史策，近因暗见，未应毁之，于义为长。……’六百三十六人同义恭不毁。散骑侍郎王法施等二十七人议应毁。”据此，在这次章皇太后庙毁置与否的争议中，发表意见的二品官总共有六百六十三名。其中，六百三十六名与太傅江夏王刘义恭的意见一致，赞成保留章皇太后庙，而散骑侍郎王法施等二十七名提出应该毁庙。同意保庙的六百三十六人与提议毁庙的二十七人相加，总数正合于六百六十三名之数，可知“散骑侍郎王法施等二十七人”在“二品官议者六百六十三人”之数。南朝宋代散骑侍郎官品第五①，说明“二品”是指王法施等官员的个人品位，“二品官”是指具有二品品位的官。

同样，下面史料中的二品亦指资品，即品位。

《宋书》卷十八《礼志五》：“古者贵贱皆执笏，其有事则搢之于腰带，所谓搢绅之士者，搢笏而垂绅带也。绅垂三尺。笏者有事则书之，故常簪笔。今之白笔，是其遗象。三台、五省二品文官簪之，王、公、侯、伯、子、男、卿、尹及武官不簪。加内侍位者，乃簪之。”“三台、五省二品文官”何解？三台、五省之名不必细数，我们仅举其中的尚书省、中书省为例。在三台、五省之中，尚书省的长官尚书令，中书省的长官中书监、令官品最高，但他们也只是官品第三，其属官之品更无出其右者。因此，“三台、五省二品文官”无疑是指三台、五省中具有二品品位的文官。

---

① 《宋书·百官志》，中华书局点校本1974年版，第1262页。

又《宋书》卷六十四《郑鲜之传》："时新制长吏以父母疾去官，禁锢三年。山阴令沈叔任父疾去职，鲜之因此上议曰：'夫事有相权，故制有与夺，此有所屈，而彼有所申。未有理无所明，事无所获，而为永制者也。当以去官之人，或容诡托之事，诡托之事，诚或有之。岂可亏天下大教，以末伤本者乎。……省父母之疾，而加以罪名，悖义疾理，莫此为大。谓宜从旧，于义为允。'从之。于是自二品以上父母没者，坟墓崩毁及疾病族属辄去，并不禁锢。"宋制，县令最高为官品第六。[①] 郑鲜之为山阴令沈叔任因父疾去职而受禁锢之事上书，使二品以上因父母死亡而去职的官员不再受到禁锢，包含山阴令沈叔任在内的一大批官员得到实惠。说明这里的二品亦即资品或者品位。

《南齐书》卷四十一《张融传》："举秀才，对策中第，为尚书殿中郎，不就，为仪曹郎。……寻请假奔叔父丧，道中罚干钱敬道鞭杖五十，寄系延陵狱。大明五年制，二品清官行僮干杖，不得出十。为左丞孙缅所奏，免官。"此处所言张融的经历乃是发生于宋代的事。张融身为仪曹郎而违反宋"大明五年制，二品清官行僮干杖，不得出十"的规定，受到免职，说明他属"二品清官"。尚书殿中郎、仪曹郎，宋制皆官品第六。可知，二品清官亦是指具有二品资品即二品品位的清官。

《南史》卷七十七《恩幸传》："以旧制军人、士人二品清官，并无关市之税。"义亦同上。

综上所述，前揭文献中的"官品第五"的"官品"，以及二品文官、二品清官、二品官的品，皆是指个人的资品，即个人的品位。

历史的研究应该具有整体观。只有把一个事物放在整体中去看，而不是就事论事，才能够更清楚地看待这一事物。

我们把资品、官品放在九品官人法的框架内来看，就容易看清楚，所谓的资品、官品，其实都是九品官人法中的品位。不过随着场合的不同，其称谓发生了不同的变化。品位，对于某个人来说，它是个人的官才品第、资品；对于官职来说，它是在选拔任职者时所需的最低官才尺度标准，即品位要求。从根本上来看，品位是附着于个人，跟着个人走的。

二

在制度安排上，九品官人法为贵族规定了等级资品。例如，曹魏规

---

① 《宋书·百官志》，中华书局点校本1974年版，第1263页。

定，诸国王、公、侯、伯、子、男一品，诸县侯三品，诸乡侯四品，诸亭侯五品，诸关内名号侯六品。(《通典·魏官品》)

晋规定，开国郡公、县公一品，开国县侯、伯、子、男二品，县侯三品，乡侯四品，亭侯五品，关内名号侯六品，关外侯七品。(《通典·晋官品》)

对此，过去学界重视不够。因为《通典》将爵品附着于官品，而官品被人看做官阶，自然爵品亦被视之为官阶。其实，爵品是资品，即官才之品。从前揭魏爵来看，诸国王及五等爵的公、侯、伯、子、男都被列为一品，如果从官阶的视阈来看，似乎不妥。因为诸王明显高于五等爵，而五等爵者本身就是五个等级，将他们放在一起，明显泯灭了等级界限。但它说明，这个附着于官品的爵品不是用来标志政治等级的，它应该是爵位拥有者个人的资品。也就是说，诸王及五等爵的拥有者，都具有一品资品。

《晋书》卷三十六《卫瓘传》记载了卫瓘上书批评九品官人法时说："魏氏承颠覆之运，起丧乱之后，人士流移，考详无地，故立九品之制，粗具一时选用之本耳。其始造也，乡邑清议，不拘爵位，褒贬所加，足为劝励，犹有乡论余风。中间渐染，遂计资定品，使天下观望，唯以居位为贵。"按照卫瓘的说法，九品官人法在初创的时候，在个人资品评定、获得的方式与途径方面，大概没有考虑爵位的因素，中正的作用比较大，"乡邑清议"、"褒贬所加"，对个人资品的确定影响至重。但是到后来，"不拘爵位"的情况发生重要变化，"中间渐染，遂计资定品，使天下观望，唯以居位为贵"。这里所谓"计资定品"的"资"、"居位为贵"的"位"，与上述"不拘爵位"对应，显然包含了爵位在内，说明爵位是获得资品的重要途径。

因此，《晋书·段灼传》曰："故据上品者，非公侯之子孙，则当途之昆弟也。"诚因公侯之子孙有世爵之传承，当途，即把握权力官僚之昆弟有长兄之扶持。这些公侯的子孙有祖辈、父辈的爵位传承，可以依高爵之资，自然对应而获得上品，当途之昆弟，即把握朝权官僚之昆弟，可以依仗其兄长之人脉及影响力，获得中正之高品品评。

六朝贵族可以依其所拥有之等级资品，按九品官人法的规则入仕。如魏晋贵族以爵入仕者，皆可以九品官人法之规则证之。

《晋书》卷三十七《彭城穆王传》："彭城穆王权，字子舆，宣帝弟魏鲁相东武城侯馗之子也。初袭封（东武城侯，一品），拜冗从仆射（五品）。武帝受禅，封彭城王。"①

---

① 爵、官职之后括号内的品位，为笔者所加注。

《晋书》卷三十七《常山王传》：“常山孝王衡，字子平。魏封德阳乡侯。进封汝阳子（一品），为驸马都尉（六品）。”

《晋书》卷七十一《孙惠传》：“永宁初，赴齐王冏义，讨赵王伦，以功封晋兴县侯（三品），辟大司马户曹掾（七品），转东曹属。”

《晋书》卷六十九《周顗传》：“州郡辟命皆不就。弱冠，袭父爵武城侯（五等开国县侯，晋改二品。本书其父周浚传曰：平吴‘以功进封成武侯，食邑六千户’），拜秘书郎（六品）。”

《晋书》卷四十二《王浑传》记王浑之孙王卓，“嗣浑爵（京陵公，一品），拜给事中（五品）”。

《晋书》卷三十六《卫瓘传》记瓘之孙璪，“袭瓘爵。后东海王越以兰陵益其国，改封江夏郡公（一品），邑八千五百户。怀帝即位，为散骑侍郎（五品）”。

《晋书》卷五十《曹志传》记曹志在魏时封济北王，入晋，“降为鄄城县公（一品），……为乐平太守（五品）”。

《晋书》卷四十七《傅玄传》记玄子咸，“咸宁初，袭父爵（清泉侯，三品），拜太子洗马（七品）”。

《晋书》卷九十三《外戚传》记杜乂，“袭封当阳侯（三品），辟公府掾（七品）”。

《晋书》卷七十六《王廙传》：“辟太傅掾，转参军。豫迎大驾，封武陵县侯（开国县侯，二品），拜尚书郎（六品）。”

《晋书》卷三十八《东安王繇传》：“东安王繇，字思玄。初拜东安公（一品），历散骑黄门侍郎（五品）。”

《晋书》卷六十七《郗鉴传》记鉴卒，子愔嗣。“愔字方回。……服阕，袭爵南昌公（一品），征拜中书侍郎（五品）。”鉴次子昙，“昙，字重熙。少赐爵东安县开国伯（二品）。司徒王导辟秘书郎（六品）”。

《晋书》卷三十六《张华传》记华之孙舆，“袭华爵（广武县侯，三品）。避难过江，辟丞相掾（七品）”①。

《晋书》卷九十二《伏滔传》：“以功封闻喜县侯（三品），除永世令（七品）。”

《晋书》卷三十九《王沈传》记沈爵博陵县公（一品）。沈卒，有私生子浚。浚“年十五，沈薨，无子，亲戚共立浚为嗣。拜驸马都尉（六品）”。

---

① 《晋书》张华本传，华初爵广武县侯，贾后执政，晋封壮武郡公。赵王伦执政，遇害。惠帝复辟，复爵广武侯。

《晋书》卷九十九《桓玄传》记玄，桓温之子。温卒，玄“袭爵南郡公（一品），……年二十三，始拜太子洗马，时议谓温有不臣之迹，故折玄兄弟而为素官”。

以上我们检获魏晋贵族爵者之起家官十七例。其中魏、晋官品表标明爵位为官品一品者九例。这九例中，有六例以官品五品起家，两例以官品六品起家，一例以官品七品起家。在魏、晋官品表中，标明爵位为官品二品者三例，皆以官品六品起家。魏、晋官品表中标明爵位为官品三品者五例，皆以官品七品起家。综合来看，十七例中，贵族以其爵位高低而相应获得的资品，与其起家官的官品相差四品者十四例，相差五品者二例，相差六品者一例。这大体符合我们关于魏晋时期资品一、二、三品者，其起家官品与资品相差四品的认识。①

南朝萧子显在《南齐书·王俭传》中曰：“晋氏登庸……自是世禄之盛，习为旧准……贵仕素资，皆由门庆，平流进取，坐至公卿。”

“流”即“流品”。“平流”即“平品”。贵族之所以可“平流”而坐致公卿，因其本身所具之等级资品。如晋之郡公有等级资品一品，而三公为官品一品，依我们的理解，这里官品一品的意思是说三公需要官才一品的人来担任。按照九品官人法的规则，爵位标明官品一品的郡公就有坐致三公的资格，有三品资品的贵族就有坐致九卿的资格。因为三公官品第一，九卿官品第三。这里官品第一的意思，就是要求三公要由资品第一品的人来担任；官品第三，即要求资品第三品的人来担任。那么具有一品资品的贵族担任三公、具有三品资品的贵族担任九卿，即属于“平流进取”，亦即“平品进取”。他们不需要提高或改变自己的“流品”，去适应九品官人法的规则。只需要凭自己已有的“流品”，就符合九品官人法的任官要求。因为“资品”与“官品”本来就是一回事。在九品官人法下，或者说在当时的选例下，爵位一品至三品的贵族们“平流进取，坐至公卿”乃理所当然。

王俭是王导之后爵南昌县公。他的儿子王骞，“以公子起家员外郎，迁太子洗马，袭封南昌县公……性凝简，不狎当世。尝从容谓诸子曰：‘吾家门户，所谓素族，自可随流平进，不须苟求也’”②。

王骞之所以敢不狎当世，其凭仗就在于其有爵位，并且有爵位所依附之资品，有资品自然就可以依选例“随流平进”，去做他的资品可以做的官。爵位及爵位所带来的资品就是贵族们的“素资”。

---

① 陈长琦：《魏晋南朝的资品与官品》，《历史研究》1990年6期。

② 《梁书》卷七《太宗王后传》，中华书局点校本1973年版，第159页。

南朝世族济阳蔡氏蔡谟之后蔡兴宗，在与他的亲戚对话中亦说："吾素门平进，与主上甚疏。"①

六朝贵族之所以能够在六朝社会中保持自己贵族的地位、贵族的气质，他们不仅轻蔑寒门、轻蔑次门，甚至瞧不起寒门出身的皇帝，其中一重要原因就在于九品官人法这一制度安排，它为贵族设计了一套政治地位与权力代代相袭的运营机制。诚如南朝史学家萧子显所论："贵仕素资，皆由门庆，平流进取，坐至公卿，则知殉国之感无因，保家之念宜切。市朝亟革，宠贵方来，陵阙虽殊，顾眄如一。"②在这一制度安排下，贵族们深知保家比保国重要，因此，他们可以将忠君的儒家价值观抛弃一边，"陵阙虽殊，顾眄如一"，在王朝的更替中坦然地送旧迎新。

三

关于六朝贵族制的研究，过去中日学者都有很好的成果。但由于认识上的误区，大多没有正确理解历代官品表中所标注的官品的性质，特别是官品表中所列爵位之官品的性质。长期以来，学者又多将九品官人法误作为九品中正制，过分强调中正在九品官人法中的地位及作用，乃至忽略了爵位与九品官人法的联系，忽略了九品官人法这一贵族制的运作机制，笔者将这一问题析出，意在就教于方家，纠正这一方面研究之不足。

参考文献：

[1] 陈寿撰，裴松之注：《三国志注》，中华书局点校本。
[2] 房玄龄等：《晋书》，中华书局点校本。
[3] 沈约：《宋书》，中华书局点校本。
[4] 萧子显：《南齐书》，中华书局点校本。
[5] 姚思廉：《梁书》，中华书局点校本。
[6] 姚思廉：《陈书》，中华书局点校本。
[7] 杜佑：《通典》，中华书局点校本。

作者简介：陈长琦，男，湖北武汉人，历史学博士，华南师范大学历史文化学院教授，博士生导师，教育部历史学科教学指导委员会委员，中国魏晋南北朝史学会副会长。主要从事秦汉魏晋南北朝史研究。

---

① 《宋书》卷五十七《蔡兴宗传》，中华书局点校本1974年版，第1579页。

② 《南齐书》卷二十三《王俭传》，中华书局点校本1972年版，第438页。

平城时代北魏、北燕、高句丽三国关系述略

李 凭

［摘　要］平城时代初期，北魏的势力就已经向东方发展，然而与高句丽并不搭界，因为在二者中间还矗立着北燕。于什门事件的发生，使北燕与北魏决裂，进而引发战争。由于北燕内部安定，且能实行睦邻邦交，北魏难以败灭北燕。平城时代中期，北魏在解决长期困扰其西方和北方的劲敌之后大举进攻北燕。高句丽则一方面向北魏朝贡，另一方面却出兵救援北燕。北燕灭亡后，高句丽因接纳北燕国主而与北魏交恶。随后，迫于北魏的压力，高句丽将北燕国主杀死，从而缓解了与北魏的紧张关系。平城时代后期，北魏与高句丽的关系明显改善和升温。不过，谋划和亲事件的失败，说明北魏与高句丽的关系尚须相当长时间的磨合。

［关键词］平城时代；北魏；北燕；高句丽

一

鲜卑族拓跋部建立的北魏王朝于天兴元年（398）七月将国都迁到平城①，开创了北魏的平城时代。在北魏平城时代的初期，就已经有众多高句丽人民参与平城的建设事业。《魏书》卷二《太祖纪》天兴元年正月条记载：

> 徙山东六州民吏及徒何、高丽、杂夷三十六万②，百工伎巧十万余口，以充京师。

在这批移民中，高句丽人民是突出的成分。他们呈聚族居处状态，在数量上仅次于汉族和鲜卑族慕容部，估计应当有数千乃至万人以上。③

---

① 平城，位于今山西省大同市市区。

② 在《魏书》中，“高丽”与“高句丽”是通称的，如卷一百中有《高句丽传》，而此处则称其为“高丽”。魏收：《魏书》，中华书局1974年标点本。

③ 李凭：《北魏天兴元年的高句丽移民及其状况》，《北朝研究存稿》，商务印书馆2006年版，第63～67页。

不过，这批高句丽移民原先并不居住在山东六州。大约在东晋成帝咸康七年（341），他们的祖辈被慕容部掳掠到辽河流域的龙城附近从事农垦[①]；此后随从慕容部辗转迁徙，入居一度被后燕统治的山东六州。天兴元年后燕灭亡，他们又遭到被北魏掳掠、迁徙的命运。和其他移民一样，高句丽人民从北魏王朝那里得到耕牛与土地，被安置在平城附近从事农垦。前辈高句丽族人在龙城附近数十年的农垦经验，使得后辈高句丽族人能够再次适应平城附近新的农垦环境。

平城在两汉时期原本只是荒僻的边郡之地，成为北魏国都之后迅速形成具有150万人口的繁荣城市[②]，并且发展为北方的政治与经济中心。这主要是依靠迁徙来的各族人民共同的辛勤劳动。而高句丽人民正是这一大批为拓跋新政权的国都建设作出巨大贡献的群体中的重要成分[③]。但是，北魏与高句丽之间官方交往的建立却为时较迟。

二

平城时代初期，拓跋部势力东移，却与高句丽一直不搭界。因为在北魏与高句丽之间还矗立着一个北燕政权，所以二者长久没有官方交往。这种状况直到北魏的第三代皇帝太武帝当朝时才发生转变。

北燕的前身是鲜卑族慕容部建立的后燕。后燕政权败灭后，慕容部分裂成三支，分别建立南燕、西燕和北燕三个政权。北燕是建立在慕容部旧日根据地辽河流域的割据政权，国都是和龙。不过，慕容部的统治维持不久，就被汉人冯跋的势力取代。北魏天赐四年（407），冯跋设计杀死国主慕容熙，改立夕阳公高云为王；两年以后，即北魏永兴元年（409），高云死于内乱，冯跋被推为国主，称天王[④]。

介于北魏和高句丽之间的北燕，虽然地狭势弱，但是政治清明，尤其是国主冯跋十分勤政。不过，由于北燕是北魏的夙敌，所以《魏书》对于冯跋的德政并无记载，倒是《资治通鉴》对此作了比较客观的记录。《资治通鉴》卷一百一十六《晋纪》义熙七年（411）七月条记载[⑤]：

---

① 龙城，后称和龙，位于今辽宁省朝阳市附近。

② 李凭：《拓跋珪与雁北的开发》，《晋阳学刊》1985年第3期。

③ 李凭：《北魏天兴元年的高句丽移民及其状况》，《北朝研究存稿》，商务印书馆2006年版。

④ 《魏书》卷九十七《海夷冯跋传附弟文通传》，中华书局1974年标点本。

⑤ 司马光：《资治通鉴》，中华书局1956年标点本。

（冯）跋勤于政事，劝课农桑，省徭役，薄赋敛。每遣守宰，必亲引见，问为政之要，以观其能。燕人悦之。

《资治通鉴》称赞冯跋勤于政事，因而甚得民心。

与此同时，冯跋还努力发展友好的邦交关系。冯跋曾经力排众议，接受三千匹马的聘礼，将自己的女儿乐浪公主嫁给柔然可汗。《资治通鉴》卷一百一十六《晋纪》义熙七年七月条又记载：

柔然可汗斛律遣使献马三千匹于（冯）跋，求娶跋女乐浪公主。跋命群臣议之。辽西公（冯）素弗曰："前世皆以宗女妻六夷，宜许以妃嫔之女，乐浪公主不宜下降非类。"跋曰："朕方崇信殊俗，奈何欺之！"乃以乐浪公主妻之。

冯跋不惜牺牲亲女，而与柔然和亲，目的是要笼络这个位于北魏北方的民族，以此牵制北魏，减轻北魏对北燕的压力。

北燕还与其他邻邦广泛联络，《魏书》卷九十七《海夷冯跋传》记载：

（冯）跋抚纳契丹等诸落，颇来附之。

这段文字虽然过于简略，但是出自敌国的记录，可以印证冯跋努力执行睦邻外交政策的史实。

值得注意的是，上引的《海夷冯跋传》称，被冯跋"抚纳"的对象为"契丹等诸落"。从"诸"字来看，所谓被"抚纳"者的数量应当不少。那么，位于北燕东方的高句丽是否也是北燕"抚纳"的对象呢？换言之，当时北燕与高句丽之间的关系如何呢？对此，《资治通鉴》与《魏书》等相关文献都没有作评论，只好有待于进一步发掘资料。不过，由冯跋尽力推行睦邻外交政策来看，高句丽也应该是北燕友好联络的对象。这从后来高句丽坚定地支持北燕抵抗北魏以及北燕亡国之后国主冯弘选择高句丽为逃亡地等事实可以得到证明。

但是，唯有北魏，是被排斥在北燕睦邻政策之外的，而北燕联络柔然、契丹等邻邦的政策，也正是针对北魏的。

北燕与北魏交恶的典型例子是于什门事件。《魏书》卷八十七《节义·于什门传》记载：

> 于简，字什门，代人也。太宗（北魏明元帝）时为谒者，使喻冯跋。及至和龙，住外舍不入，使人谓跋曰：“大魏皇帝有诏，须冯主出受，然后敢入。”跋使人牵逼令入，见跋不拜，跋令人按其项。什门曰：“冯主拜受诏，吾自以宾主致敬，何须苦见逼也！”与跋往复，声气厉然，初不挠屈。既而跋止什门。什门于群众之中，回身背跋，被裤后裆以辱之。既见拘留，随身衣裳败坏略尽，虮虱被体。跋遗以衣服，什门拒而不受。和龙人皆叹曰：“虽古烈士，无以过也！”历二十四年[1]，后（冯跋弟）冯文通上表称臣，乃送什门归。

于什门事件是北燕与北魏邦交史上的严重事件。事件发生的根源在于，往昔燕、魏之间久为敌国，因而在思想意识上互相仇视。事件发生的导火索则是双方在礼仪方面都企图凌驾于对方之上，因而造成互相凌辱的局面。

仅从《魏书》的记载来看，似乎理屈尽在于北燕一方。但是，《资治通鉴》的相关记载略有不同，其卷一百一十六《晋纪》义熙十年（414）八月条记载：

> 辛丑，（北魏明元帝）遣谒者于什门使于燕，悦力延使于柔然。于什门至和龙，不肯入见，曰：“大魏皇帝有诏，须冯王出受，然后敢入。”燕王跋使人牵逼令入，什门见跋不拜。跋使人按其项，什门曰：“冯王拜受诏，吾自以宾主致敬，何苦见逼邪！”跋怒，留什门不遣，什门数众辱之。左右请杀之，跋曰：“彼各为其主耳。”乃幽执什门，欲降之，什门终不降。久之，衣冠弊坏略尽，虮虱流溢。跋遗之衣冠，什门皆不受。

从《资治通鉴》记载中的“左右请杀之，跋曰：‘彼各为其主耳。’”一句来看，虽然于什门屡屡羞辱冯跋，冯跋的反应还是相当克制的。但是此句在《魏书》中却不见记载。从两书作者的立场去衡量，应是《资治通鉴》的记载比较客观，其所录冯跋之语是可信的。由此语可以看出，冯跋虽然要维护自尊，但并不想和北魏彻底闹翻。

事件发生后，冯跋意识到事态的严重，所以他在当年的十月与位于北魏西方的夏国建立了联盟。《资治通鉴》卷一百一十六《晋纪》义熙十年

---

① 《魏书》（中华书局标点本）卷八十七下校勘记［三］认为应当是“二十一”。

十月条记载：

> 燕主（冯）跋与夏连和，夏王勃勃遣御史中丞乌洛孤如燕莅盟。

夏国也是北魏的夙敌，北燕与夏国建立盟邦关系，显然就是防范北魏可能发动的攻击。

三

于什门事件发生之后北魏并没有立即向北燕报复，那是由于平城附近连年发生霜旱灾害。[①] 直到四年以后的泰常三年（418），北魏明元帝才向北燕发起进攻。《资治通鉴》卷一百一十八《晋纪》义熙十四年五月条记载：

> 魏主嗣（明元帝）东巡，至濡源及甘松，遣征东将军长孙道生、安东将军李先、给事黄门侍郎奚观帅精骑二万袭燕，又命骁骑将军延普、幽州刺史尉诺自幽州引兵趋辽西，为之声势，嗣屯突门岭以待之。道生等拔乙连城，进攻和龙，与燕单于右辅古泥战，破之，杀其将皇甫轨。燕王（冯）跋婴城自守，魏人攻之，不克，掠其民万余家而还。

魏军的这次军事袭击，部署相当周密，但是并未能够破灭北燕。这反映北燕推行的安定内部和联络邻邦的政策是有成效的，同时也说明北魏明元帝朝的实力尚不足以彻底战胜北燕。不过，值得注意的是，在魏、燕相争之际并未见到作为北燕邻邦的高句丽等国有任何举动。

但是，在北魏平城时代中期的太武帝朝，形势发生很大变化。北魏大军克定关中，一向与平城政权激烈对抗的夏国及其残余势力彻底败亡；同时，在北魏军队的沉重打击之下，柔然也与平城政权建立起和亲关系：长期困扰北魏的西方和北方问题得以解决。太武帝遂于延和元年（432）御驾亲征北燕，以求往东发展。[②] 此时，北燕已是冯跋少弟冯弘统治的时期。《魏书》卷九十七《海夷冯跋附冯文通传》记载：

---

① 详见《资治通鉴》卷一百一十七《晋纪》义熙十一年条。

② 详见《魏书》（中华书局标点本）卷四上《世祖纪上》延和元年条。

> 延和元年，世祖（太武帝）亲讨之，文通（冯弘）[①] 婴城固守。文通营丘、辽东、成周、乐狼、带方、玄菟六郡皆降。世祖徙其三万余户于幽州。文通尚书郭渊劝其归诚进女，乞为附庸。文通曰："负衅在前，忿形已露，降附取死，不如守志，更图所适也。"

当时北燕已经岌岌可危，幸亏北魏因顾虑后方不安而将军队撤回，北燕才暂时免于灭国之险[②]。

北魏对北燕的强大攻势，虽然没有触及位于北燕东方的高句丽，但也起到了敲山震虎的作用。北燕的实力明显不足以抵挡强大的北魏军队，这座阻隔于北魏与高句丽之间的屏障眼看将要被推倒，严峻的形势迫使高句丽不得不认真考虑如何与北魏相处的问题。所以，太延元年（435）六月丙午，趁魏、燕战争暂歇之机，高句丽王琏首次派遣使臣向北魏朝贡。《魏书》卷四上《世祖纪上》太延元年六月丙午条记载：

> 高丽、鄯善国并遣使朝献。

关于这次高句丽向北魏遣使的情况，《资治通鉴》卷一百二十二《宋纪》元嘉十二年（435）六月丙午条有较为详细的记载：

> 高句丽王琏遣使入贡于魏，且请国讳。魏主（太武帝）使录帝系及讳以与之；拜琏都督辽海诸军事、征东将军、辽东郡公、高句丽王。

高句丽此次入贡并接受北魏的封拜，意味着其首次承认北魏宗主国的地位。与此相应，出于孤立北燕的目的，北魏对高句丽也表现出了积极友好的姿态。就这样，通过朝贡与封拜的形式，北魏与高句丽有了正式的官方交往。

---

① 文通，北燕国主冯弘的字。因为冯弘的名字犯了北魏献文帝拓跋弘的名讳，故《魏书》只称呼其字。

② 《资治通鉴》卷一百二十二《宋纪》元嘉九年（432）九月条记载，"魏主之围和龙也，宿卫之士多在战陈，行宫人少"。可见，北燕虽是小国，北魏攻之也很费劲，其兵力几乎倾巢而出。

据《魏书》卷一百《高句丽传》的记载，高句丽向北魏派出的第一位使臣名叫安东，而北魏向高句丽派出的第一位使臣是员外散骑侍郎李敖。李敖到过高句丽的平壤城，回国以后将所见所闻向北魏朝廷作了汇报。在《魏书》卷一百《高句丽传》中有一段关于高句丽境内情况的描述，这段记录应该是直接采自李敖汇报的文字。该传记载：

> （李）敖至其所居平壤城，访其方事。云：辽东南一千余里，东至栅城，南至小海，北至旧夫余，民户参倍于前魏时。其地东西二千里，南北一千余里。民皆土著，随山谷而居，衣布帛及皮。土田薄塉，蚕农不足以自供，故其人节饮食。……其王好治宫室，其官名有谒奢、太奢、大兄、小兄之号。头着折风，其形如弁，旁插鸟羽，贵贱有差。立则反拱，跪拜曳一脚，行步如走。常以十月祭天，国中大会。其公会，衣服皆锦绣，金银以为饰。好蹲踞。食用俎几。出三尺马，云本朱蒙所乘①，马种即果下也。

李敖是最早深入到高句丽的北魏使臣，他的见闻是很有历史价值的资料。

在高句丽王琏时期，高句丽的实力已相当强盛。北魏与高句丽建立官方的交往，必然惊动北燕。因此，北燕也尽力加强与高句丽的联络。《资治通鉴》卷一百二十二《宋纪》元嘉十二年十一月条记载：

> 魏人数伐燕，燕日危蹙，上下忧惧。太常杨岷复劝燕王（冯弘）速遣太子入侍。燕王曰："吾未忍为此。若事急，且东依高丽以图后举。"岷曰："魏举天下以击一隅，理无不克。高丽无信，始虽相亲，终恐为变。"燕王不听，密遣尚书阳伊请迎于高丽。

后来的事实证明，冯弘加强与高句丽的联络是有意义的，这为他日后出逃留下了后路。

四

北魏与高句丽建立官方交往以后的情况，在《魏书》卷一百《高句丽

---

① 朱蒙，高句丽先祖，详见《魏书》（中华书局标点本）卷一百《高句丽传》。

传》中有简略的记载：

> 后贡使相寻，岁致黄金二百斤，白银四百斤。

从这段记载看，两者之间使节交往频繁，似乎关系十分友好。但是，实际上北魏太武帝朝与高句丽关系的发展并非一帆风顺。而文中所谓的“贡使相寻”，应该指北魏献文帝朝以后的情况。

促使北魏与高句丽建立官方关系的是北魏对北燕发动的战争，影响北魏与高句丽关系正常发展的也是北魏对北燕发动的战争。就在北魏与高句丽建交后的第二年，即太延二年（436），北魏大军将北燕彻底击溃了。在危急之际，北燕向东方的高句丽求援，高句丽作出了积极的回应。《魏书》卷四上《世祖纪上》太延二年三月辛未条记载：

> （三月）辛未，平东将军娥清、安西将军古弼，率精骑一万讨冯文通，平州刺史元婴又率辽西将军会之。文通迫急，求救于高丽。高丽使其大将葛蔓卢以步骑二万人迎文通。……（五月）乙卯，冯文通奔高丽。

受到北魏围攻之后，北燕得到高句丽的援救，冯弘被迎往高句丽。

关于高句丽接应冯弘的情况，在《魏书》卷九十七《海夷冯跋传附弟文通传》中也有相应的记载：

> 太延二年，高丽遣将葛卢等率众迎之。入和龙城，脱其弊褐，取文通精仗以赋其众。文通乃拥其城内士女入于高丽。

在接到北燕的请求之后，高句丽反应很快，随即派军队去接应冯弘一行。从这段史料中所谓“脱其弊褐，取文通精仗以赋其众”等语句推测，高句丽军队在接应冯弘一行后，就做好了可能与北魏发生冲突的准备。这在《魏书》卷二十八《古弼传》的记载中得到了印证：

> 后（古弼）又征文通，文通求救于高丽。高丽救至，文通将东奔，民多难之。其大臣古泥，因民心之不欲，遂率众攻文通，开城门以引官军。弼疑古泥谲诈，不入城。高丽军至，文通乃随之。文通之奔也，令妇人被甲居中，其精卒及高丽陈兵于外。弼

> 部将高苟子率骑冲击贼军，弼酒醉，拔刀止之，故文通得东奔。将士皆怨弼不击。世祖大怒，征还，黜为广夏门卒。

在冯弘逃亡高句丽时，其人员的部署状况是，“妇人被甲居中”而“精卒及高丽陈兵于外”。由此可见，高句丽在魏、燕战争中公然表明了与北魏对抗的态度。

《资治通鉴》对冯弘流亡高句丽的史事也有相应的记录，其卷一百二十三《宋纪》元嘉十三年条记载：

> 四月，魏娥清、古弼攻燕白狼城，克之。高丽遣其将葛卢孟光将众数万随阳伊至和龙迎燕王。高丽屯于临川。……五月，乙卯，燕王帅龙城见户东徙。……令妇人被甲居中，阳伊等勒精兵居外，葛卢孟光帅骑殿后，方轨而进，前后八十余里。古弼部将高苟子帅骑欲追之。弼醉，拔刀止之，故燕王得逃去。

《资治通鉴》记载中的高句丽将领葛卢孟光，应即《魏书》卷四上《世祖纪上》中的“葛蔓卢”，亦即《魏书》卷九十七《海夷冯跋传附弟文通传》中的“葛卢”。但是《资治通鉴》与《魏书》记载的差异之处，主要还不在于姓名音译的不同上，而在于高句丽军队的布列方面。值得注意的是，在《古弼传》中称“精卒及高丽陈兵于外”，而在《资治通鉴》中则称“葛卢孟光帅骑殿后”。“陈兵于外”与“帅骑殿后”的意思似乎区别不大，其实是大有区别的。冯弘一行往高句丽方向撤离，北魏军队则处于追击的态势，所以，“殿后”的军队是有可能最先与追兵交战者。如果按照《资治通鉴》的记载去理解，高句丽军队对北魏军队已经作出了正面抵御的态势。如果按照《魏书》的记载去理解，高句丽军队只是在起被动地保护冯弘一行的作用，并不希望与北魏发生正面的冲突。不过，不管上述哪种记载更加确切，都可以认定，高句丽军队已经做好了与北魏军队交锋的准备。

对于高句丽军队的举动，北魏事先并非没有预想到。为此，在对北燕决战的前月，北魏曾向高句丽及东夷诸国派出使臣十余辈①，如此积极的外交活动显然与预防高句丽及东夷诸国支持北燕密切相关。不过，高句丽并没有因此而改变立场，仍然站到了北燕一方。在北燕行将灭亡之际，高

---

① 详见《魏书》（中华书局标点本）卷四上《世祖纪上》太延二年二月壬辰条。

句丽之所以出兵接应，并不惜对北魏采取强硬的对抗态度，这固然与高句丽和北燕之间素有亲近交往相关，而更重要的原因则是防范北魏军队乘胜东进。

北魏与高句丽的军事交锋眼看一触即发，只是由于如《魏书》卷二十八《古弼传》所记载的北魏将领古弼“酒醉”的偶然原因，致使魏军未能及时追击，才没有出现两军冲突的局面。

五

北燕冯弘脱逃高句丽的事件，使得北魏太武帝震怒异常，他对高句丽作出了强烈的反应。太延二年五月戊午，太武帝派遣散骑常侍封拨为使臣，去与高句丽王琏交涉，强烈要求他将冯弘送交北魏。然而，高句丽王琏并未屈服，他于太延二年九月派遣使臣回访北魏，婉言拒绝了太武帝的要求。在要求得不到满足的情况下，太武帝打算发兵进攻高句丽。不过，北魏虽然败灭北燕，却已无力继续东进，对高句丽只能施加军事恫吓而已。

北魏虽然没有出兵进攻高句丽，然而太武帝的震怒和派遣使臣进行交涉的举动已经对高句丽构成了沉重的政治压力。对于高句丽王琏来说，以往矗立在北魏与高句丽之间的北燕这道屏障已经不存在了，如何面临新的强大近邻成为不得不正视的现实。所以，据《魏书》卷四上《世祖纪上》的记载，在拒绝遣送冯弘的第二年，即太延三年（437），高句丽王琏曾于二月与十一月间两度派遣使臣向北魏朝贡。

魏、燕战争结束了，但是北魏与高句丽之间建立不久的官方关系陷入了危机状态。直到两年以后，由于流亡高句丽的北燕国主冯弘被杀，梗阻在北魏与高句丽之间的政治障碍去除，二者因魏、燕战争而结成的死扣才终于解开。

原来，冯弘来到高句丽不久，就与高句丽王琏发生了激烈的矛盾冲突。《资治通鉴》卷一百二十三《宋纪》元嘉十五年（438）三月条记载：

> （冯）弘素侮高丽，政刑赏罚，犹如其国。高丽乃夺其侍人，取其太子王仁为质。弘怨高丽，遣使上表求迎，上（宋文帝刘义隆）遣使者王白驹等迎之，并令高丽资遣。高丽王不欲使弘南来，遣将孙漱、高仇等杀弘于北丰，并其子孙十余人，谥弘曰“昭成皇帝”。白驹等帅所领七千余人掩讨漱、仇，杀仇，生擒

> 湫。高丽王以白驹等专杀，遣使执送之。上以远国，不欲违其意，下白驹等狱，已而原之。

《资治通鉴》的这一段描述，反映了当时高句丽与北魏、南朝刘宋之间错综复杂的关系。冯弘被杀的原因，除了他“素侮高丽”之外，更重要的是由于他派使者去与南朝刘宋联系。接到冯弘的上表后，宋文帝随即派使者王白驹等前往高句丽迎接冯弘，并且要求高句丽出资遣送冯弘一行。刘宋的举动使局势变得复杂起来。高句丽不得不在北魏与刘宋之间作出关系厚薄的表态。权衡利弊的结果，高句丽采取了杀死冯弘的方式，以此缓和它与北魏的关系。而刘宋则因高句丽距离遥远，对它无可奈何。

六

北燕流亡国主冯弘一死，北魏与高句丽展开正常官方交往的障碍则被排除了。但是，一度紧张的局势毕竟给双方蒙上了一层阴影。所以，直到北魏文成帝朝的和平三年（462）三月，才看到高句丽使臣出现在北魏朝廷［详见附表《高句丽往北魏文成帝与献文帝朝（含献文帝为太上皇期间）遣使表》］，时距太延三年（437）高句丽两番遣使朝贡北魏已经25年之久。

和平三年三月朝贡之后，高句丽对北魏的再次朝贡已是和平六年（465）的二月之事，其间又相隔了三年。终文成帝朝，我们只看到了上述两次高句丽的朝贡记录。至于北魏方面，则尚未查到往高句丽派遣使臣的记载。看来，在文成帝朝之前，北魏与高句丽的关系仍然很冷漠，并非如《魏书》卷一百《高句丽传》中所云的“贡使相寻”。

北魏献文帝即位以后，高句丽方面积极谋求与北魏改善关系。从天安元年（466）献文帝即位的第二年到延兴六年（476）他去世的当年，在这十一年中竟派遣使臣朝贡北魏十五次之多。

献文帝在位的五年中，高句丽每年都派遣使臣到北魏朝贡，其中的皇兴元年（467）曾于二月与九月间两番朝贡。但是，与此并不相称的是，在史料中缺乏北魏往高句丽方面遣使的记载。不过，这不能说明北魏对高句丽的态度依旧冷淡，因为北魏国内正处于动荡不安的政治局势中，献文帝当时无心东顾。

献文帝当太上皇以后，北魏与高句丽的关系才得到明显升温。皇兴五年（471）八月己酉，献文帝禅位给太子拓跋宏。太子拓跋宏即位，改行新的延兴年号，是为孝文帝。延兴年号自元年的八月丙午日起，至六年的六月辛未日太上皇去世为止，一共行使了六个年头，实际上不足五个整年。在这不足五年里，高句丽曾九次派遣使臣到平城向北魏朝贡。

附表　高句丽往北魏文成帝与献文帝朝（含献文帝为太上皇期间）遣使表

遣使时间	资料出处	备注
和平三年（462）三月	《魏书》卷五	文成帝此时已经即位十年
和平六年（465）二月	《魏书》卷五	当年五月癸卯文成帝去世
天安元年（466）三月	《魏书》卷六	献文帝即位第二年
皇兴元年（467）二月	《魏书》卷六	
皇兴元年（467）九月壬子	《魏书》卷六	
皇兴二年（468）四月	《魏书》卷六	
皇兴三年（469）二月	《魏书》卷六	
皇兴四年（470）二月	《魏书》卷六	
延兴二年（472）二月壬子	《魏书》卷七上	上年的八月己酉孝文帝即位，尊献文帝为太上皇
延兴二年（472）七月辛丑	《魏书》卷七上	
延兴三年（473）二月戊申	《魏书》卷七上	
延兴三年（473）八月己酉	《魏书》卷七上	
延兴四年（474）三月	《魏书》卷七上	
延兴四年（474）七月庚午	《魏书》卷七上	
延兴五年（475）二月庚子	《魏书》卷七上	
延兴五年（475）八月丁卯	《魏书》卷七上	
延兴六年（476）二月	《魏书》卷七上	当年六月辛未太上皇去世

七

延兴年间北魏对高句丽的态度转而十分积极，原因在于逐渐控制北魏朝政的文明太后实行睦邻的政策，对发展与高句丽的交往尤为热心。

经过双方的共同努力，北魏与高句丽的关系日益密切。在此基础上，文明太后曾经努力谋求与高句丽和亲。《魏书》卷一百《高句丽传》记载：

> 后，文明太后以显祖（献文帝）六宫未备，敕（高丽王）琏令荐其女。琏奉表，云女已出嫁，求以弟女应旨。朝廷许焉，乃遣安乐王真、尚书李敷等至境送币。琏惑其左右之说，云朝廷昔与冯氏婚姻，未几而灭其国，殷鉴不远，宜以方便辞之。琏遂上书妄称女死。朝廷疑其矫诈，又遣散骑常侍程骏切责之，若女审死者，听更选宗淑。琏云："若天子恕其前愆，谨当奉诏。"会显祖崩，乃止。

文明太后欲为献文帝与高句丽王之女联姻，不料遭到高句丽方面的抵制。

文明太后谋求与高句丽和亲的时间在《魏书》卷六十《程骏传》中记录为"延兴末"，其时献文帝已经当了太上皇。该传记载：

> 延兴末，高丽王琏求纳女于掖庭，显祖许之，假（程）骏散骑常侍，赐爵安丰男，加伏波将军，持节如高丽迎女，赐布帛百匹。骏至平壤城，或劝琏曰："魏昔与燕婚，既而伐之，由行人具其夷险故也。今若送女，恐不异于冯氏。"琏遂谬言女丧。骏与琏往复经年，责琏以义方。琏不胜其忿，遂断骏从者酒食。琏欲逼辱之，惮而不敢害。会显祖崩，乃还，拜秘书令。

值得注意的是，上引的《高句丽传》与《程骏传》的两段记载是有歧异的，前者称文明太后"敕琏令荐其女"，后者却谓"高丽王琏求纳女于掖庭"。从高句丽王琏对于和亲之事推三阻四的态度来看，应该以文明太后主动要求和亲为准确。

文明太后为和亲之事曾两番遣使前往高句丽，但令人遗憾的是，高句丽王琏采取了抵制的态度。高句丽王琏抵制和亲的原因，《魏书》的《高句丽传》与《程骏传》记载一致，都指出系高句丽王琏受惑于"左右之说"。"左右之说"虽然起了破坏睦邻政策的不良作用，但是其"昔与（北燕）冯氏婚姻，未几而灭其国"的理由，也确实能够打动高句丽王琏的心思。

当时，魏、燕战争虽然已经过去四十年，但是其阴影毕竟还存在。只是由于献文帝的去世，高句丽王琏抵制和亲之事才没有引发政治纠纷。文明太后谋划和亲事件的失败，说明北魏与高句丽之间的关系虽然已经和解，但是尚须相当长时间的磨合。

太和十四年（490 年），文明太后去世。太和十九年（495 年），孝文帝将北魏国都从平城迁往洛阳，从此北魏王朝对外更多地关注南方汉族政权，而与远在东北方的高句丽的矛盾就更加缓和了。

参考文献：

[1] 魏收：《魏书》，中华书局 1974 年标点本。
[2] 李延寿：《北史》，中华书局 1974 年标点本。
[3] 司马光：《资治通鉴》，中华书局 1956 年标点本。

作者简介： 李凭，男，江苏江阴市人，历史学博士，华南师范大学历史文化学院教授，主要从事北魏史研究。

哲学研究

中国文化与生态文明[①]

——接应冯友兰“中国为什么没有科学”的话题

陈晓平

［摘　要］近年来频频发生的自然灾害预示着现代工业文明的危机，我国工业文明的进程已经呈现出向生态文明转型的必要性。冯友兰先生早在20世纪初就对中国文化与工业文明或科学文明之间的关系作出了精辟的论述。他指出，在中国周朝末期的哲学中有三派：道家是自然派，墨家是人为派，儒家是中间派。不过，以孔子和孟子为代表的正统儒家倾向于自然派。这三派之间的激烈论战是以墨家的失败而告终的，致使向内寻求幸福的自然派在中国思想史上长期占据统治地位。这就是中国长期没有科学的主要原因。本文指出，自“五四”运动以来，中国的人为派对自然派发动了大规模的反击，其结果是一方面促进了中国朝向工业文明和科学文明的转型，另一方面使中国的生态环境遭到较大程度的破坏。然而，万变不离其宗，中华文明之宗就是天人合一和中庸之道的理念，这种理念终将促使中华文明转向或“复归”它所固有的生态文明。

［关键词］中国文化；生态文明；天人合一；中庸之道

一、引　言

2010年对我国来说真可谓自然灾害的多事之秋，地震、干旱、泥石流、洪水等层出不穷。4月14日青海玉树发生7.1级地震，两千多人遇难；8月8日，甘肃舟曲发生特大泥石流灾害，致千余人遇难；8月12日、18日，四川多地、云南贡山相继遭遇泥石流袭击，特别是2008年刚经历过大地震的汶川面临泥石流导致的二次重建；8月20日，辽宁丹东的鸭绿江发生大洪水，受灾人数高达25万，等等。这一切都表明，我国工业文明的进程正面临危机，自然界已经向我们提出警告，我们有必要进行文明的转

---

① 本文得到国家社会科学基金项目（10BZX020）和广东省社会科学规划项目（09C－01）的资助。

型，即把工业文明的进程转向生态文明。这样的文明转型在我国可能实现吗？我国的传统文化拥有生态文明的资源吗？这就是本文所要探讨的问题。这个问题同20世纪初中国面临的另一种文明转型——由农业文明向工业文明的转变——是密切相关的。关于20世纪的文明转型，特别是关于中国传统文化是否具有工业文明或科学文明的资源，冯友兰先生曾经对此发表过精辟的见解。

1921年，26岁的冯友兰先生作为美国哥伦比亚大学哲学系的博士生（师从杜威先生），在系会上宣读了一篇文章，题为“为什么中国没有科学？——对中国哲学的历史及其后果的一种解释”①，其论证的深刻性和系统性让人叹为观止。时过境迁，如今中国不仅有科学，而且生态环境正在遭受破坏，甚至二者的速度有增无减，正在双双步入世界前列。因此，本文并不停留在冯友兰当初的那个论证上，而是进一步论证如今中国为什么能够得到科学发展并且遭受生态破坏，以及中国实现生态文明转型的前景。接下来的两节简要介绍冯友兰在那篇文章中所表述的观点，后面各节将其观点引申到中国文化现状及其前景中去。

二、中国传统哲学的三大派别：自然、人为和中道

中国哲学有两种一般的趋势，可以用两个词来表达，即“自然”和“人为”，亦即“天”和“人”。庄子说：“何谓天？何谓人？北海若曰：牛马四足，是谓天；落马首，穿牛鼻，是谓人。”（《庄子·秋水》）可见，“天”指自然的东西，“人”指人为的东西；一个是天造的，一个是人造的。中国周朝末期最有影响的思想派别有三家，即道家、墨家和儒家。道家是极端的自然派，主张天是完全的，人是自足的，不需要外来的帮助。墨家是极端的人为派，主张天不是完全的，人不是自足的，要变得好些就要有外来的帮助。儒家则介于二者之间，对自然和人为加以调和，其主张可谓中道。儒家的代表人物孟子曾对这三家作出如下的评论：

“杨子取我，拔一毛而利天下，不为也。墨子兼爱，摩顶放踵，利天下，为之。子莫执中。执中为近之。执中无权，犹执一也。”（《孟子·尽心上》）执中而有权衡或变通，就是儒家的教义。儒家的中道也就是中庸

① Fung Yu-Lan. Why China Has no Science——An Interpretation of the History and Concequences of Chinese Philosophy, in *International Journal of Ethics*, Vol. 32, No. 3 (1922), pp. 237-263. 后来收入 *Selected Philosophy Writings of Fung Yu-Lan*，外文出版社1991年版，第571~595页。其中译文收入《三松堂学术文集》，北京大学出版社1984年版，第23~42页。

之道。孔子说："中庸之为德也，其至矣乎，民鲜久矣。"（《论语·雍也》）

与儒家不同，道家的教义可以归结为一句话："复归自然。"老子说："人法地，地法天，天法道，道法自然。"（《老子》二十五章）庄子告诉人们，大鹏和小鸟都完全满足，各自逍遥。万物在其自然状态下都是完全的，人为只会扰乱自然，产生痛苦。因为"凫胫虽短，续之则忧；鹤胫虽长，断之则悲。故性长非所断，性短非所续，无所去忧也"（《庄子·骈拇》）。

然而，道家只看到所谓自然状态的好的方面。在他们看来，任何人类道德、社会制度都违反自然。如老子所说："绝圣弃智，民利百倍；绝仁弃义，民复孝慈；绝巧弃利，盗贼无有。"（《老子》十九章）至于政府，如果道家需要它，则必须是极端放任的，即政府应当模仿自然："道常无为而无不为。"（《老子》三十七章）这是因为道使万物各以自己的方式为自己工作，故"我无为而民自化，我好静而民自正，我无事而民自富，我无欲而民自朴"（《老子》五十七章）。

道家这种被动的自然主义使他们否定客观知识的必要性，而只需要寻求道然后遵循道；而道就在我们之中，对它的获得恰恰在于排除其他知识的干扰。关于知识（学）与道的关系，老子说："为学日益，为道日损。损之又损，以致于无为。无为而无不为。"（《老子》四十八章）所以求道的方法，不是人为地在道上加些什么，而是把早已人为地加在道上的东西去掉。老子所谓"损"就是这个意思。

与道家倡导无知无欲的做法相反，墨家强调有知有欲。墨家的基本观念是功利。判定道德是非，不在于它是不是自然的，而在于它是不是有用的。墨子说："义，利也。利，所得而喜也。"（《墨子·经上》）须指出，被墨子作为是非标准的利不是私利，而是公利，必须"观其中国家百姓人民之利"（《墨子·非命上》）。因此，墨子主张兼爱，反对儒家的有差等之爱。兼爱不只是有利于他人，也有利于自己。因为"夫爱人者，人必从而爱之；利人者，人必从而利之；恶人者，人必从而恶之；害人者，人必从而害之"（《墨子·兼爱中》）。这就是说，实行兼爱，可使大家互惠互利，否则互败互伤。"兼相爱，交相利"是墨家思想的总纲，用墨子的话说："当兼相爱，交相利，此圣王之法，天下之治道也。"（《墨子·兼爱中》）墨子在伦理学上的立场，本质上是功利主义的。他还是一个实用主义者和经验主义者。

墨家认为人类的自然本性并不完善，需要严加教育和监督，而不能放任自流。人类的弱点之一是过于近视，看不到自己的长远利益，因而看不到兼爱的重要性。普通人需要被教育和被管制，为此，墨家强调权威的重要性，主张国家极权的政治制度，甚至只有国家君主的权威还不够，还需借助鬼神的作用。墨子宣称有一个人格化的天帝，而兼爱则是天帝的意志。他也相信鬼神存在，鬼神在暗中监视人们的活动，以此作为维持道德的重要辅助手段。

可见，墨子是一位教导人们从外界寻求幸福的哲学家，他不像道家那样认为人在自然状态中最幸福，而要求人们摆脱自然。总之，墨子主张人为，反对自然。

前面提到，儒家的立场介于道家和墨家之间，属于自然和人为这两种极端观点之间的中道。自孔子之后，儒家分成了两种类型。一种以孟子为代表，比较靠近自然这一端；另一种以荀子为代表，比较靠近人为这一端。孔子本人的学说是比较靠近自然这一端的。正因为此，孟子被认为是儒家真正的合法继承人。

孟子坚持孔子的“仁者爱人”的理念，这种爱是基于“君君，臣臣，父父，子子”社会等级的有差等之爱。因此，首要的问题不是我们是否应当爱某人，而是认清那个人是我的什么人。孟子说：“君子之于物也，爱之而弗仁。于民也，仁之而弗亲。亲亲而仁民，仁民而爱物。”（《孟子·尽心上》）这就是说，君子对于万物都有爱心，但其爱的程度是有差别的：对一般事物仅有一般的爱，而不是仁爱；对一般的人则上升到仁爱，但还不是亲爱；只有对亲人才具有亲爱之情。不难看出，儒家的有差等之爱介于墨家的兼爱和道家的自爱（或自然之爱）之间。相应地，儒家在政治哲学所强调的基于社会等级的礼制也是界于墨家的极权主义与道家的无政府主义之间的。

依照儒家的教义，人性在本质上是善的。甚至在孔子时代之前，似乎已经有这个传统。虽说人性本善，但是不可以推论出人生来就是完善的。只有在内心的理性完全发展了，低级的欲望全部消除了，人才能成为完人。所以孟子说：“恻隐之心，人之端也。羞恶之心，义之端也。辞让之心，礼之端也。是非之心，智之端也。……凡有四端于我者，知皆扩而充之矣，若火之始然，泉之始达。苟能充之，足以保四海；苟不充之，不足以事父母。”（《孟子·公孙丑上》）发展理性，减少低级欲望，是一件事情的两方面。孟子说：“养心莫善于寡欲。”（《孟子·尽心下》）这个说法同道家“无知无欲”的说法比较接近。孟子还说：“万事皆备于我矣。反身而诚，乐莫大焉。”（《孟子·尽心上》）这个说法同道家“万物与我为一”的说法就更接近了。按照这种说法，幸福和真理存在于我们心中，只有在我们心里，而不是在外部世界里，才能求得幸福和真理。只要发展我们内部的力量，我们就自己充足了。学习就是按照我们的理性来培养性格，不是进行理智操练。就学习及其方法而言，儒家的观点也是介于道家和墨家之间的，尽管更接近道家一些。

由上述分析我们看到，中国思想中有三个开创性的类型。在存在论即本体论方面，关于支配宇宙的力，道家说是自然而然的天道，墨家说是人格化的天帝，儒家说是尽人性的天理。在政治哲学方面，如果道家也要国家的话，那是一个放任主义的政府；墨家要的是一个极权主义的政府；儒家要的是一个以礼仪制度协调各阶层关系的政府。在人生论即道德哲学方面，道家说人性本来就是完善的，每个人只应当遵循他的天性而生活；墨家说人性本来不完善，需要有贤人或天帝教育和管理才能实现国富民强；儒家说人性虽善，但需要培养和提高才能臻于完善。在教育论方面，道家教人摈弃礼教和知识，以致无知无欲，返璞归真；墨家教人学习知识，从而控制和利用自然；儒家则教人修身养性，安身立命，自我实现。这就是中国思想史中的三派：道家是自然派，墨家是人为派，儒家是中间派，即中道或中庸之道。

三、自然派战胜人为派

出现于周朝末期的这三派，为了各自的生存而发生激烈的论战。这场大战以墨家的彻底失败而告终。至于墨家失败的原因，我们从《庄子》的如下一段话中可见端倪。

> （墨子）“作为‘非乐’，命之曰‘节用’，生不歌，死无服。墨子氾爱兼利而非斗，其道不怒……以此教人，恐不爱人；以此自行，固不爱己，未败墨子道。虽然，歌而非歌，哭而非哭，乐而非乐，是果类乎？其生也勤，其死也薄。其道大觳。使人忧，使人悲，其行难为也，恐其不可以为圣人之道。反天下之心，天下不堪，墨子虽能独任，奈天下何！”（《庄子·天下》）

简言之，墨子虽有许多好的品格，但他却把克己奉公推向极致，实施起来过于苛刻，实际效果是既不爱人又不爱己，因而失去人心。

墨家虽然失败了，但主张人为的观点却被另一个人加以伸张，此人便是荀子。荀子自认为是儒家真正的传人。一方面，荀子与孟子的性善论相反，宣称人性是恶的，君与师的责任就是改善人性。另一方面，荀子也反对道家回归自然的思想，而主张认识自然进而征服自然。

荀子说道："大天而思之，孰与物畜而制之！从天而颂之，孰与制天命而用之！"（《荀子·天论》）在这里，荀子呼吁人们，与其敬而思天、坐而论道，不如把天当做物体来畜养从而控制它；与其对天服从并歌颂它，不如驾驭它并利用它。这近似于近代英国哲学家培根关于人力的观点，即知识就是力量。

但是不幸的是，荀子的后学没有沿着这条路线发展他的思想。他们只是实行了老师的政治哲学而且走得太远了。公元前3世纪，秦始皇统一了六国，荀子的学生李斯任丞相。李斯辅佐秦始皇从各方面统一了帝国，把政府的权威推到极点，以致焚书坑儒，试图统一人民的思想。于是，秦始皇成为历史上的暴君，逼迫人民造反。其结果是，荀子的学说和秦王朝一起很快地消亡了。

秦朝之后，中国思想的"人为"路线几乎再也没有出现过。不久引进了佛教，又是属于极端"自然"型的哲学。在很长时间内，中国人的心灵徘徊于儒、释、道之间。直到公元10世纪，一批新的天才人物相继地将儒、释、道三者合一，成为新的教义，输入中华民族的心灵。这种新的教义始于宋朝，所以被叫做"宋学"，它在明朝也得到发展。其代表人物包括朱熹、陆象山和王阳明等人。这些哲学家声称，他们的教义是真正的儒家。如果非说是儒家不可的话，那也是新儒家，也被叫做"宋明儒学"。

新儒家不同于原来的儒家，就在于他们提出了所谓的"天理"，以反对"人欲"，这些概念实际上受了佛家的"法"和"无明"等观念的启示，在此之前，一直无人多加谈论。旧儒家虽然也谈性善，但并不完全，人的善性需要后天加以培养和扩充。但是，按照新儒家的说法，天理早已是完全的，只是被人欲所蔽；如果清除了这些人欲，真正的心灵就会放出光芒。这很像老子所说的"损"。可见，新儒家更加向自然派靠拢，自然派的胜利日益巩固。

中国哲学史的这个时期，与欧洲史上现代科学发展的这个时期，有某种类似。类似之处在于，其成果越来越是技术的，具有经验的基础和应用的方面。唯一的同时也是重要的不同之处是，欧洲技术发展是认识和控制物质，而中国技术发展是认识和控制心灵。对于后者的技术，印度也作出了大贡献。不过印度的技术只能在人生的否定中实现，中国的技术则只有在人生之内实行。理想不同，方法随之也不同。新儒家的理想可以归结为：去人欲以存天理。

在人类历史上，中世纪欧洲在基督教统治下力求在天上找到善和幸福，而希腊和现代欧洲力求在人间找到它们。但是在中国，自从它的民族思想中“人为”的路线消亡之后，就以全部精神力量致力于另一条路线，即直接在人心之内寻求善和幸福。这也就是说，中世纪基督教的欧洲力求认识上帝，为得到他的帮助而祈祷，希腊和现代欧洲则力求认识自然而后征服自然；但是中国人力求认识在我们自己内部的东西，在心内寻找永久的和平。

这里有一个问题：为什么欧洲能够由天上转到人间，而中国则没有在同时由向内转到向外呢？我们对这个问题的回答是：无论欧洲人是向天上还是在人间寻求善和幸福，他们的一切哲学全都属于“人为”路线；这里只有历史的继续，而没有中世纪和现代欧洲之间的明显界限。二者都力求认识外在的世界，然后征服它。他们注定了要有科学，既为了确实性，又为了力量。他们注定了要有科学，因为他们都假定人性本身是不完善的，因而需要人为地加上一些东西。但是我们称为思想上的“自然”路线又是如何呢？如果万善永恒地皆备于我，又何必向外在世界寻求幸福呢？科学的确实性和力量对追求心灵幸福又有什么用处呢？可以设想，如果中国人遵循墨子的善即有用的思想，或是遵循荀子的制天而不是颂天的思想，那很可能早就产生科学了。

总之，中国之所以没有科学，那是因为，中国人不需要它；中国人之所以不需要科学，那是因为中国人是向内寻求幸福而不是向外寻求幸福的。中国人之所以向内追求幸福，那是因为中国哲学假定人性是完善的，能够达到天人合一，天即自然。尽管作为天的自然不完全等同于物理上的自然，但它包含物理的自然，因为哲学的天是至大无外的。可见，中国哲学“天人合一”的理念包含着人与自然环境合而为一，而后者正是生态文明的核心理念。进而言之，生态文明是中华文明的应有之义。

四、近现代人为派对自然派的反击

从文化上讲，中国的人为派对自然派的大规模反击应该说是从1919年的“五四”运动开始的。“五四”运动的最响亮的口号是“打倒孔家店”，提倡“民主与科学”（即“德先生”与“赛先生”）。这从表面上看是借助西方的向外的人为主义来取代中国传统的向内的自然主义，其实这只是借助西方的人为主义来激发中国固有的人为主义。中国共产党继承了这种努力，并推动了中国的人为派对自然派取得阶段性胜利。

中国共产党在意识形态方面的主张绝非仅仅来自西方的马克思主义，在笔者看来，更主要的是来自中国固有的文化基因，这个文化基因就是以墨家和法家为代表的向外寻求幸福的人为主义。下面，我们对中国共产党的意识形态与墨家和法家的哲学思想作一个简要的比较。

共产党的基本主张是最终建立共产主义社会，而共产主义社会的目标是用生产资料公有制来取代私有制，消灭阶级差别，实现共同富裕。与之相应的道德观念是一个人应该爱他人、爱社会，而且这种爱是无差别之爱。这就是通常所说的共产主义道德，即舍己为人、克己奉公甚至大公无私。我们知道，墨家主张兼爱，它反对儒家的有差等之爱。墨家倡导四海之内皆兄弟，有难同当，有福同享。墨家建立国家和设置长官的目的不是“高其爵、厚其禄、富贵佚而错之也”，而是“将以为万民兴利、除害、富贫、众寡、安危、治乱也”（《墨子·尚同中》）。“仁人之事者，必务求兴天下之利，除天下之害。”（《墨子·兼爱下》）这与共产党建立国家的目标和对其干部的要求何其相似。

除此之外，墨家和共产党的社会基础也颇为相似，都是社会低下层。事实上，墨子本人及其门徒大都来自社会下层的游侠，其统治手段也类似于共产党的“民主集中制”。墨子说：“天下之乱，若禽兽然。夫明乎天下之所以乱者，生于无政长。是故选天下之贤可者，立以为天子。”（《墨子·尚同上》）这就是说，国君最初是由人民意志设立的，是为了把他们从无政府主义的乱世中拯救出来。不过，国君一旦获得权力，便施行集权统治，即天子要“发政于天下之百姓，言曰：闻善而不善，皆以告其上；上之所是，必皆是之；上之所非，必皆非之”。这就是所谓的“上同而不下比”（《墨子·尚同上》），也就是说，总是同意上面的，而不依照下面的。

尽管中国共产党在意识形态方面与墨家具有许多相似之处，但在一点上是相去甚远的，那就是墨家敬鬼神，而共产党人是无神论者。在无神论方面，共产党人同法家是一致的。用毛泽东的话说，以荀子为先驱的法家是中国古代哲学中的唯物主义。毛泽东在 1958 年 8 月的北戴河会议上说：“要把马克思与秦始皇结合起来，民主与集中结合起来。”可见，在毛泽东心目中，所谓民主集中制的集中类似于法家的集权。在中央集权的政治主张上，墨家与法家是类似的；在统治方法上，二者都主张赏罚分明。它们的不同点主要在于集权统治的人性基础。法家认为是性恶，墨家认为是兼爱。在这一点上，中国共产党的主张兼而有之：性恶论表现在要人们彻底改造世界观；兼爱论表现在倡导全心全意为人民服务。

前面提到，墨家和法家都主张向外在的自然界寻求幸福，这是他们与道家和儒家之间最大的不同。在这一点上，中国共产党显然站在墨家和法家一边。毛泽东在其《实践论》中谈道："社会的发展到了今天的时代，正确地认识世界和改造世界的责任，已经历史地落在无产阶级及其政党的肩上。这种根据科学认识而定下来的改造世界的实践过程，在世界、在中国均已到达了一个历史的时节——自有历史以来未曾有过的重大时节，这就是整个儿地推翻世界和中国的黑暗面，把它们转变过来成为前所未有的光明世界。"

毛泽东说"这种根据科学认识而定下来的改造世界的实践过程"在世界上到达一个"未曾有过的重大时节"，这种说法未免言过其实；但是，说这一实践过程在中国到达这样一个历史时节却是恰如其分的，可以说，这是中国的人为派对自然派的历史性的重大胜利。

其实，向外追求幸福的人为主义倾向对毛泽东来说是早已有之的，他在青年时期就写下这样的诗句："与天奋斗，其乐无穷！与地奋斗，其乐无穷！与人奋斗，其乐无穷！"后来的事实表明，无论从理论上还是从实践上，以毛泽东为首的中国共产党都把墨家和法家的人为路线推向极致。

作为向外的人为主义的思想体系，墨家和法家是互相补充的。墨家主要提供信仰层面的资源，法家主要提供治理层面的资源。这种情况类似于向内的自然主义的思想体系的结构，即道家侧重于信仰层面，儒家侧重于治理层面。如果说，中国共产党对墨家和法家的成功结合发端于"五四"运动的文化革命，那么，毛泽东在 1966 年发动并持续 10 年的"文化大革命"（简称"文革"）便是这种成功结合的终结。尽管在"文革"期间毛泽东曾经掀起一个所谓"评法批儒"的小高潮（指 1973 至 1974 年），但这只不过是墨法结合的思想体系的临终挣扎。

"文革"提出的最响亮的口号是："消灭一切资产阶级法权"、"打倒一切走资本主义道路的当权派"、"毫不利己，专门利人"、"狠斗'私'字一闪念"，等等。对前两个口号的实施使中央集权的治理结构遭到破坏，对后两个口号的实施使兼爱的理想主义的信仰遭到破坏。具体地说，后两个口号把兼爱思想推向极致，对其实施的结果是暴露了这种思想纲领的空洞性和不可行性，甚至是反人类的。"文革"对墨法体系的两方面破坏使得社会混乱，经济停滞，人心涣散，精神堕落，从而把中国社会推向崩溃的边缘。恰如《庄子》对墨家失败的评论，即"反天下之心，天下不堪"。毋庸置疑，"文革"是以失败而告终的，其标志之一是所谓"四人帮"的垮台。

“文革”之后，虽然中央集权的政治结构得以重建，社会秩序得以恢复，但是“兼爱”或“全心全意为人民服务”的理想却被人们摈弃了，由此留下的信仰真空长期得不到填充。在这种情况下，“一切向钱看”的拜物主义或拜金主义成为思想主流，风行至今。拜物主义或拜金主义是向外的人为主义的畸形发展，它缺乏信仰层面或形而上学层面的支撑，这使得中国文化所固有的生态观念被大大地削弱，生态文明降至低谷。其外部结果是：大气污染、水土流失、植被锐减、生态失衡，目前我国的生态环境已经到了相当脆弱的地步。这几年自然灾害的频频发生就是例证。

需要指出，笔者并非仅仅是对中国生态文明的现状提出批评，同时认为，在中国多年以前科学和经济还比较落后的情况下，注重发展经济和科学，适当地付出生态方面的代价也是无可厚非的。因此说，中国三十年来改革开放所取得的成就是巨大的，功不可没。然而，时至今日，我国的经济和科学水平正在步入世界前列，但全世界都在面临生态危机，而中国是首当其冲的。在这种时候，我们不应故步自封，一味地以“发展中国家”自居，而应当奋起直追，在生态保护方面作出中国这样一个大国应有的贡献。

这里有一个问题：为什么西方长期奉行的向外的人为派思想路线对生态文明的诋毁和破坏，在其程度上还不如近三十年才崛起的中国那样严重？对此，笔者的回答是：西方的人为派有着信仰层面的支撑，那就是上帝的观念。上帝的观念虽然没有像中国的向内的自然派导致天人合一的生态文明，但其伸张“爱上帝”和“爱邻如己”的道德信条，从而对拜物主义或拜金主义形成一定的制约，在一定程度上减轻了向外的人为主义对生态文明的破坏。与之相比，中国传统上占优势的向内的自然主义思想在“五四”运动以后受到重大打击，取而代之的墨家兼爱思想也在“文革”之后被人们抛弃，致使目前中国社会处于信仰真空和精神空虚的状态。这种状态导致中国社会缺少内在的制约力，只剩下向外的扩张性，从而对生态文明以至对生态环境造成较大的诋毁和破坏。

五、中庸之道与天人合一

正如冯友兰先生所说，儒家是中道即中庸之道，它的主张介于以道家为代表的自然派和以墨家、法家为代表的人为派之间。不过，儒家并非铁板一块，而是分为两派：以孟子为代表的性善论和以荀子为代表的性恶论。前者更接近孔子本意而倾向于自然派，属于儒家的正统；后者则倾向于人为派而属于儒家的另类。尽管如此，儒家的这两派关于中庸之道的理想则是基本相同的。按照孟子的说法，中庸之道就是执中有权，如“执中无权，犹执一也”（《孟子·尽心上》），执一就是抓住一点而不及其余。可见，中庸之道不是抓住两端之间的某一点而固定不变，而是在两端之间有所权衡和有所变通。在这种权衡、变通之中，对两个端点各有取舍，动态平衡，形成一个和谐的整体。这就是中庸之道的要旨，即“中和”，而不是“中点”。

在“执中有权”上，荀子不仅没有异议，而且阐述得更为详细。他说：“墨子蔽于用而不知文；宋子蔽于欲而不知得；慎子蔽于法而不知贤；申子蔽于势而不知知；惠子蔽于辞而不知实；庄子蔽于天而不知人。……夫道者，体常而尽变，一隅不足于举之。曲知之人，观于道之一隅而未之能识也。”（《荀子·解蔽》）在荀子看来，无论墨家、法家还是道家、名家等只是看到道的某一侧面，并被这一侧面蒙蔽而看不到另一面，因此，他们都未能得道，至多得到道之一隅。只有孔子获得道的整体即周道。他说：“一家得周道，举而用之，不蔽于成积也。”（《荀子·解蔽》）荀子自认为继承了孔子的周道亦即中庸之道。

关于中庸之道，至少在一点上荀子比孟子做得更好，即荀子把利和礼较好地结合起来。荀子说：“礼起于何也？曰：人生而有欲，欲而不得，则不能无求，求而无度量分界，则不能不争。争则乱，乱则穷。先王恶其乱也，故制礼义以分之，以养人之欲，给人之求，使欲必不穷乎物，物必不屈于欲，两者相持而长，是礼之所起也。”（《荀子·礼论》）在这里，荀子以人生有欲这一事实为出发点，指出礼的性质或作用是调节人的欲望，使人的欲望和物质供应达到平衡，从而使社会摆脱混乱而达到太平。尊礼而行就是道德，违礼而行就是不道德。这样，利益和道德便得到统一，从而超越孟子学派的“义利之辨”。

在协调义和利（即礼和利）的关系上，荀子比孟子做得好，但在协调人和天的关系上，荀子似乎不如孟子做得好。孟子说：“尽其心者知其性也，知其性则知天矣。存其心，养其性，所以事天也。”（《孟子·尽心上》）在这里，孟子指出道德修养和知天、事天之间的密切关系。与此不同，荀子则强调人与天的区别，即天人之分。他说：“天行有常，不为尧存，不为桀亡。……故明于天人之分，则可谓至人矣。”（《荀子·天论》）由于天人相分，所以人不要奢望知天，只要知人就好了。

然而，在笔者看来，荀子并非仅仅主张天人相分，因为荀子所说的

“天”具有两层意思：一是指自然界的终极实体和规律，二是指自然界可被人们观察和认识的实体和规律。前一种天相当于康德所说的“物自体”，就此天而言，荀子持不可知论，类似于康德的不可知论；后一种天类似于康德所说的现象，就此天而言，荀子持可知论，类似于康德关于客观知识的可知论。关于前一种天，荀子谈到：“不见其事，而见其功，夫是之谓神。皆知其所以成，莫知其无形，夫是之谓天。唯圣人为不求知天。”（《荀子·天论》）荀子这里所说的“其事”和“无形”就是不可见和不可知的“物自体”，对于圣人的明智之处在于不求知之。关于后一种天，荀子谈到：“圣人清其天君，正其天官，备其天养，顺其天政，养其天情，以全其天功。如是，则知其所为，知其所不为矣，则天地官而万物役矣。其行曲治，其养曲适，其生不伤，夫是之谓知天。”（《荀子·天论》）这里所说的“天君”是人的心脏，“天官”是人的感官，“天养”是人在自然界中谋求生存和养育的实践活动，“天情”是人的自然情感，“天政”是自然规律和规则。总之，这里所说的“知天”是指人们在实践活动中可以通过感官和思维来获知自然规律。由于天有可知和不可知的双重性质，所以一个明智的人要“知其所为”和“知其所不为”，这样的人才堪称圣人。

相比之下，孟子所说的“天”只有一层意思，即通过修身养性，由己及人，由己及物，进而达到的那个“万物皆备于我”的天；冯友兰称之为“道德的天”或“伦理的天”。与之不同，荀子所说的“天”是自然，是超道德的天，类似于道家所说的天。不过，道家所说的“天”也只有一层意思，即不可言说的大一，冯友兰称之为“大全”。大全虽然不可言说，但可以体验，在这个意义上，大全是可知的。获知大全的方法是庄子所谓的“坐忘”（《庄子·大宗师》），即忘掉万事万物之间的区别，忘掉他物与自我的区别，在这种浑然一体的状态中达到“天地与我并生，而万物与我为一”（《庄子·齐物论》）。不难看出，道家对天或大全的可知论带有一定的神秘色彩，而这种神秘色彩却是荀子理论所不屑的。与道家相反，荀子强调不同事物之间的区别，即：“知者为之分别，制名以指实，上以明贵贱，下以辨同异。”（《荀子·正名》）正因为此，荀子所说的那个可知的天只能停留在可经验的现象界，而未达到自然界的终极本体。

现在的问题是，有没有一种既能达到或靠近自然本体的天而又能在一定程度上避免神秘主义的方法或途径呢？冯友兰先生的哲学体系对此作出积极的回应。

六、天地境界与生态文明

荀子之后的宋明新儒家远离荀子，而把孔子和孟子的自然派推向极致，接近甚至融合于道家或禅宗，故有“朱子道，陆子禅”之说。冯友兰作为现代新儒家，提出所谓“新理学”的哲学体系，是接着宋明理学讲的，其中包括人生境界理论①（简称“境界说”）。

冯友兰的境界说主要是在《新原人》一书中表述的，其中把人生境界分为四个层次，即自然境界、功利境界、道德境界和天地境界。自然境界的人，其特征是顺习的，即按照本能去行事，如婴儿。功利境界的人，其特征是为利的，即有目的、有计划地为索取个人利益而行动。道德境界的人，其特征是行义的，即谋求公共利益或社会利益，而不是谋求一己之私利。天地境界的人，其特征是事天的，即自同于天而且替天做事，从而达到天人合一。正如宋明理学，冯友兰的新理学也倾向于孟子的自然派，而与人为派相对立。其标志是在功利境界与道德境界之间划出一条为私和为公的截然分明的界线，基本延续了孔子和孟子的义利之辨。如果我们根据荀子的理论对冯友兰的境界说加以改进，将荀子所阐明的利和礼的统一关系放入功利境界和道德境界之间，那么，这种境界说便可在更大程度上超越自然派和人为派的对立，而成为一个更为和谐的理论体系。

关于天和人的统一，孟子通过修身养性而达到的那个天只是道德的天，其超越性还不够强。道家通过坐忘而取消物我差别所达到的那个天，虽然是超道德的，但其神秘主义色彩过于浓厚。为此，冯友兰的境界说试图借助于逻辑分析的方法去达到或接近道家的天即大全。其关于“大全”的逻辑分析大致如下：

“大全”是至大无外。但这样说出的大全则有外了，即漏掉了说“大全”的说，思“大全”的思。因此，被说出或被思考的大全不是真正的大全，真正的大全是不可说也不可思的。正可谓“道可道，非常道；名可名，非常名”。然而，这个不可说的大全此时此刻正在被我们言说和思考，因而它在我们的思之内；但我们的思考立即使我们认识到大全是不可思的，因此它又在我们的思之外。总之，大全既在我们的思之内，又在我们的思之外，因而大全既比我的思小又比我的思大，从逻辑上讲，我的思恰

① 冯友兰的哲学体系“新理学”建立于20世纪40年代中国抗日战争时期，由六本书构成：《新理学》（1939）、《新事论》（1940）、《新世训》（1940）、《新原人》（1943）、《新原道》（1944）、《新知言》（1946），统称“贞元六书”。

好等于大全。经过这番逻辑的思考，我们对大全便有了更深的理解，并且对天人合一有了更深的理解，这种理解可以帮助我们靠近甚至达到天地境界。

须指出，冯友兰从来不认为通过逻辑分析的方法可以完全消除天人合一的神秘性，只是减少其神秘的成分而增加其理性的成分。正因为如此，要想接近天人合一的精神境界，除了用逻辑分析的“正方法”，还需用体验顿悟的“负方法”。在他看来，达到天地境界的方法是“正方法”和“负方法”的结合，天地境界是“不知之知”和“无用之用”。

应该说，冯友兰的境界说在天人合一的问题上给出了一种更好的处理方法，即对道家那个最为超越、最为抽象的天给出一种有较多理性而较少神秘色彩的通达途径。这种处理既避免了道家过多的神秘性，又避免了传统儒家的欠超越性，同时填补了荀子理论的一项空白，即天人之间的空白。前面提到，笔者还主张用荀子关于义利相合的理论纠正冯友兰境界说中的一项缺憾，即填补功利境界与道德境界之间的鸿沟。经过以上两方面的改进，天人合一的观念将更加符合冯友兰所强调的中国哲学之精神：极高明而道中庸；也更加符合孟子所说的“执中有权”和荀子所说的“周道”，因而可以说是集自然派和人为派于一身的“新统”。事实上，博采各家之长的新统正是冯友兰试图达到的理论目标。①

生态文明必须走中庸之道，因为生态文明的核心观念就是人与自然的和谐统一。儒家和道家都指出“过犹不及”，这是中庸之道的一条原则。现在西方的生态保护主义就有矫枉过正的倾向，以致把保护生态与发展科学和经济对立起来。这种对立的态度不但不能促进生态文明，反而会让生态文明倒退。不妨以所谓的深层生态伦理学为例，它反对人类中心主义，主张人与其他一切生物都是平等的。由此出发，可以导出素食主义的主张。然而，素食主义也是不可避免地以牺牲其他生物如植物的生命为代价的。可见，这一理论是难以自圆其说，更是难以贯彻到底的。

与之不同，根据荀子的天人理论，一方面，在经验现象的层面上要天人相合，人们努力认识自然规律并以此来驾驭自然，让它为人服务，这叫“知其所为”；另一方面，在自然本体的层面上要天人相分，“知其所不为”，对自然保持一份敬畏，对人为的努力有所节制，以避免那不可知的高深莫测的自然界给人以难以招架的报复。至此还不够，因为这种生态保护的态度是出于恐惧和无奈。我们更希望把生态保护的观念建立于更有亲

---

① 冯友兰：《三松堂全集》第五卷，河南人民出版社1986年版，第146～160页。

和力的基础之上。因此，我们有必要在荀子理论的基础上，进一步借助道家和儒家的天人合一的理念，特别是冯友兰基于逻辑分析的大全概念。这样的大全概念可以使我们把生态保护主义建立于主要是理性的而非神秘的天人合一的本体论之上，从而使以人为中心和以天为中心的观点并立不悖，使利用自然和保护自然的做法并驾齐驱。应该说，这样的生态文明是较为健全的和可行的，也是中国哲学的中庸之道和天人合一的应有之义。

七、结 语

冯友兰先生曾说过，西方人本质上是宗教的，中国人本质上是哲学的。[①] 现在笔者要加一句：西方的生态文明本质上是功利的，至多是道德的，而中国的生态文明本质上是哲学的，确切地说，是形而上学的。为什么不可以说，西方的生态文明是宗教的呢？因为大多数西方人所信奉的基督教的教义中几乎没有生态文明的内涵。《圣经·创世纪》中说，“神赐福给挪亚和他的儿子，对他们说：‘你们要生养众多，遍满了地。凡地上的走兽和空中的飞鸟，都必惊恐、惧怕你们；连地上一切的昆虫并海里一切的鱼，都交付你们的手，凡活着的动物，都可以作你们的食物，这一切我都赐给你们，如同菜蔬一样。’”由此可见，除人以外的一切生物都是上帝送给人作食物的，并且让它们惧怕人。这里完全没有中国哲学那种“赞天地之化育”、“与天地参”、“天地与我并生，而万物与我为一”的天人合一的精神境界。

中国文化的核心是天人合一的理念，而这种理念具有生态文明的内涵。生态文明必须同工业文明和科技文明构成一个和谐的整体，这就是中庸之道。可见，无论从理念上还是从方法上，中国文化都先天地具有生态文明的倾向。然而，倾向归倾向，倾向还不等于现实。就中国的现状而言，在生态文明上做得并不太好，甚至落后于西方。其哲学上的原因是，人为派明显地压倒自然派，因而远离天人合一和中庸之道。不过，万变不离其宗，中国文化之宗就是天人合一和中庸之道。笔者相信，在不久的将来，中国文化会走到自然派和人为派和谐统一的正道上来，这也可以说是儒、道和法、墨在当今时代的统一，那时，中国文化所固有的生态文明便会大放光彩。

在此，让我们引用冯友兰的《为什么中国没有科学》一文中的结束

---

① 冯友兰著，涂又光译：《中国哲学简史》，北京大学出版社 1985 年版，第 8 ~ 9 页。

语："用抽象的、一般的言语谈论事物，总是有危险的。但是在这里我不禁还是要说，西方是向外的，东方是向内的；西方强调我们有什么，东方强调我们是什么。如何调和这二者，使人类身心都能幸福，这个问题目前难以解答。无论如何，中国的人生观也许错了，但是中国的经验不会是一种失败。如果人类将来日益聪明，想到他们需要内心的和平和幸福，他们就会转过来注意中国的智慧，而且必有所得。如果他们将来并不这样想，中国人四千年的心力也不会白费。这种失败的本身会警告我们的子孙不要在人心的荒原上再寻求什么了。这也是中国对人类的贡献之一吧。"

读到这里，笔者不禁为一个26岁的中国学子拍案叫绝。冯友兰先生在近一个世纪之前，站在世界最高学府的讲坛上，面对包括杜威在内的哲学大师们，喊出了中国人的声音并展示了中国人的风采：不卑不亢、客观准确，既不妄自尊大又不妄自菲薄，对我们民族的传统文化价值抱以信心，对东西方文明的互补关系给以乐观的预期。事实上，冯友兰先生在20年之后建立的富有中国文化特色的哲学体系即新理学，为中国哲学以至世界哲学作出了重大的贡献，也必将对当今中国由工业文明向生态文明的转型起到积极的促进作用。

参考文献：

[1] 冯友兰：《三松堂全集》，河南人民出版社1986年版。

[2] 冯友兰著，涂文光译：《中国哲学简史》，北京大学出版社1985年版。

作者简介： 陈晓平，华南师范大学公共管理学院哲学所教授、华南师范大学系统科学与系统管理研究中心研究员。